Bernd Kasper

KINDESWOHL
Eine gemeinsame Aufgabe

Ein Leitfaden für Studierende und
Fachkräfte der Sozialen Arbeit

mit einem Geleitwort von Gerald Hüther

Vandenhoeck & Ruprecht

Mit 11 Abbildungen und 4 Tabellen

Bibliografische Information der Deutschen Nationalbibliothek

Die Deutsche Nationalbibliothek verzeichnet diese Publikation in der
Deutschen Nationalbibliografie; detaillierte bibliografische Daten sind
im Internet über http://dnb.d-nb.de abrufbar.

ISBN 978-3-525-70238-3

Weitere Ausgaben und Online-Angebote sind erhältlich unter: www.v-r.de

Umschlagabbildung: © Bernd Kasper
Icon »eye« made by Prosymbols from www.flaticon.com

Satz: SchwabScantechnik, Göttingen
Druck und Bindung: ⊕ Hubert & Co GmbH & Co. KG,
Robert-Bosch-Breite 6, D-37079 Göttingen

Gedruckt auf alterungsbeständigem Papier.

Inhalt

Brief an den Autor

Lieber Herr Kasper,

eigentlich hatte ich vor, nur ein wenig in dem Buchmanuskript herumzublättern. Ich wollte sehen, wie Sie dieses doch recht schwierige Thema angehen. Ich hatte fünf Minuten dafür eingeplant und nun sind mindestens zwei Stunden vergangen. Herzlichen Glückwunsch! Sie haben es auf eine wunderbare Weise geschafft, bei mir das Gefühl zu wecken, dass es hier wirklich um die Entwicklungsmöglichkeiten von Kindern geht und nicht um das, was all jene beachten sollten, die sich um Kinder kümmern. Wer versucht, ein Kind aus dessen eigener Perspektive zu betrachten und zu verstehen, macht es zum Subjekt, sieht es also als das, was es ist: ein lebendiges Wesen mit eigenen Absichten und Vorstellungen, mit eigenen Erfahrungen und einem eigenen Willen. Wem eine solche Betrachtungsweise nicht gelingt, wird das Kind zwangsläufig immer nur ›von außen‹, also wie ein Objekt betrachten. Das betreffende Kind erlebt sich dann auch als Objekt der Vorstellungen, der Erwartungen und der Bewertungen dieser anderen Person. Wenn es in dieser Weise zum Objekt gemacht wird, geht nichts mehr. Denn die Grundregel heißt: Solange Menschen sich gegenseitig zu Objekten machen, ist keine Potenzialentfaltung möglich. Sobald sie aber beginnen, einander als Subjekte zu begegnen, ist die Entfaltung der in ihnen angelegten Potenziale unvermeidbar. Es ist schwer, sich auf solche Begegnungen mit Kindern, von Subjekt zu Subjekt, einzulassen. Vor allem dann, wenn jemand meint, für das Wohl und Wehe eines Kindes verantwortlich zu sein, sich um dessen Entwicklung, Erziehung und Bildung kümmern zu müssen. Wir haben diese Art des Umganges von Subjekt zu Subjekt alle nicht gelernt und es entspricht auch nicht dem, was andere von uns erwarten und was als ›professionell‹ gilt. Aber wenn wir das Vertrauen der Kinder gewinnen und ihnen die Entfaltung ihrer Talente und Begabungen ermöglichen wollen, werden wir lernen müssen, uns auf solche Begegnungen mit ihnen einzulassen.

Und jetzt wissen Sie auch, weshalb ich so lange in diesem Buch hängengeblieben bin: Weil Sie hier einen einfachen, für jede und jeden nachvollziehbaren und vor allem praktisch begehbaren Weg beschreiben, um zu vermeiden, dass

Kinder die bittere und schmerzhafte Erfahrung machen müssen, wie Objekte behandelt zu werden. Es käme wirklich nur darauf an, das Wohl des Kindes in den Mittelpunkt aller Bemühungen zu stellen. Alles, was man sagt und tut, in seiner Wirkung vom Kind aus zu betrachten. Mehr braucht es nicht. Diese besondere Haltung ist es, die Eltern kompetent und jede erzieherische, therapeutische oder pädagogische Arbeit professionell macht. Ich wünsche dem Buch möglichst viele Leserinnen und Leser, denen es schon beim Durchblättern genauso ergeht wie mir.

Gerald Hüther

Einleitung

Dieses Buch ist ein Buch für Kinder; nicht etwa ein Kinderbuch – aber doch ein Buch, in dem Kinder eine Hauptrolle spielen. Es wird dem Leser nicht immer deutlich werden, wo denn dieses Kind als Hauptdarsteller gerade zu finden ist, weil auch viele andere Menschen in diesem Kinderbuch eine Rolle spielen. Menschen mit großen Unterschiedlichkeiten und dennoch ähnlichen Anliegen und Zielen; Menschen, die es sich zur beruflichen Aufgabe gemacht haben, Kindern zu helfen, in schwierigen und nicht immer leicht durchschaubaren Lebenslagen für Unterstützung zu sorgen, für Klarheit und vielleicht auch für Gerechtigkeit; Menschen, die für die Hauptperson des Buches häufig eine nicht unbedeutende Rolle spielen – auch wenn es manchmal zu keinem einzigen persönlichen Kontakt kommt. Als Leser werden Sie jedoch auch erfahren, dass die Hauptperson gelegentlich aus dem Blickfeld gerät, obwohl sie doch in den Mittelpunkt gehört – diese Merkwürdigkeit ist eines der Kernthemen des Buches. Was ist eigentlich so schwer daran, das Kindeswohl zum Wohl des Kindes zu machen?

Ich bin Sozialpädagoge und systemischer Berater und im Rahmen meiner Berufs- und Beratungstätigkeit immer wieder auf Themen gestoßen, die mich grundlegend beschäftigt und bewegt haben. Themen, die im alltäglichen Leben und Arbeiten wiederkehrend eine Bedeutung haben, gleichzeitig im Alltag immer wieder Gefahr laufen, verloren zu gehen. In den letzten Jahren, mit zunehmendem Alter und auch dem Beginn einer Lehrtätigkeit, verstärkte sich der Wunsch, diese bedeutenden Themen genauer zu fassen, Zusammenhänge herzustellen und auf mögliche Lösungen hinzuweisen. Mir ist mit den Jahren immer deutlicher geworden, wie sehr trotz allem Alltagsdruck und Stress ein konstruktives Miteinander von Menschen von Werten abhängig ist – von Werten wie Verständnis, Akzeptanz und von der Suche nach konstruktiven Kooperationen. Manchmal leider auch von dem Fehlen einiger dieser Werte. Dabei habe ich immer wieder auch lernen müssen, was eigentlich jedem bekannt sein sollte – ›Besserwisserei‹ ist keinesfalls ein geeigneter Weg, Dinge zu beeinflussen. Ein weitaus spannenderer Weg ist es, Menschen für etwas zu interessieren, sie neugierig zu machen, sich mit den Dingen etwas eingehender zu befassen, sie aus einer anderen Perspektive zu betrachten – und vielleicht mit etwas Nachdenklichkeit, in den (Arbeits-)Alltag mitzunehmen. Daraus ist die Idee zu diesem Buch entstanden.

Im Kern geht es um Kinder und deren gesunde Entwicklung und Schutzbedürftigkeit; und darum, dass Gesundheit und Schutz nichts Selbstverständliches sind. Alle Kinder sind eingebettet in Systeme. Systeme, die ihre Entwicklung in viele Richtungen beeinflussen können; Systeme, die von uns allen mitgestaltet werden und dementsprechend auch veränderbar sind.

Dieses Buch ist geschrieben für Menschen, die sich auf den Weg machen, die soziale Arbeit durch ihre Bereitschaft zum Lernen und ihr Engagement zu bereichern; für Fachkräfte der Sozialen Arbeit, die trotz ihrer Erfahrung immer wieder neugierig sind auf fachlichen Input und Inspiration. Es ist ein Buch für alle Menschen, die es sich zum Ziel gemacht haben, Kindern in ihrer Entwicklung behilflich zu sein – aber auch für jene, die den Begriff ›Kindeswohl‹ sicherlich kennen, sich jedoch kaum vorstellen können, was für eine Fülle von miteinander verwobenen Einzelteilen sich dahinter verbergen kann. Manchmal nutze ich zum besseren Verständnis den Vergleich mit einem Eisberg. Auf den ersten Blick ist die obere Spitze des Berges zu sehen; erst wenn Sie genauer hinschauen, stellen Sie fest, in welchen Dimensionen sich das Eis unter Wasser ausbreitet. Wenn Sie als erwachsene Menschen und besonders als Fachkräfte der Sozialen Arbeit vor der Aufgabe stehen, Kindern in ihren Systemen Hilfe zu leisten, werden Sie gelegentlich auch das Gefühl haben, vor einem solchen Eisberg zu stehen.

Immer wieder hören wir davon, dass Kinder mit schwersten Misshandlungen in Obhut genommen werden, dass Notärzte nur noch den Tod eines Kindes feststellen können, obwohl das Kind – und seine Familie – in beiden Fällen in ein öffentliches Hilfesystem eingebettet gewesen sind. Der Aufschrei in den Medien und der Öffentlichkeit ist groß – zu Recht! In der Fachwelt der Sozialen Arbeit melden sich in solchen Fällen umgehend Strategen und Mahner zu Wort. Bei den eigentlichen Fachkräften vor Ort, insbesondere in den sozialen Diensten der Kinder und Jugendhilfe, entsteht dagegen neben der Betroffenheit nicht selten die Sorge um das eigene Tun: Wie steht es eigentlich um das Kindeswohl in den von *mir* betreuten Hilfesystemen? Wie gründlich nehme *ich* Hilfebedarfe war? Wie sicher bin *ich* mir in den Einschätzungen von Situationen des Kindeswohls vor Ort? Welche Hilfen kann *ich* konkret anbieten? Und – wie schaffe *ich* es, all das zu leisten, was ich vor Ort an Aufgaben vor mir sehe?

Beim Lesen werden Sie, anhand von Beispielen aus der Praxis, immer wieder feststellen, dass sich Hilfeleistung ungemein kompliziert gestalten kann, auch weil die Systeme, mit denen wir arbeiten, kompliziert sind. Ziel des Buches ist jedoch nicht, die Schwierigkeiten in den Mittelpunkt zu stellen – denn da steht ja schon jemand (das Kind). Kritische Blicke auf die Systeme aus unterschiedlichen Perspektiven sollen helfen, ein Verständnis für die komplexen Anforderungen an die Systeme und für die immer wieder entstehenden Schwierigkeiten zu entwickeln; oder anders herum – sie sollen verdeutlichen, wie viele Möglichkeiten und Ressourcen ein System aufbringen kann, wenn es bereit ist, sich zu bewegen, wenn es vielleicht auch ein wenig angestoßen wird und die entsprechende Unterstützung für eine Veränderung erhält. Auf den Eisberg bezogen, wäre sicher die Frage interessant: Was wäre geschehen, wenn bei der bekannten Jungfernfahrt der Titanic ein Innehalten und Hinschauen, ein Nachdenken und Infragestellen, ein Unter-die-Oberfläche-Schauen möglich gewesen wäre?

Da ich dieses Buch als ›Kinder‹buch beschrieben habe, sollte es, wie so viele Kinderbücher, selbstverständlich auch ein Happy End haben. Es gibt jedoch Ereignisse im Leben eines Kindes, die sie als Fachkraft nicht verhindern können. Sie werden in den einzelnen Kapiteln Geschichten von Kindern erfahren, zum Beispiel von Marie[1] und Jonas und dem kleinen Paul – und davon wie alle drei auf Menschen treffen, die ihnen und ihren Familien Hilfen anbieten. Sie werden aber auch von Maik und Ayse hören, wie schwer und nachhaltig verwirrend es sein kann, wenn ein Kind ganz außergewöhnliche Erfahrungen macht. Einen hilfreichen Umgang mit traumatisierten Kindern zu finden, ist nicht selten eine Herausforderung für das direkte Umfeld. Das aktuelle Verhalten, mit dem ihnen dieses Kind gegenüber tritt, wird allzu leicht missverstanden. Ein Kapitel des Buches wird sich deshalb mit dem Verständnis und den Folgen frühkindlicher und traumatischer Erfahrungen beschäftigen. Und Sie werden den kleinen Tim in einer konflikthaften Geschichte bis zum Familiengericht begleiten.

Dieses Buch ist kein strenger Handlungsleitfaden zum Thema Kinderschutz. Es setzt sich mit dem realen Leben von Kindern und Erwachsenen auseinander. Es beschäftigt sich mit Möglichkeiten und Chancen zur Hilfeerkennung, zur Hilfeleistung, zur Mitgestaltung von kindlicher Entwicklung und zur Vermeidung von Kindeswohlgefährdung. Und es benennt natürlich auch Methoden und Strategien, die Sie als Fachkräfte hilfreich nutzen können. Ich habe mich bemüht, dem Verstehen Raum zu geben. Ich werde Perspektivwechsel vornehmen, die Dinge aus unterschiedlichen Blickwinkeln betrachten. Denn bei aller fachlichen Kompetenz in der Sozialen Arbeit gerät ein allzu menschlicher Grundsatz leicht in den Hintergrund: Vor dem Handeln steht das Verständnis.

---

1   Alle Namen und Ortsangaben wurden aus datenschutzrechtlichen Gründen verändert.

Während der nicht enden wollenden Arbeit des Redigierens hat meine Tochter Julia – ihres Zeichens ›frisch gebackene‹ Soz.Arb./Soz.Päd. B.A. – ihren nicht mehr ganz jungen Vater auf eine gendergerechte Sprache in wissenschaftlichen Texten aufmerksam gemacht. Ich könnte ja schlicht antworten, dass dieses Buch von einer wissenschaftlichen Abhandlung weit entfernt ist. Dennoch ist mir ein Hinweis an alle Leserinnen und Leser wichtig. Dieses Buch macht nur einen Sinn, wenn Sie alle sich angesprochen fühlen! Und genau das ist auch mein Anliegen. Der Einfachheit halber und auch zur besseren Lesbarkeit habe ich mich entschieden, in diesem Buch sowohl die weibliche als auch die männliche Form zu verwenden – nur nicht immer gleichzeitig. An vielen Textstellen machte es Sinn, sich für die eine oder andere Form zu entscheiden. An allen anderen Stellen hoffe ich, dass alle Lesenden sich angesprochen fühlen.

Bernd Kasper

1 Das Kind und seine Entwicklung

Wenn wir uns mit dem Kindeswohl, der Schutzbedürftigkeit von Kindern und den daraus resultierenden Hilfen in der Sozialen Arbeit beschäftigen, dann blicken wir natürlich vordergründig auf besondere Lebenslagen von Kindern. Wenn wir uns im weiteren Verlauf mit der Einschätzung dieser besonderen Lebenslagen und den Risiken von Kindeswohlgefährdung auseinandersetzen, dann ist es hilfreich, sich vorher die Frage zu stellen: Was ist eigentlich normal? Was tut Kindern gut? Oder, wie der Systemiker fragen würde: Was wäre anders, wenn das Problem nicht da wäre?

Wenn Sie sich mit Fragen zur Erziehung von Kindern beschäftigen, werden Sie auf eine weit verbreitete Strategie stoßen. Erwachsene, auch die erwachsenen pädagogischen Fachkräfte, machen sich Gedanken über Kinder, ihre Entwicklung, ihre Bedürfnisse und Auffälligkeiten. Das tun sie viel und häufig, allein und miteinander. Manche schreiben auch Bücher darüber, der Markt an Erziehungsratgebern ist riesig. Nur ein kleinerer Teil der Erwachsenen geht auf die Kinder zu und fragt sie direkt, wie es ihnen geht und was ihnen gut tut. Aber einen Versuch ist es wert.

Beginnen wir jedoch vorher mit uns selbst. Wir Menschen leben und wirken in unterschiedlichen Systemen, wir treffen Entscheidungen und verbinden damit Ziele. Menschliches Handeln hat Ursprünge und einen eigenen Sinn und all das ist bedeutsam, wenn wir uns über die Erziehung von Kindern Gedanken machen.

Menschen entscheiden sich, ein Kind zu bekommen. Sie verbinden damit Liebe und Zusammengehörigkeit, eine gemeinsame Aufgabe, eine Vision und Zukunftsplanung, die Fortsetzung der eigenen Existenz und Geschichte. Sie haben damit ihre eigenen Lebenspläne und Sehnsüchte im Blick – und das ist auch gut so. Was wäre, wenn wir das Kind fragen würden, was es sich für seine Entwicklung wünschen würde?

Die kindliche Entwicklung

Kinder werden geboren und wollen versorgt werden. Sie suchen Geborgenheit, Zugehörigkeit und Zuwendung. Sie wollen wachsen, sich entfalten und lernen, sich im Leben zurechtzufinden. Sie wollen stark werden und einen Wert, eine Bedeutung haben – so wie Paul. Für das Verständnis von komplizierten Zusammenhängen hilft oft eine Personalisierung: Den kleinen Paul nutze ich oft und gern als Stellvertreter für Beschreibungen von Persönlichkeiten, Entwicklungen und Problemlagen von Kindern. Im Laufe des Buches werden sich zu Paul auch andere Kinder gesellen.

Paul benötigt für sein Heranwachsen den zentralen Rahmen einer Familie. Paul möchte fröhlich und gesund aufwachsen, er möchte spielen, lachen, toben, Freunde haben und, wenn es Spaß macht, auch lernen. Und er möchte bei seinen Eltern aufwachsen, bei Eltern, die ihn liebhaben, ihn versorgen, die da sind, wenn er sie braucht, die helfen, ihn trösten und beschützen. Paul braucht diese Sicherheit und seine Familie eine materielle Grundlage, die es ermöglicht, die Versorgung des Jungen sicherzustellen. Der familiäre Rahmen sollte zudem unterstützend und entwicklungsfördernd für das Kind sein. Paul ist auf Sicherheit und Geborgenheit angewiesen – aber auch auf Spielräume, die er gestalten, in denen er lernen und sich entwickeln kann. Die Familie braucht also entsprechende Kompetenzen, damit Paul seine im eigenen Organismus angelegten Ressourcen ausprobieren und nutzen kann. Mit hoher Wahrscheinlichkeit sind damit die Grundlagen geschaffen, dass Paul sich zu einem gesunden und starken Kind entwickelt.

Kindliche Ressourcen

Was aber heißt das ganz konkret und für den Alltag im Leben eines Kindes? Was macht Kinder zu starken Kindern? Als Antwort fällt mir immer spontan ein Lieblingssatz von Professor Gerald Hüther, Neurobiologe in Göttingen, ein: Kinder gehen mit einer Fülle von Ressourcen ins Leben hinaus. Bei der Geburt eines Kindes sind im Gehirn mehr synaptische Verschaltungen angelegt, als es je in seinem Leben brauchen wird, wie ein riesengroßer Schatz, der darauf wartet, entdeckt und genutzt zu werden. Es besteht sozusagen ein Überangebot an Nervenzellenverbindungen und -kontakten. Aber das ›Verschalten‹ dieser Nervenzellen und Synapsen geschieht nicht von allein. Welche und wie viele dieser angelegten Verschaltungen genutzt werden, bestimmen die Erfahrungen, die das Kind macht, und die Verhältnisse, auf die es nach der Geburt trifft. An dieser Stelle sei ein kleiner Verweis gestattet. Die Ausführungen zum Verständnis des Lernens und der Abläufe im menschlichen Gehirn, die sie in diesem Buch finden, sind angelehnt an Forschungen und Ausführungen des Göttinger Neurobiologen Prof. Dr. Gerald Hüther. Im Rahmen seiner Gehirnforschung beschäftigte sich Gerald Hüther nicht nur mit Auswirkungen von Angst und Stresszuständen sowie psychischen Abhängigkeiten auf das Gehirn. Hüther interessierte sich zunehmend auch für die Beeinflussbarkeit der kindlichen Hirnentwicklung durch psychosoziale Faktoren. Der Einfachheit halber erinnern Sie sich bitte immer an diesen Verweis, wenn ich auf Erkenntnisse der Neurobiologie zu sprechen komme.

Eine der grundlegenden Ressourcen von Kindern ist ihre angeborene Neugierde. Jedes Kind erlebt die Welt zu Beginn seines Lebens als etwas Fremdes und Neues. Dieses Neue will es kennenlernen und das zeigt es seinen Eltern mit allem, was es zur Verfügung hat: Es weint, es schreit, es schaut mit großen Augen, lacht und quiekt wie Marie[2], es greift nach den Dingen, nimmt sie in den Mund; es rollt sich, krabbelt, steht auf, fällt um. Dinge fallen herunter, gehen zu Bruch – es lernt durch Ausprobieren und durch Erfahrung. Die Neugierde und der Gestaltungswille sorgen ganz maßgeblich für die Entwicklung eines Menschen. Jedes Kleinkind glaubt grundsätzlich daran, dass es im Leben etwas gestalten und etwas bewirken kann. Der Glaube wird jedoch von den Erfahrungen beeinflusst, die das Kind im Laufe seiner Entwicklung macht – aber dazu kommen wir noch.

Was brauchen starke Kinder?

Um stark zu werden, braucht ein Kind seine Eltern. Die Eltern sind die Menschen, die das Kind in all seinem Lernen durch *Versuch und Irrtum* – hoffentlich – mit ausreichend Geduld begleiten. Paul und Marie sind nach ihrer Geburt darauf angewiesen, dass ihre Eltern ihre Erkundungsbedürfnisse aufmerksam wahrnehmen und sensibel darauf reagieren. Sie lernen damit, dass sie sich auf ihre Eltern verlassen können. Und je stärker sich dieses Vertrauen entwickelt, desto mutiger werden Paul und Marie, wenn sie sich auf den Weg machen, neugierig ihre Umwelt zu erkunden. Das Vertrauen in das familiäre Umfeld hilft ihnen auch, sich Hilfe zu holen, wenn sie allein nicht weiterkommen, und Hilfe anzunehmen, wenn sie ihnen angeboten wird. Die Geschichten von Paul und

---

2   Auch die kleine Marie nutze ich oft und gern als Stellvertreterin für Beschreibungen von Persönlichkeiten, Entwicklungen und Problemlagen von Kindern.

Marie machen damit auf ein wesentliches Kriterium einer gesunden Persönlichkeit aufmerksam: Die »Fähigkeit, auf andere zu vertrauen, wenn es die Situation so erfordert, sowie zu wissen, auf wen man sich verlassen kann« (Bowlby,
zit. nach Strauß/Buchheim/Kächele 2002, S. 269).

 Ein Kind braucht jedoch über die eigentliche Familie hinaus noch etwas
mehr: Eine Gemeinschaft, in der es dazugehören darf, sich zurechtfindet, in
der es Aufgaben erhält, an denen es wachsen kann. Das Kind braucht Freunde
zum (Rollen-)Spielen. Es braucht die Nachbarschaft, um vergleichen zu können. Welche Regeln, welche Rituale gelten Zuhause, wie schaut es in den Familien der Freunde aus. Es braucht Vereine, eine Schule – unterschiedliche soziale
Lernfelder. Kinder wie Marie und Paul brauchen *ihre* kleine Welt, in der sie sich
ausprobieren, Erfahrungen sammeln können und Rückmeldungen erhalten, die
ihnen helfen zu einer eigenen Identität zu finden.

Ein Kind braucht *natürliche* Erfahrungen! Es benötigt *Spielräume,* muss entdecken und gestalten dürfen. Es sollte Fahrrad fahren lernen und dabei hinfallen
dürfen. Es sollte auf einen Baum klettern dürfen und erfahren, dass es wehtut,
wenn es herunterfällt. Es sollte erfahren, dass es Dinge in der Welt gibt, um die
man sich liebevoll kümmern darf. Und wenn es die Möglichkeit hat, sich um
etwas liebevoll zu kümmern, werden im Frontalhirn Vernetzungen angelegt,
die neues Lernen ermöglichen und altes verfestigen.

Derartige Erfahrungen führen schon in der frühen Kindheit dazu, dass das
Kind nicht nur das tut, was es gerade will, sondern das, *was ihm so wichtig ist,*
dass es sich darum kümmern will – es entwickelt Interesse, Durchhaltevermögen
und Selbstdisziplin. Selbstdisziplin bildet sich jedoch nur durch positive Erfahrungen: Es ist schön, zu erfahren, dass man sich selbst so regulieren kann, dass
man sich mit seinen Fähigkeiten und Fertigkeiten in einen Prozess einbringen
kann. Es ist schön, zu erfahren, wie hilfreich es ist, einen Baum mit Freunden
zu erklettern, weil jemand da ist, der festhält oder die *Räuberleiter* machen kann.
Noch schöner ist es, wenn ein Dritter hilft, die Bretter hinaufzureichen, die man
oben zwischen den Ästen einklemmt, um besser und sicherer sitzen zu können. Und dort, wo genau dies gelingt, haben Interessen und Selbstdisziplin die
Möglichkeit, zu wachsen – das Kind entwickelt Kompetenzen.

Da erfolgreiches Lernen also unter dem Einfluss von Emotionen stattfindet,
fehlt in der Sammlung des Notwendigen für eine gesunde kindliche Entwicklung noch ein wichtiges Stichwort – Enthusiasmus. Sie können es auch ›Verzü-
ckung‹ nennen oder eine ›schöne Erregung‹ oder auch einfach ›Freude‹. Das
Wort beschreibt das schöne Gefühl, das gebraucht wird, damit unser Gehirn
anfängt zu arbeiten. Dieses schöne Gefühl ist *Dünger* für das Gehirn (so nennt
es Hüther). Stellen Sie sich das Strahlen und Glucksen eines Kleinkindes wie

Paul vor, dem es zum ersten Mal gelungen ist, einen Turm zu bauen, ohne dass
er wieder zusammenfällt. Oder das Gefühl von Marie als Erstklässlerin, die
von der Klassenlehrerin im Unterricht gelobt worden ist, weil sie sich nicht nur
getraut hat, sich zu melden, sondern auch noch eine tolle Antwort geben konnte.
Und wie viel mehr Spaß es dem zehnjährigen Paul macht, wenn er am Ende
zu zweit auf den oberen Ästen des Baumes sitzt und johlend mit Marie auf die
Welt herunterschauen kann. Die Kinder erleben kleine Glücksgefühle – und es
passiert etwas in ihren Gehirnen: Wichtige Botenstoffe werden freigesetzt und
sorgen für Wachstum. Die emotionalen Zentren sind in Bewegung geraten. Eine
Erkenntnis der Neurobiologie ist, dass es für ein erfolgreiches Lernen ungemein
wichtig ist, dass genau diese emotionalen Areale im Gehirn aktiviert werden.

Im Gehirn wächst folglich besonders das heran, wofür Menschen sich begeistern können: Deswegen lernen Kinder grundsätzlich gern und viel! Es ist ihnen
bedeutsam! Und die Gefühle, die dabei aufkommen, geben den Dingen in der
Welt eine Bedeutsamkeit.

Was Kinder zu starken Kindern macht, ist das Zutrauen in sich selbst und
das Vertrauen in ihr nahes Umfeld. Das Zutrauen darin, dass sie etwas erreichen
und bewältigen können. Und das Vertrauen, dass jemand da ist, der genau das
verstanden hat, der hilft, stützt und tröstet, wenn sie es einmal nicht aus eigenen Kräften schaffen: Das Vertrauen, dass alles wieder gut wird. Man nennt es
auch – Zuversicht.

Das klingt doch alles sehr schön – bis hier hin. Derartig ideale Entwicklungen ergeben sich, wie schon skizziert, nicht ohne tatkräftige Unterstützung.
Kinder erfahren in ihrer kleinen Welt nicht selten schmerzhaft, dass ihre Neugierde und ihr Lernwille im Alltag immer wieder begrenzt werden, und dass
sie Dinge vorgesetzt bekommen und Verhältnissen ausgesetzt sind, die sie nicht
mitgestalten können. Sie lernen oft, dass die Entwicklung von Stärke, Eigen-
sinnigkeit[3] und Kreativität von den Erwachsenen nicht unbedingt gewünscht
ist. Als Folge daraus nutzen Kinder stattdessen – wenn sie die Fähigkeiten dazu
haben – eine andere Strategie: Marie passt sich vielleicht an. Nicht allen Kindern gelingt dies oder sie entwickeln vielleicht eine ähnliche Strategie wie Paul:
Sie rebellieren auf eigene Art und Weise. Sie ecken an und werden auffällig. In
dersozialen Arbeitswelt erfolgt prompt der naheliegende Wunsch zur Intervention: Paul benötigt Hilfen – aber was ist mit der angepassten Marie?

---

3   Menschen sind eigensinnig: Sie geben ihrem Tun einen eigenen Sinn.

Die Familie

Um stark zu werden, braucht ein Kind seine Eltern. Mit Blick auf eine gesunde Entwicklung ihres Kindes und den Erwartungen einer entsprechenden Beglei- tung im Gepäck geraten die Eltern als Verantwortungsträger im System Fami- lie in den Mittelpunkt. Welche Aufgaben, welche Möglichkeiten haben Eltern, kindliche Entwicklung günstig zu beeinflussen? Und welche Rolle spielen dabei die eigenen Erfahrungen und Ressourcen der Eltern?

Kinder kommen mit einer unglaublichen Neugierde zur Welt. Sie wollen sich die Welt erschließen und machen dabei unzählige Erfahrungen. Für jeden einzelnen Impuls, den sie von sich geben, benötigen sie jedoch eine direkte Rückmeldung ihrer Umwelt. Ohne diese Rückmeldungen entstehen weder eine gesunde Entwicklung noch ein konstruktives Lernen. Es liegt daher in der Ver- antwortung des direkten Gegenübers – und das sind in den ersten Lebensjahren meistens die Eltern – die Impulse des Kindes wahrzunehmen und zu deuten: Wenn der kleine Paul schreit, könnte es sein, dass er Hunger hat; das Strampeln und Quieken der kleinen Marie ist vielleicht eher ein Ausdruck von Freude. Aus den Erfahrungen der Sozialen Arbeit sind elterliche Fähigkeiten zur Deutung dieser Impulse keineswegs als Selbstverständlichkeit vorauszusetzen.

Alle Erfahrungen, die Marie und Paul im Laufe ihres kindlichen Lebens machen werden, sind besonderer Art. Sie werden im Gehirn verankert, die- nen als Orientierung und sind Grundlage der weiteren Entwicklung. Kinder brauchen diese Orientierung, um sich in der Welt zurechtzufinden. Denn Kin- der gestalten die Welt um sich herum ja nicht völlig neu – sie sehen sich die bestehende Welt nur mit eigenen Augen an. Und wen sehen sie als erstes: ihre Eltern und ihre Familie. Ihnen schauen sie zu und sie sehen sich genau an, was diese tun. Kinder nehmen nicht nur war, wie ihre Eltern auf die täglichen kind- lichen Bedürfnisse antworten und wie sie auf Besonderheiten reagieren; sie registrieren auch aufmerksam, wie die Eltern mit den Dingen des Alltags und ihren Mitmenschen umgehen. Und solange sie keine eigenen Strategien ent- wickeln, ahmen Kinder vieles von dem, was sie sehen, erst einmal nach. Bevor Eltern also über Erziehungsstrategien nachdenken, sollten sie zuerst einmal den Blick auf sich selbst richten: Kinder lernen sehr früh den Unterschied zwischen verbalem Anspruch und tatsächlichem Handeln zu unterscheiden. Kinder wie Paul und Marie nehmen ihre Eltern als Vorbild. Deshalb ist Authentizität für die Entwicklung und Erziehung so wichtig.

Wenn schon junge Elternpaare sich in der Bewältigung ihres Alltags nicht selten stark gefordert fühlen, bedarf die besondere Belastung von Alleinerzie- henden keiner großen Erklärung. Alleinerziehende Eltern brauchen insbesondere verlässliche, flexible und qualitativ angemessene Möglichkeiten der Kinderbetreuung sowie eine Arbeitsorganisation, die ihnen Flexibilität und Arbeitsplatzsicherheit gleichermaßen ermöglicht. Ein dementsprechender Rahmen hilft nicht nur dem Elternteil – er dient dem Kindeswohl ungemein.

Der Biografieverlauf von ›Problem‹familien und die damit einhergehenden Erfahrungen von unzureichender emotionaler Wärme, Verwahrlosung, Gewalt und geringen Bindungen führen in der Kindererziehung nicht selten zu einer Art ›Déjà-vu‹-Problematik, die im Kapitel 6 ausführlicher beschrieben wird.

Was heißt Erziehung?

Aufgabe von Eltern in der Erziehung ist es, eine konstruktive Abwägung zwischen einem Verständnis der kindlichen Entwicklung sowie der Bedeutung von Authentizität, Vorbildverhalten und Führung zu finden. Einfacher ausgedrückt: es wäre gut zu wissen, was ein Kind braucht und gleichzeitig darauf zu schauen, was man selber tut und lässt. Je kleiner die Kinder, desto größer ist der Bestandteil an Versorgung und Führung in der elterlichen Verantwortung. Mit zunehmendem Alter der Kinder wird die elterliche Verantwortung jedoch nicht automatisch geringer. Jugendliche brauchen die Eltern zwar weniger als Erziehende, dafür eher als Sparringspartner, die ein deutliches Gegenüber anbieten und dabei versuchen, einen minimalen Schaden anzurichten. Zurückhaltende, schüchterne Kinder brauchen vielleicht stärker den motivierenden und inspirierenden Teil in der Erziehung, selbstbewusste und fordernde Kinder den Orientierung gebenden Rahmen und die Standfestigkeit der Erwachsenen. Elterliches Handeln kann also nicht nach Schema F erfolgen, sondern erfordert ein Sichvertraut-Machen mit der kindlichen Persönlichkeit und deren Besonderheit.

Eltern, die ihren Kindern Versorgung und Führung anbieten können, zeigen damit, dass sie sich ihren Kindern gegenüber verantwortlich fühlen. Sie zeigen den Kindern, dass sie zu ihren – den elterlichen – Ansichten und den aus Erfahrungen resultierenden Bewertungen stehen, aber ihre Kinder dabei nicht zwingen, diese Ansichten und Bewertungen zu übernehmen und damit wie sie selbst zu sein. Eltern dürfen stark sein und auch großen Eindruck auf ihre Kinder machen, doch sie dürfen ihre Überlegenheit ihrem Kind gegenüber nie missbrauchen.

Eltern stehen also vor einer großen Aufgabe in der Erziehung ihrer Kinder. Auch wenn Elternschaft und die Befähigung dazu in vielen Kulturen als eine Selbstverständlichkeit angesehen wird, so ist damit doch eine Leistung verbunden, die vielen Menschen erst bewusst wird, wenn sie davon betroffen sind. Wie sie diese Leistung bewältigen, leiten Eltern von ihren eigenen Erleb-

nissen und Erfahrungen als Kinder ab. Selbstverständlich gibt es auch unzählige Erziehungsratgeber als mögliche Hilfestellung. Nicht selten tragen diese
jedoch eher zur Verstärkung von Unsicherheiten bei. Wir alle wissen, dass es
einfacher ist, Dinge auszuführen oder weiterzugeben, die wir – am eigenen
Leib – erfahren haben, als Ratschläge anderer umzusetzen. Dies gilt erst einmal
unabhängig von der Qualität des Erlernten oder des Ratschlags. Haben wir als
Kind erlebt, dass die eigenen Eltern auf kindliches Fehlverhalten mit Verständnis *und* Konsequenz reagiert haben, so wird uns das bei den eigenen Kindern
vielleicht ebenfalls gelingen. Haben wir jedoch nur die eine *oder* andere Variante
kennengelernt, so könnte es sein, dass wir feststellen, dass uns die Umsetzung
der anderen Variante nicht gelingt – selbst, wenn wir sie als sinnvoll ansehen.
Wir haben sie in unserer eigenen Entwicklung einfach nicht kennengelernt
und uns fehlen zusätzlich vielleicht die Ressourcen oder die Unterstützer, um
die fehlenden Erfahrungen zu kompensieren. Also handeln wir innerhalb uns
bekannter Muster: Wir sind vielleicht sehr verständnisvoll und machen unser
Kind zu wenig mit Grenzen vertraut – oder wir sind konsequent streng, ohne
uns zu bemühen, das eigensinnige Verhalten des Kindes verstehen zu wollen.
Vielleicht bemerken wir sogar, dass unser Handeln gar nicht so recht dem entspricht, was wir uns vorgestellt haben, dass es weder dem Kind noch uns wirklich gut tut – aber es zu verändern gelingt nicht immer.

Es ist prinzipiell in Ordnung, dass Eltern in der Erziehung ihrer Kinder gelegentlich an Grenzen stoßen, und dass sie sich damit anfreunden, das nicht alles
gelingt, was sie sich vielleicht vorgenommen haben – solange es die Grenzen zur
Kindeswohlgefährdung nicht überschreitet. Wenn wir uns im weiteren Verlauf
mit Überforderung in der Erziehung und auch Vernachlässigung von Kindern
beschäftigen, lässt sich diese Problematik nicht auf ein bestimmtes gesellschaftliches Milieu reduzieren. Hilfebedarf in der Erziehung von Kindern entsteht auch
in Familien der Mittelschicht oder höher privilegierten Systemen. Möglicherweise verfügen diese Familien jedoch über hilfreiche soziale Netzwerke, die in
schwierigen Lebenslagen zur Unterstützung bereitstehen, sodass entstehender
Hilfebedarf nicht unbedingt im Rahmen der Jugendhilfe abgedeckt wird, sondern eher mit Hilfe der vorhandenen Netzwerke.

Lebenswelten

Manche von Ihnen werden sich vielleicht noch an den altbekannten Satz erinnern: »Es braucht ein ganzes Dorf, um ein Kind großzuziehen.« Das Problem
ist leider, dass es dieses ›Dorf‹ an vielen Orten heute nicht mehr gibt. Nun ist

es aber auch nicht so, dass es diesem ›Dorf‹ in der Vergangenheit immer gut
gelungen wäre, die Kindererziehung als gemeinschaftliche Aufgabe zu erfüllen.
Sowohl damals als auch heute wird die Lebenswelt von Kindern maßgeblich
bestimmt durch Familie, Schule, Freundschaften und die nähere Umwelt. Dennoch gilt es festzustellen, dass sich die Lebenswelten – nicht nur von Kindern –
im letzten Jahrzehnt in einer rasanten Geschwindigkeit verändert haben. Familie und Schule haben weiterhin Bestand, werden jedoch geprägt durch einen
beständigen Wandel, durch Vielschichtigkeit und Komplexität. Freundschaften
werden heute im Zeitalter der allgegenwertigen Vernetzung von Medien wie
Facebook, WhatsApp und anderen sozialen Netzwerken geprägt. Ein Rückzug
ins Private wird fast zu einem Unternehmen der Unmöglichkeit. Gleichzeitig fällt es unter dem scheinbar unausweichlich fortschreitenden Denken der
Globalisierung selbst vielen Erwachsenen immer schwerer, sich zu orientieren,
Möglichkeiten und Angebote auf ihre Nützlichkeit und Werte zu überprüfen.
Eltern werden auf der Suche nach der ›richtigen‹ Förderung ihres Kindes häufig in einem Hin und Her zwischen Fürsorglichkeit und Verunsicherung erlebt.
Die Sorge der Eltern vor dem Abgehängt-werden in der Leistungsgesellschaft
wird in einer Form auf ihre Kinder übertragen, die zu Reaktionen führt, die
Therapeuten schon bei kleinen Auffälligkeiten auf den Plan ruft. Es ist ja nicht
so, dass die Sorge immer unbegründet ist. Die Reaktionen der Eltern führen
jedoch bei Kindern zu einem Schaden, der durch ein wenig mehr Gelassenheit
vermieden werden könnte.

Auch wenn Paul und Marie in ihren Familien als zentralem Lebensort aufwachsen, so geschieht dies dennoch nicht fernab der Umwelt. Das ist gut so –
macht es aber nicht immer einfacher für die Familie. Alle Eltern kommen ins
Erzählen, wenn sie über Botschaften aus der Kita, Erwartungen und Rückmeldungen der Schule berichten. Der Druck einer zweckgerichteten Arbeitswelt
auf die Entwicklung von Kindern hält mittlerweile immer stärker Einzug in
den Alltag von Familien mit Kindern. Das eigentlich schöne Wort *Lernen* wird
zunehmend in Verbindung mit Leistungserwartung genutzt. Selbst im Freundeskreis und im nachbarschaftlichen Umfeld kreisen die Gesprächsthemen
nicht selten stärker um die Erwartungen *an* Kinder als um deren Bedürfnisse.

Alle Beteiligten sollten sich die Frage stellen: Ist der Blick in den öffentlichen
Diskussionen um die Förderung kindlicher Entwicklung wirklich immer auf
das Kind gerichtet oder welche anderen gesellschaftlichen ›Interessen‹ wirken
gerade auf das Kind und deren Eltern ein?

Aus Sicht des Kindes ist seine direkte Umwelt für eine gesunde Entwicklung
in zweierlei Hinsicht unverzichtbar: Das Kind braucht eine Gemeinschaft über
die Familie hinaus. Eine Gemeinschaft, in der es dazugehören darf, sich zurecht-

findet, in der es Aufgaben erhält, an denen es wachsen kann. Eine Gemeinschaft, die dem Kind sagt: »Du bist uns etwas wert!« Eine Gemeinschaft, die
seine familiäre Lebenswelt anerkennt und eine Familie, die die Zugehörigkeit
zu dieser Gemeinschaft unterstützt. Und es braucht seine Umwelt als Korrektiv
und Schutzfaktor – womit wir das altbekannte ›Dorf‹ als nach wie vor bedeu-
tungsvoll ins Spiel geholt haben.

Lernfeld Schule

Wenn wir uns die kindliche Entwicklung als ein großes Lernfeld anschauen, wird
die Rolle des außerfamiliären Umfeldes und die Sinnhaftigkeit einer qualitati-
ven Verknüpfung zwischen Umfeld und Familie am Lernfeld Schule besonders
deutlich. Schulen haben sich immer stärker von Halbtags- zu Ganztagsinstitu-
tionen entwickelt, von Stätten der Bildung und Lernorten zu Lebenswelten, in
denen vielschichtige Entwicklungsaufgaben und Probleme der Lebensbewälti-
gung zu meistern sind. Die Aufgaben sind also größer geworden – die Öffnung
der Schule gegenüber der Lebenswelt der Schüler und ihrer sozialräumlichen
Lebensbedingungen ist unvermeidbar. In Gesprächen mit Lehrkräften höre ich
häufig jedoch eher Widersprüchliches. Viele Lehrer sehen sich zwar stärker in
der Aufgabe gefordert, das soziale Lernen als wichtigen Bestandteil der schulischen und der Berufsbildung wahrzunehmen. Dies wird jedoch nur möglich
sein, wenn es gelingt, die Persönlichkeit, die Lebenswelt und die Lebenserfah-
rung der einzelnen Schüler in die Gestaltung des schulischen Alltags einzubauen.
Gleichzeitig fühlen sich die Lehrer zunehmend überfordert mit den sich per-
manent erweiternden Aufgabengebieten, ohne dass sich Ausbildung und Ressourcen diesen Anforderungen anpassen. Vielleicht ist es vor diesem Hintergrund nicht verwunderlich, dass die soziale Herkunft den Bildungserfolg von
Schülern in Deutschland nach wie vor massiv beeinflusst (Rehner 2016). Diese
Erklärung allein wäre jedoch zu kurz gegriffen. Sie würde nur einen Teilaspekt
des Gesamtsystems beleuchten. Schauen wir uns das Lernfeld Schule einmal
aus der Perspektive des Kindes an.

Stellen wir uns Paul als Schulkind vor. Paul soll Vokabeln lernen; Paul möchte
dies auch. »Super« sagen Lehrer und Eltern – wenn es klappt! Das tut es aber nicht
immer. Lehrer und Eltern versuchen es, wenn Schwierigkeiten auftauchen, häufig
mit Konsequenz und Druck. Oft helfen diese Interventionen, zumindest kurz-
fristig. Welches Kind möchte schon immer wieder Konsequenzen erleben? Paul
lenkt also ein und lernt. Ob das Lernen nachhaltig erfolgt, bleibt offen. Wie aber
wäre es, wenn Paul erlebt, dass es Spaß machen kann, etwas zu lernen, vielleicht

sogar die Vokabeln. Paul wird mit Sicherheit eine andere Lernerfahrung machen. Und diese andere Lernerfahrung geschieht, weil im Gehirn etwas anderes abläuft.

Aus dieser Erfahrung heraus, ›es macht Spaß, Vokabeln zu lernen‹, werden sogenannte Metakompetenzen – quasi eine Kompetenz der Kompetenzen – entwickelt und die brauchen Kinder heutzutage mehr denn je. Es geht um die Fähigkeit, die Dinge ein wenig aus der Distanz, mit einer Art ›Draufblick‹ – mit einer Distanz zu sich und zum Problemfeld zu betrachten und gleichzeitig mit einer ziemlich genauen Kenntnis der eigenen Wirklichkeit. Ein metakompetenter Akteur verfügt über eine systemische Denk- und Handlungsfähigkeit und ein hohes Ausmaß an Empathie und Selbstdistanz (Bergmann 2006). Okay – und das also soll Paul erfahren, wenn er Vokabeln lernt? Metakompetenzen bewirken, dass Paul spürt, dass er Freude an Sprache hat, vielleicht weil er damit interessante, fremde Menschen kennenlernen (Motivation) und sich mit ihnen verständigen kann (strategische Kompetenz, Einsichtsfähigkeit), vielleicht, weil er in der Nachbarschaft neben der deutschen auch andere Sprachen erlebt. Bestimmt kann er die Lust auch gar nicht erklären, ist einfach nur neugierig. Metakompetenzen erlauben dem Kind, Handlungen zu planen, z. B. Folgen von Handlungen oder Entscheidungen abzuschätzen (eine Auslandsfahrt kostet viel Geld, da muss ich lange sparen). Sie ermöglichen dem Kind auch, seine Affekte zu kontrollieren (sich alle Wünsche sofort zu erfüllen, bedeutet das Sparkonto kann sich nicht füllen), sich in andere Menschen hineinzuversetzen (der Nachbarjunge redet nicht nur anders, in der Familie gibt es auch andere Regeln und es riecht lecker, wenn die Mama kocht). Nachhaltiges Lernen braucht also etwas anderes als Druck oder Konsequenz von außen. Es braucht Inspiration, Motivation und die Neugierde der Verantwortlichen auf das Kind. Kurz und knapp: Paul lernt, Verantwortung zu übernehmen, weil er erkannt hat, dass es Sinn macht, Vokabeln zu lernen.

Eltern und Lehrer als Verantwortungsträger haben somit einen großen Einfluss darauf, welche Entwicklungen sie in ihrem Einflussbereich mit welchen Strategien fördern wollen – und sie tun gut daran, eine *gemeinsame* Linie zu finden. Mit einer dementsprechenden Haltung finden beide geeignete Ansätze, einen Zugang zu den ihnen Anvertrauten zu finden – und sie werden Erfolge erleben. Ich habe vor sehr, sehr langer Zeit einmal einen Satz gehört, den ich nicht wieder vergessen konnte, weil er manches so kurz und knapp erklärt: Mein Kind ist auch dein Schüler!

Der Ansatz für eine Lösung zum Lernfeld Schule ist also naheliegend: Ich fange an mich ernsthaft für das Kind zu interessieren. Ich versuche herauszubekommen, welche Gedanken sich beispielsweise Paul und Marie zu den Dingen des Lebens machen, versuche zu erfahren, worauf sie gerade besonders neugierig sind und worauf weniger. Und wie bekomme ich das heraus? Auch die Antwort ist nicht schwer: Ich frage sie! Damit entscheide ich mich als Erwachsener für eine andere Art von Beziehung zum Kind. Davon ausgehend, dass Kinder durchaus schlaue Menschen sind, ist bei der Entscheidung, mit Kindern in eine andere Form von Dialog einzutreten, Ehrlichkeit gefordert. Das Kind benötigt das Vertrauen, dass die Erwachsenen es ehrlich meinen: Authentizität ist also gefragt, sonst werden die Erwachsenen ihre Interventionen nicht als wirklich hilfreich erleben.

Um es wieder konkret zu machen – die Lehrkraft fragt Paul: »Was brauchst *du*, um eine andere Sprache zu lernen? Wir möchten uns in der Klasse gern mit fremden Menschen und Ländern beschäftigen, sie näher kennenlernen, hören aber, dass sie eine andere Sprache sprechen; es könnte helfen, diese Sprache zu lernen, eine Möglichkeit ist, Vokabeln zu lernen … machst du mit?«

Dem Kind auf der Pelle hocken

Das fürsorgliche Interesse am Kind und die motivierende Unterstützung einer kindlichen Entwicklung werden von den Verantwortlichen im Umfeld des Kindes gelegentlich mit einer intensiven und direkten Begleitung des Kindes verwechselt. Ein übersteigertes Sicherheitsdenken zwingt Kinder heute oft, in beheizte und verkabelte Räume und auf Fahrrad- und Autorücksitze, weil sie von den Eltern in den Kindergarten, in die Schule, zum Sport- oder Musikunterricht gefahren werden, mit dem Ziel, ihnen eine allumfassende Förderung und Betreuung zugutekommen zu lassen. Kinder erleben in ihrem Alltag immer weniger Phasen freier Zeitgestaltung, weil sie die Zeit mit Schule und Hausaufgaben, mit Lernen, mit Klavierübungen und dem Vereinssport verbringen (müssen?). Viele Kinder dürfen eher frei im Internet surfen als allein im Park oder im Wald spielen. Bei der Frage, was von beiden gefährlicher ist, werden viele Eltern spontan die Natur nennen. Viele Kinder sind noch nie allein auf einen Baum geklettert, haben noch nie einen Regenwurm gesehen. Kluge Kita-Konzepte haben erkannt, dass ihre Aufgabe nicht primär darin besteht, ihre kleinen Besucher ›schulnormfähig‹ zu machen. Sie haben schon seit Jahren sogenannte Waldtage und Natur-Projekte in ihrem Angebot. Die Unterstützung der Eltern besteht allein darin, die nicht selten völlig verdreckte Kleidung ihrer Kinder wieder zu waschen. In meiner Nachbarschaft hat sich in langjähriger mühevoller Kleinarbeit ein Schulbauernhof etabliert.[4] Pädagogen und Landwirte bieten

---

4   s. a. Internationaler Schulbauernhof Hardegsen, Verfügbar unter: http://www.internationaler-schulbauernhof.de, Zugriff am 10.01.2017.

Schulkindern und ihren Lehrern im Rahmen von Freizeiten und Klassenfahrten spannende Einblicke in den landwirtschaftlichen Alltag. Kinder, Jugendliche und Erwachsene können dort Tiere versorgen, bei der Feld- und Gartenarbeit mithelfen, Lebensmittel erzeugen und Speisen zubereiten. Zum Tageserleben gehören so einfache Erfahrungen wie: erst in den Stall, dann zum Frühstück.

Es gibt Wissenschaftler (Weber 2011), die das unter Kindern immer stärker verbreitete Aufmerksamkeits-Defizit-Syndrom (ADS) umdeuten in ›Natur-Defizit-Syndrom‹. Das freie, unstrukturierte und von den Erwachsenen ungestörte Kennenlernen und ›Erobern‹ einer natürlichen Umgebung ist eine unverzichtbare Erfahrung für die Entwicklung zur Selbstständigkeit. Kinder werden damit in ihrer Neugierde gefordert, sie ersinnen in unstrukturierten Räumen komplexe Abenteuer und lernen gestalten. Und wenn sie mit Freunden unterwegs sind, lernen sie zudem noch, Aufgaben und Herausforderungen im Miteinander zu bewältigen (s. o. das ›Baumklettern‹).

Kinder brauchen ein Zutrauen in sich selbst und ihre Umgebung – und dazu müssen sie die Möglichkeit haben, sie auch allein zu entdecken. Kinder geben den Erwachsenen genügend Signale, wenn sie darauf hinweisen wollen, was sie brauchen. Das wichtigste Signal ist die Neugierde. Ein Aufblitzen von Neugierde bei Kindern könnte von den Erwachsenen als Aufforderung verstanden werden, ihr Verständnis von Wichtigem und Unwichtigem neu zu justieren – und damit auch ihr Verständnis von Fürsorge.

Womit wir wieder bei dem Ausgangsziel in der kindlichen Entwicklung angelangt sind: Starke Kinder entwickeln sich nicht von allein, sie brauchen eine auf ihre Kompetenzen und Bedürfnisse abgestimmte Führung, aber auch Freiräume – sowohl von den Eltern als auch von anderen Erwachsenen ihres Umfeldes. Kindliche Potenziale entfalten sich durch hilfreiche Unterstützung. Unterstützend kann es aber gerade wirken, nicht unter Beobachtung zu stehen. Ein Teil von Erziehung ist also das Erkennen von Neugierde und das Fördern von Begeisterung, ein gleichwertiger anderer Teil das Fernbleiben der Erwachsenen und das Zutrauen in die eigene kindliche Kompetenz. Kinder brauchen Eltern, Erzieher, Nachbarn und Lehrer, die beides als ihre Aufgaben erkennen. Kinder brauchen Menschen, die kindliche Signale erkennen und ebensolche an die Kinder schicken. Kinder müssen beobachten und experimentieren dürfen, dann lernen sie, sich einen eigenen und doch ihrer Kultur angemessenen Platz zu verschaffen. Ein ständiges Umsorgen und Ermahnen bewirkt eher, dass ein Kind sich dumm oder falsch fühlt, dass das Selbstwertgefühl des Kindes sich nicht gut entwickelt.

Lehrer und Eltern werden hierauf vielleicht mit einem Aufschrei reagieren: »Wie soll das funktionieren? Ich habe drei Kinder zu Hause bzw. 22 Schüler in der Klasse. Alle werden auf meine interessierten Fragen etwas anderes antworten – das würde ja ein schönes Wunschkonzert geben.« Und genau hier kommt das kleine Wort ›Führung‹ deutlicher mit ins Spiel. Erziehung heißt sicherlich nicht nur Inspiration, Motivation und Neugier wecken. Es bedeutet auch, dem Kind als Erwachsener mit einer eigenen klaren Position gegenüberzutreten. Und genau wie das o. g. bekundete Interesse am Kind, sollte auch die eigene Position von Authentizität geprägt sein. Der Lehrer, der im Beispiel des Vokabellernens das Kind fragt »Machst du mit?«, sollte es ernst meinen und damit rechnen, dass das Kind auch »Nein« sagen könnte. Und er sollte einen alternativen Plan haben für das »Nein«.

Auf den Punkt gebracht

*   Kinder benötigen Schutz und Sicherheit.
*   Neugierde und Gestaltungswille sorgt für Entwicklung.
*   Kinder müssen erfahren, dass sie in Gemeinschaften dazugehören dürfen.
*   Kinder müssen Aufgaben erhalten, an denen sie wachsen dürfen.
*   Kinder brauchen ›natürliche‹ Erfahrungen!
*   Lernen entsteht durch Begeisterung – aus Begeisterung wird Bedeutsamkeit.

Was Kinder stark macht:
*   Vertrauen in sich selbst, darauf dass man etwas erreichen und bewältigen kann (Selbstwirksamkeit).
*   Vertrauen, dass jemand da ist, der hilft und stützt, wenn man es einmal nicht aus eigenen Kräften schafft (Ur-Vertrauen).
*   Vertrauen, dass alles wieder gut wird (Zuversicht).

2 Vom Kind zur Kindeswohlgefährdung

Wir haben uns in Kapitel 1 viel mit der gesunden kindlichen Entwicklung beschäftigt. Wir haben erfahren, welche Potenziale Kinder mitbringen, was sie brauchen, damit sie diese Potenziale gut entwickeln können und von wem sie Unterstützung benötigen. Wir wissen nun also, was Kindern gut tut – zumindest vom Grundsatz her. Wenn wir uns die Welt um uns herum anschauen und die Lebensbedingungen von Kindern betrachten, wird jedoch schnell deutlich, dass die Beschreibungen einer gesunden kindlichen Entwicklung idealtypisch sind. Kinder wachsen in einer Welt auf, die sie und ihr Wohl eben nicht in den Mittelpunkt stellt. Diese Erfahrungen haben auch ihre Eltern schon gemacht. Nicht jede Lebenswelt wird den Anforderungen an eine gesunde kindliche Entwicklung gerecht und nicht jede Lebenslage ist auf den Schutz von Kindern ausgerichtet. Wo aber endet eine gesunde kindliche Entwicklung und wo beginnt eine Kindeswohlgefährdung? Mit dieser Frage beschäftigen sich Fachkräfte in der Sozialen Arbeit und besonders in der Kinder-, Jugend- und Familienhilfe tagtäglich – und die Antwort ist leider weder eindeutig noch einfach.

Definition und gesetzliche Grundlagen

Die Rahmenbedingungen und Lebenswelten auf die Kinder bei ihrer Geburt treffen, sind so unterschiedlich, wie die Menschen, die sie umsorgen und ihre Geschichten. Was aber macht aus einer gesunden kindlichen Entwicklung einen Prozess, in dem Gefährdungen drohen? Und was heißt das überhaupt: Kindeswohlgefährdung?

Eine nach wie vor genutzte Definition lieferte der Bundesgerichtshof (BGH)[5] bereits in den 1950er-Jahren: Kindeswohlgefährdung »[…] ist eine gegenwärtige,

---

5 BGH FamRZ. 1956, S. 350, Verfügbar unter: https://www.jurion.de/urteile/bgh/1956–07–14/ iv-zb-32_56/, Zugriff am 21.03.2017.

in einem solchen Maße vorhandene Gefahr, dass sich bei der weiteren Entwicklung eine erhebliche Schädigung mit ziemlicher Sicherheit voraussehen lässt.« Juristen nennen so etwas einen ›unbestimmten Rechtsbegriff‹. Und was bieten unbestimmte Rechtsbegriffe: Jede Menge Auslegungsspielräume – auf die wir auch in der Praxis noch häufiger stoßen werden.

Aber fragen wir doch zuerst den Gesetzgeber. Als sich der Gesetzgeber im Rahmen der Grundgesetzgebung – aus guten Gründen und leidvoller Erfahrung – Gedanken darüber gemacht hat, welchen Rahmen es braucht, um uns Menschen zu bändigen, sind sie tief in das Grundsätzliche hinabgestiegen und haben als allererstes die Würde des Menschen für unantastbar erklärt. In den Kommentaren zum Grundgesetz wird – sicherheitshalber – noch einmal verdeutlicht, dass dieser Grundsatz für Erwachsene und Kinder gleichermaßen gilt – immerhin. Der Gesetzgeber benennt auch gleich Verantwortlichkeiten, indem er den Kinderschutz zuallererst als Aufgabe der Eltern ansieht, über deren Erfüllung im Hintergrund der Staat wacht. Im Bürgerlichen Gesetzbuch steht: »Kinder haben ein Recht auf gewaltfreie Erziehung. Körperliche Bestrafungen, seelische Verletzungen und andere entwürdigende Maßnahmen sind unzulässig.«[6] Auch zur Rolle des Staates in Fragen des Kinderschutzes hat sich der Gesetzesgeber ausführlich geäußert. Er versteht sich ausdrücklich nicht als eine von grundsätzlichem Misstrauen geplagte Kontrollinstanz, als Lauscher in den Schlaf- und Kinderzimmern, als Überwacher der Eltern und Familien.

Sein nachrangiges Verständnis von Verantwortlichkeiten erklärt er im BGB, indem er Eingriffe in die Familie nur zulässt, »wenn der Gefahr nicht auf andere Weise […] begegnet werden kann«[7].

Im achten Sozialgesetzbuch (SGB VIII, Kinder- und Jugendhilfe) werden Hilfen und Eingriffsmöglichkeiten miteinander verknüpft. Nach der Erklärung der Rechte von Kindern und Jugendlichen auf Erziehung und der Definition von Elternverantwortung werden gleich im ersten Paragraf des Gesetzestextes die grundlegenden Aufgaben der öffentlichen Jugendhilfe benannt: »Jugendhilfe soll junge Menschen […] fördern und dazu beitragen, Benachteiligungen zu vermeiden oder abzubauen […] Eltern […] bei der Erziehung beraten und unterstützen, Kinder und Jugendliche vor Gefahren für ihr Wohl […] schützen

---

6   BGB (Bürgerliches Gesetzbuch), § 1631 Abs. 2. Fassung aufgrund des Gesetzes zur Ächtung der Gewalt in der Erziehung und zur Änderung des Kindesunterhaltsrechts vom 02.11.2000 (BGBl. I S. 1479), in Kraft getreten am 08.11.2000, Verfügbar unter: https://dejure.org/ BGBl/2000/BGBl._I_S._1479, Zugriff am 20.03.2017.
7   BGB, § 1666, § 1666a.

[...] dazu beitragen, positive Lebensbedingungen für junge Menschen und ihre Familien [...] zu erhalten oder zu schaffen«[8].

Der § 8a SGB VIII

Nachdem es in den Jahren 2004 und 2005 immer wieder zu spektakulären Kindeswohlverletzungen und auch Kindstötungen gekommen ist – selbst in Familien, die durch die öffentliche Jugendhilfe betreut gewesen sind – wurde u. a. durch den Druck der Öffentlichkeit und der Presse 2005 der § 8 a SGB VIII »Schutzauftrag bei Kindeswohlgefährdung« in das Gesetz aufgenommen. Der Paragraf sollte zur Konkretisierung im Umgang mit Kindeswohlgefährdungen beitragen und die Fachkräfte der Jugendhilfe zu einer stärkeren Kooperation auffordern. Der Schutzauftrag selber ist ja bereits mehrfach im Gesetz formuliert, dennoch schien es notwendig, das Verfahren, die Aufgaben und die Verantwortlichkeiten eindeutiger festzulegen. Bei Bekanntwerden gewichtiger Anhaltspunkte für das Vorliegen einer (möglichen) Kindeswohlgefährdung bestehen nun konkrete Handlungspflichten für die öffentliche Jugendhilfe und gleichzeitig auch für die freien Träger der Jugendhilfe. Eine der grundlegendsten Pflichten aus dem § 8a SGB VIII wirkt so selbstverständlich und wurde in der Praxis dennoch nicht als Standard genutzt. Sie erinnert daran, dass vier Augen bekanntlich mehr sehen, vier Ohren mehr hören als zwei. Die Abschätzung eines Gefährdungsrisikos hat »im Zusammenwirken«[9] mehrerer Fachkräfte zu erfolgen. Und der Gesetzgeber wird noch deutlicher: Sofern der öffentliche Träger – also in der Regel das Jugendamt – die Gefährdungseinschätzung nicht selbst vornimmt, hat er dafür Sorge zu tragen, dass andere (Einrichtungen und Dienste) über ausreichende Qualifikationen verfügen und »bei der Gefährdungseinschätzung eine insoweit erfahrene Fachkraft beratend hinzugezogen wird«[10]. Aber was ist eine insoweit erfahrene Fachkraft, wo ist sie zu finden, und was genau ist ihre Aufgabe? Dazu im Abschnitt *Die Kinderschutzfachkraft* mehr.

In der Folge waren sowohl die Jugendbehörden als auch die freien Träger aufgefordert, diesen unbestimmten Rechtsbegriff und die Qualifikation der »insoweit erfahrenen Fachkraft« mit Leben zu füllen. Zentrale Aufgabe dieser besonderen Fachkraft ist die Unterstützung und Beratung der Menschen vor Ort – also derjenigen, die im Rahmen der Jugendhilfe mit Kindern und Fami-

---

8   SGB VIII, § 1.
9   SGB VIII, § 8a Abs. 1.
10   SGB VIII, § 8a Abs. 4.2.

lien arbeiten; die mit Erlebnissen und Wahrnehmungen konfrontiert werden, die sie irritieren, ihnen ›Bauchschmerzen‹ bereiten. Eine externe und qualifizierte Beratung soll helfen aus diesen Bauchschmerzen eine klare Einschätzung werden zu lassen, mit der die sog. fallverantwortliche Fachkraft vor Ort arbeiten kann. Als Stichworte zur Einsortierung der Qualifikation der Fachkraft wurden schnell Begriffe wie ›Erfahrung‹ und ›Ausbildung‹ herangezogen. Eine Welle von Weiterbildungsangeboten überschwemmte den Ausbildungsmarkt; die Standards und die Qualität der Angebote waren und sind jedoch deutlich vergleichbar. Alle Zertifizierungskurse zielten und zielen darauf ab, den Fachkräften die rechtlichen Rahmenbedingungen des Kinderschutzes zu vermitteln, Kenntnisse zum Prozess der Gefährdungseinschätzung zu vertiefen und kommunikative Fähigkeiten zu stärken, um die Rolle im Beratungsprozess ausfüllen zu können. Auch wenn das Gesetz sie »insoweit erfahrene Fachkräfte« nennt – ich nenne sie im weiteren Verlauf der Klarheit halber ›Kinderschutzfachkräfte‹.

Selbst über fachliche Details zum Prozessgeschehen einer Kindeswohlprüfung hat der Gesetzgeber sich Gedanken gemacht und fordert die Verantwortlichen auf
* sich einen unmittelbaren Eindruck zu machen vom Kind und seiner Umgebung,
* eine Einbeziehung des Kindes und der Eltern vorzunehmen,
* bei den Beteiligten auf die Inanspruchnahme von Hilfen hinzuwirken.

Erst wenn diese Strategen nicht helfen und akute Gefahr für das Kind droht, ist ein staatliches Eingreifen gefordert und notfalls eine Inobhutnahme eines Kindes durch das Jugendamt vorzunehmen. Alle Fachkräfte der Jugendhilfe haben somit noch einmal per Gesetz den sehr konkreten Auftrag erhalten, hinzuschauen, sich eine Einschätzung zu verschaffen und in einen aktiven und lösungsorientierten Hilfeprozess mit den Betroffenen Kindern und Eltern einzusteigen. Der § 8a im SGB VIII ist eine Aufforderung an alle Beteiligten – unabhängig von ihrer Funktion im System – Hilfe zu leisten. Dieser Hilfeprozess hat eindeutig Vorrang vor einer staatlichen Intervention. In der Konsequenz ist der Paragraf eine Aufforderung zu einem systemischen fachlichen Tun – er ist kein Meldeparagraf.

Im Rahmen der geplanten (2017) Reformbestrebungen des Sozialgesetzbuches[11] mit dem Ziel, eine Gesamtzuständigkeit der Kinder- und Jugendhilfe zu schaffen, sind Veränderungen auch in den Gesetzesinhalten zu des Paragrafen des

---

11 Entwurf eines Gesetzes zur Stärkung von Kindern und Jugendlichen, Verfügbar unter: http://
    kijup-sgbviii-reform.de/wp-content/uploads/2017/03/RegE-KJSG-12.4.2017.pdf, Zugriff am
    21.06.2017.

Kinderschutzes nicht gänzlich auszuschließen. Die Änderungen werden den Kern der Gesetzesaussagen jedoch – wie sagt man so schön – mit an Sicherheit grenzender Wahrscheinlichkeit nicht verändern. Aktuell (Frühjahr 2017) besteht die Absicht, den Abs. 1 des § 8a im SGB VIII um einen Satz zu ergänzen: »Personen, die dem Jugendamt nach § 4 Abs. 1 des Gesetzes zur Kooperation und Information im Kinderschutz Daten übermittelt haben, [hat das Jugendamt, Ergänzung. B. Kasper] in geeigneter Weise an der Gefährdungseinschätzung zu beteiligen [soweit der wirksame Schutz des Kindes nicht in Frage gestellt wird, Ergänzung B. Kasper]«[12]. Mit dieser Absicht scheint das Ziel verbunden, die sogenannten Geheimnisträger (Ärzte, Psychologen, Hebammen, Lehrer, …) stärker in Prozesse zur Prüfung von Kindeswohlgefährdungen einzubeziehen und damit deren Motivation zur Mitarbeit zu stärken. Näheres zur Rolle von Geheimnisträgern im Kinderschutz beschreibt der folgende Absatz.

Das Bundeskinderschutzgesetz

Mit der Einführung des Bundeskinderschutzgesetzes[13] im Jahre 2012 wurde schließlich das Ziel verknüpft, nicht nur die Fachkräfte der Jugendhilfe, sondern alle Akteure, die sich in der Erziehung und Betreuung von Kindern engagieren, anzusprechen und mit Handlungs- und Rechtssicherheit zu versehen. Das Gesetz trägt der Erkenntnis Rechnung, dass Kinder auch außerhalb der Jugendhilfe zu wenig geschützt sind. Auch Ärzte, Psychologen, Hebammen und Lehrer sollen bei einer möglichen Gefährdung von Kindern aktiv werden und auf die Inanspruchnahme von Hilfen hinwirken. Sie sollen Hilfen vermitteln und sie sollen – trotz ihres grundsätzlichen Status als Geheimnisträger – das Jugendamt einbeziehen, falls Hilfen nicht ausreichend erscheinen oder die Sorgeberechtigten keine Bereitschaft zur Mitwirkung zeigen. Und da diese besonderen Aufgaben nicht unbedingt zu ihrem vertrauten beruflichen Kontext gehören, hat der Gesetzgeber die örtlichen Jugendhilfeträger dazu verpflichtet, allen Hilfeleistenden eine fachliche Beratung anzubieten.[14] In der Praxis heißt das, jeder Arzt, jede Hebamme, jeder Lehrer kann sich an das örtliche Jugendamt wenden und dort einen Ansprech-

---

12 DIJuF, Synopse zum Entwurf vom 12.04.2017 eines Gesetzes zur Stärkung von Kindern und Jugendlichen (Kinder- und Jugendstärkungsgesetz – KJSG), Verfügbar unter: http://kijup-sgbviii-reform.de/wp-content/uploads/2016/07/DIJuF-Synopse-RegE-KJSG-12.4.2017.pdf, Zugriff am 15.06.2017.

13 s. a. BKiSchG (Bundeskinderschutzgesetz) vom 22. Dez. 2011, Änderungen erfolgten u. a. im SGB VIII.

14 SGB VIII, § 8b.

partner zur Beratung genannt bekommen. Inwieweit diese Ausweitung des Kinderschutzes über die gesetzliche Jugendhilfe hinaus in der Praxis angekommen ist,
wäre eine Überprüfung wert. Soweit die grundlegende Theorie – in aller Kürze.

Die veränderte Gesetzgebung und die Diskussionen um den Kinderschutz
haben sicherlich dazu geführt, dass der Blick auf mögliche Gefährdungen von
Kindern stärker in das Blickfeld der Fachkräfte gerückt ist. Der § 8a im SGB VIII
gibt sowohl den Fachkräften vor Ort als auch den Mitarbeitern in den Jugendämtern eindeutig mehr Handlungssicherheit, da sie nun ein konkretes Verfahren zur Einschätzung von Gefährdungen nutzen können. Aber wie jede Veränderung zeigt auch diese Wirkungen im System, die nicht nur hilfreich sind.

Eine veränderte Gesetzgebung und die Entwicklung fachlicher Verfahren
haben nicht automatisch zur Folge, dass Gefährdungssituationen abnehmen.
Der § 8a SGB VIII kann beispielsweise nur als Reaktion auf bereits bestehende
Gefahren wirken. Gravierende Fälle von Kindesmisshandlungen und Kindestötungen sowie die Reaktionen von Presse und Öffentlichkeit haben dazu geführt,
dass sich die immer weiter ausdifferenzierten Konzepte und Arbeitsweisen der
Jugendämter vermehrt auf die Wahrnehmung des Kinderschutzauftrages konzentrieren. Die Fachkräfte in den zuständigen Behörden nehmen ihren diesbezüglichen Auftrag ernst und das ist auch gut und richtig so. Dennoch kann
dies nur eine reaktive Form der Hilfe sein.

Gleichzeitig stellen die Fachkräfte jedoch fest, dass für die sorgsame Prüfung
und Einschätzung einer möglichen Gefährdung nach dem Verfahren des § 8a SGB
VIII ein zusätzlicher Arbeitsaufwand entstanden ist. (Wobei sich natürlich sofort
die Frage stellt, mit welchen Ressourcen die Wahrnehmung des Kindeswohls
vor Umsetzung des Gesetzes verfolgt wurde.) Die Prüfung und Einschätzung
einer möglichen Kindeswohlgefährdung erfordert nicht nur ein entsprechendes Know-how – sie erfordert schlicht Zeit und damit Personalressourcen. Eine
entsprechende Aufstockung von Sozialarbeiterstellen in den Behörden ist mit
dieser Erkenntnis meiner Erfahrung nach jedoch bisher nicht immer verbunden – und somit fehlt genau diese Zeit an anderen wichtigen Stellen im System.

Die öffentliche Jugendhilfe

Das Jugendamt hat neben dem Schutz von Kindern nämlich noch einen zweiten grundlegenden Auftrag (SGB VIII, § 1 Abs. 3): Es »soll junge Menschen [...]
fördern und dazu beitragen, Benachteiligungen zu vermeiden [...] dazu beitragen, positive Lebensbedingungen für junge Menschen und ihre Familien [...] zu
schaffen«. Auch hier sind im Zuge der Reformbestrebungen Änderungen geplant

(vgl. DIJUF, Zugriff am 15.06.2017), demnach SGB VIII, § 1 Abs. 4. Der präventive Gestaltungs- und Unterstützungsauftrag vor Ort, also in den Stadtteilen, in den hilfebedürftigen Familien, läuft jedoch Gefahr, durch die Fokussierung auf den Kinderschutz mehr und mehr in den Hintergrund zu geraten. Denn aufgrund begrenzter Personalressourcen in den Behörden ist jede Fachkraft in ihrer täglichen Praxis gefordert, Prioritäten zu setzen – und Priorität hat nun mal der Kinderschutz. Erschwert wird die Arbeit der Fachkräfte in den Behörden seit jeher durch die knappen Kassen vieler Landkreise und Kommunen. Die seit Jahrzehnten im Sozial- und Gesundheitssystem durchaus bekannte Logik, das *Prävention* und frühzeitige Förderung Gefährdungen und Beeinträchtigungen von Kindern zukünftig positiv beeinflussen, sollte eigentlich keiner Erwähnung bedürfen. Auch die Erkenntnis, dass eine Investition in *Prävention* die riesigen Ausgaben im Bereich der *Reaktion* – in der Jugendhilfe insbesondere die Kosten von Fremdunterbringung – zukünftig positiv beeinflussen wird, ist sicherlich in den Sozialbehörden vor Ort bekannt. Erkenntnisse führen jedoch leider nicht immer zu Veränderungen. Das liegt nicht etwa an der Kompetenz der Fachkräfte vor Ort. Es erklärt sich vielmehr durch das kleine Wort ›zukünftig‹. Für eine aktive und präventive Gestaltung der Kinder- und Jugendhilfe sind Veränderungen und Transformationen notwendig, die *leider* eine Langzeitwirkung haben. Eine offensive und konstruktive Ausweitung der Angebote von Prävention erfordert z. B. eine intensive und kontinuierliche sozialpädagogische Arbeit mit Familien mit Unterstützungsbedarf. Es erfordert darüber hinaus eine intensive Netzwerkarbeit von Menschen mit z. T. sehr unterschiedlichen Professionen.

Beides kostet viel Geld – zusätzliches Geld – denn Prävention wirkt sich ja bekanntlich nicht auf bereits bestehende Problematiken und auf schon laufende Hilfen und Ausgaben aus. Die Fachleute in den Sozialbehörden müssten also den Kämmerern in den Gemeinden und Landkreisen (den Kämmerern der Städte und Landkreise, den Verantwortlichen der Landesbehörde, diese dergleichen im Bund usw.) erklären, dass sie mit hoher Wahrscheinlichkeit langfristig sehr viel Geld sparen könnten, wenn sie es aktuell und in den kommenden – zehn(!) – Jahren investieren würden: In Konzepte und Personalstellen zur langfristigen Umgestaltung der Arbeit in der öffentlichen Kinder-, Jugend- und Familienarbeit. Die dazu notwendigen Entscheidungen jedoch passen nicht in unser politisches und gesellschaftliches Konzept. Hierfür sind schlicht die Wahlperioden für Politiker zu kurz. Dieser politische Aspekt entzieht sich zudem gänzlich dem Einfluss von Fachkräften in den Jugendämtern – dennoch sei er hier zumindest erwähnt.

Die Fachkräfte der Jugend- und Familienhilfe sind tagtäglich aufgefordert, in dem fachlichen Spagat zwischen aktiver Hilfegestaltung in der Lebenswelt von Familien und dem Umgang mit möglicher Kindeswohlgefährdung eine Position zu finden und sich dabei nicht zu überfordern. Sie kennen die allgemeine Definition von Gefährdung, die gesetzlichen Anforderungen und Verantwortlichkeiten, sie haben mit dem § 8a SGB VIII ein Verfahren an die Hand bekommen, ihnen steht ein Handlungsleitfaden zur Verfügung, sie kennen ihre Ressourcen und setzen all das zum Wohl des Kindes ein. Aber wie schaut das ganz konkret im praktischen Arbeitsalltag aus? Wie entsteht ein Verdacht auf Kindeswohlgefährdung? Welche Personen und Institutionen sind damit konfrontiert? Wie reagieren die Beteiligten? Was geschieht – und was nicht?

Auf den Punkt gebracht

- Kinderschutz ist zuallererst Aufgabe der Erziehungsberechtigten.
- Der § 8a im SGB VIII ist ein Handlungsleitfaden mit Verstand. Wird er genutzt und ernstgenommen, sorgt er für Sicherheit im Verfahren:
  - Der Schutzauftrag ist gesetzlich eindeutig geregelt.
  - Aufgaben und Verfahren sind präzise beschrieben.
  - Das Hinzuziehen einer insoweit erfahrenen Fachkraft ist geregelt.
  - Fachkräfte sollen aktiv auf die Inanspruchnahme von Hilfen hinwirken.
  - Sie sollen Hilfen vermitteln.
  - Sie sollen das Jugendamt einbeziehen, falls geeignete Hilfen nicht ausreichend erscheinen oder die Sorgeberechtigen keine Bereitschaft zur Mitwirkung zeigen.
  - Bei akuter, dringender Gefährdung besteht die Verpflichtung zur Inobhutnahme durch das Jugendamt.
- Durch den § 8a im SGB VIII besteht Handlungssicherheit für die Träger und Fachkräfte der Jugendhilfe.
- Kollegiale Beratung erweitert Perspektiven und ermöglicht Klarheit in Einschätzungen und Planung weiterer Interventionen.
- Das Bundeskinderschutzgesetz überträgt Aufgaben und Verfahrensweisen entsprechend auf andere Entscheidungsträger.
- Über das Kindeswohl wacht der Staat (das Jugendamt).
- Aus dem Kindeswohl wird eine Kindeswohlgefährdung, wenn eine klare Gefährdungseinschätzung vorliegt.

3 Die Gefährdungseinschätzung – Methoden, Hilfsmittel und Positionsfindung

Drei Kinder, drei Geschichten

Ich möchte Sie gern mit drei Kindern bekannt machen: Paul, Marie und Jonas.

Paul ist 4 Jahre alt und besucht seit einem Jahr den Kindergarten. Paul kommt morgens häufig allein in die Kita, er wohnt gleich um die Ecke und kennt den Weg. Er schafft es leider selten so früh wie die anderen Kinder, aber er ist froh, dorthin gehen zu können. Paul ist oft ganz schön müde morgens. Bei ihnen zuhause ist abends viel Besuch und er kann dann nicht schlafen, weil es laut ist. Seine Mutter sagt häufig, dass sie ihn morgen früh in die Kita bringen wird, aber dann schafft sie es nicht. Sie muss sich ja auch noch um Jana, die kleine Schwester von Paul, kümmern. Wenn es dann doch mal klappt, dann schaut die Erzieherin seine Mutter immer ein wenig komisch an – das ist Paul unangenehm. Eigentlich geht er lieber alleine. Zum Abholen kommt seine Mutter schon öfter und Paul freut sich darüber, aber sie hat es immer sehr eilig. Auch das ist Paul eigentlich ganz lieb. Häufig kommt aber die Oma mittags. Manchmal auch der Papa, er ist ja auch viel zuhause. Die Erzieherin fragt Paul oft, wieso er denn keine Jacke trage, wenn er komme, oder warum er Sandalen trägt, es sei doch kalt oder es würde regnen. Paul erzählt dann gern Geschichten. Das kann er gut – sich etwas ausdenken. Außerdem friert er ja auch gar nicht, und im Regen laufen ist doch schön. Einmal hat sie ihn sogar gefragt, wonach er denn riechen würde und ob sie zuhause einen Keller hätten. Dazu ist ihm eine richtig tolle Geschichte eingefallen. Am meisten freut sich Paul auf das leckere Frühstück in der Kita. Es macht Spaß, mit den anderen zu essen. Die Erzieherin sitzt immer dabei und hilft den Kindern. Beim Spielen mit den Kindern mag Paul gern der Bestimmer sein. Er hat ja auch viel mehr Ideen und findet es gut, wenn die anderen mitmachen. Manchmal wollen die anderen Kinder jedoch etwas anderes als er und dann wird er wütend – und dann ist das Spiel schnell vorbei. Die Erzieherin will dann immer mit ihm reden, aber das will er nicht und dann wird er auch wütend auf die Erzieherin und beschimpft sie. Hinterher tut es ihm leid. Er mag seine Erzieherin eigentlich ganz gern und wollte ja auch gar nicht wütend werden.

Marie geht seit einem halben Jahr in die vierte Klasse. Ihre Mutter und sie sind umgezogen und deshalb ist sie neu in der Schule. Marie ist eine gute Schülerin, obwohl sie gar nicht so gern in die Schule geht. Ihre Schulkameradinnen sind ganz nett, aber sie erzählen und fragen immer so viel. Sie wollen sich nachmittags auch immer verabreden, aber das möchte Marie nicht. Sie ist lieber zuhause und sie möchte auch niemanden nach Hause einladen. Eigentlich ist Marie lieber allein – auch wenn das manchmal langweilig ist.

Die Lehrerin ist nett, aber auch sie möchte oft wissen, wie es Marie geht und fragt sie, wie es zuhause ist. Auch nach ihrer Mutter hat sie schon gefragt. Aber Marie mag nicht von zuhause erzählen. Ihre Mutter kommt manchmal in die Schule, wenn es Treffen mit den Eltern oder wenn es etwas zu feiern gibt. Manchmal hat ihre Mutter dann auch jede Menge Ideen und macht dann ganz viel. Aber dann wieder will sie von alledem gar nichts wissen oder sie schimpft auf die Schule. Marie macht es immer ganz kribbelig, wenn ihre Mutter in die Schule kommt. Sie versucht dann aufzupassen, was die Mutter sagt und tut. Einmal hat Marie von einer Mitschülerin gehört, dass ihre Mutter einen anderen Vater auf dem Elternabend beschimpft hat. Marie versteht das alles nicht und hofft, dass die Lehrerin das nicht allzu merkwürdig findet.

Gestern jedoch hat die Lehrerin ihr einen Brief für die Mutter mitgegeben. Marie hat ihn gelesen – heimlich. Die Lehrerin hat die Mutter zu einem Gespräch eingeladen. Aber ihre Mutter ist grad wieder krank. Das passiert oft, dann kümmert Marie sich um alles. Bestimmt kann die Mutter jetzt gar nicht in die Schule kommen.

Jonas ist 12 Jahre alt und besucht die 7. Klasse der Oberschule. Jonas findet die Schule doof. Ständig wollen die Lehrer etwas von ihm, nerven ihn mit Aufgaben, die er nicht gemacht hat. Im Unterricht ist ihm langweilig, manches versteht er auch gar nicht; weil er keine Lust hat, immer zuzuhören. Mit seinen Mitschülern gibt es andauernd Streit, weil die so blöd sind. Er muss sich auch oft richtig wehren und kann dann ziemlich ausrasten. Manchmal geht er auch gar nicht in die Schule, ist ›krank‹ oder geht stattdessen in die Stadt.

Seine Eltern sind schon ziemlich alt, aber sie halten zu ihm. Wenn es Stress mit der Schule gibt, dann können seine Eltern ziemlich laut werden – den Lehrern gegenüber. Sie schimpfen auch zuhause über die Lehrer. Er findet es gut, wenn seine Eltern zu ihm stehen und ihn verteidigen – aber so richtig helfen tut es ihm nicht in der Schule. Zuhause ist es ganz okay. Er kann eigentlich machen, was er will – aber ihm ist auch oft langweilig. Seine Geschwister sind alle schon längst erwachsen und leben ganz woanders. Der letzte Streit mit seinen Eltern ist schon lange her. Da ist Jonas auch ziemlich ausgerastet und hat sogar mit Sachen geworfen.

Als er das letzte Mal geschwänzt hat und statt in die Schule in die Stadt gegangen ist, gab es richtig Stress. Er hat im Supermarkt geklaut und ist erwischt worden. Die haben sogar die Polizei geholt. Dabei war es nur so eine blöde Cola gewesen, die er mitgenommen hat, weil er Durst hatte.

Seine Mutter hat gesagt, da will jetzt eine vom Jugendamt kommen – zu ihnen nach Hause. Aber seine Mutter wird der schon was erzählen.

Dem Jugendamt liegt zu den Schulversäumnissen von Jonas eine Reihe von Meldungen vor. Ein persönlicher Kontakt des Jugendamtes zu Jonas und seiner Familie ist noch nicht zustande gekommen. Aktuell hat die Sozialarbeiterin im Allgemeinen Sozialen Dienst (ASD) eine Meldung der Polizei vorliegen: Jonas wurde beim Diebstahl in einem Supermarkt erwischt.

Die Sozialarbeiterin verabredet sich zum Hausbesuch mit Jonas und seiner Mutter.

Paul, Marie und Jonas – drei Kinder, drei Geschichten, mitten aus dem Leben gegriffen. Jede der Geschichten bringt viele Fragen mit sich. Menschen aus dem Umfeld der Kinder sind irritiert, fangen an, sich Sorgen zu machen, bekommen ungute Gefühle.

Die Perspektive der drei Fachkräfte

Die Erzieherin der Kita sieht, wie **Paul** morgens in die Gruppe kommt – spät, oft allein, unpassend gekleidet, manchmal richtig hungrig. Wenn sie die Mutter trifft, was selten genug geschieht, entstehen bei der Erzieherin Fantasien und Bilder, was wohl bei Paul zuhause los ist. Der Geruch an seiner Kleidung neulich lässt sie nicht mehr los: Wird Paul zuhause im Keller eingesperrt? Es entsteht Ärger bei der Erzieherin, weil die Mutter sich entzieht, sehr schnell wieder verschwunden ist und kaum eine Möglichkeit zur Kontaktaufnahme zulässt. Sie erlebt den lustigen Paul, der viel erzählt und Zuwendung sucht. Aber sie registriert auch die stressigen Spielsituationen und Pauls aggressive Reaktionen, wenn sie einschreitet und ihn anspricht – und wieder kommen bei ihr Fantasien hoch, was wohl bei Paul zuhause los ist. Sie sieht, dass Paul Hilfe braucht – und fühlt sich gleichzeitig hilflos.

Maries Lehrerin unterrichtet gern in der vierten Klasse. Sie ist sehr bemüht um ihre Schülerinnen. Sie erlebt auch; dass viele von ihnen sich mit Fragen und Sorgen an sie wenden. Wenn die Lehrerin an Marie denkt, ist sie immer wieder ein wenig irritiert und verwirrt – weniger von Marie als von ihrer Mutter. Natürlich macht sie sich auch Gedanken um Marie. Im Unterricht kommt sie ganz gut mit und ist auch aufnahmefähig. Manchmal erlebt sie Marie jedoch auch als sehr abwesend, so als wäre sie mit ihren Gedanken ganz woanders. In der Klassengemeinschaft fällt Marie nicht besonders auf, außer dass sie eigentlich in keiner der Cliquen wirklich integriert ist. Wenn die Lehrerin länger darüber nachdenkt, wirkt Marie doch eher zurückgezogen, manchmal richtig verschlossen. Die Mutter wirkt auch ganz sympathisch. Auf den Elternabenden und bei Schulveranstaltungen tritt sie sehr engagiert auf, ist voller Ideen und Energie und manchmal richtig kämpferisch – wenn sie denn kommt. Manchmal jedoch taucht sie monatelang überhaupt nicht auf. Auf dem letzten Elternsprechtag wäre es fast zu einem Disput gekommen, weil sie die Mutter auf Maries Verschlossenheit angesprochen hat. Die Lehrerin fühlte sich in dem kurzen Gespräch total verunsichert.

Die Sozialarbeiterin des Allgemeinen Sozialen Dienstes (ASD) des Jugendamtes hat eine Meldung der Polizei erhalten. **Jonas** wurde beim Diebstahl in einem Supermarkt erwischt. Die Sozialarbeiterin kann sich an den Namen von Jonas erinnern. Sie hat vor einigen Monaten einen Anruf von seiner Lehrerin erhalten. Jonas hätte angefangen, die Schule zu schwänzen. Die Lehrerin machte sich Sorgen. Sie haben am Telefon über mögliche Interventionen gesprochen. Die Lehrerin hat von einer strittigen Eltern-Schul-Beziehung gesprochen, daher wollte die Schule Jonas und seine Eltern zu einem Gespräch einladen und mit ihnen auch über Ordnungsmaßnahmen reden. Danach hat die Sozialarbeiterin nichts mehr von der Lehrerin gehört. Sie hat jedoch eine Akte angelegt, findet dort auch ihre Notiz über das Gespräch – und sie findet zwei weitere Meldungen über Schulversäumnisse. Die Sozialarbeiterin heftet die Meldung der Polizei dazu und kommt zu der Einschätzung, dass Handlungsbedarf besteht.

Viele Fragen und Sorgen

Diese drei Beispiele stehen für hunderttausende Situationen, mit denen Fachkräfte in der Begleitung von Kindern und ihren Familien in ihrem Arbeitsalltag konfrontiert werden. Da die meisten Risiko-Situationen nicht eindeutig zu interpretieren sind, weisen sie auch nicht eindeutig auf erforderliche Interventionen hin – wie denn auch? Es gibt keine eindeutigen Ursache-Wirkungs-Zusammenhänge. Wir stehen immer vor der Notwendigkeit, Prognosen erstellen zu müssen und darauf Entscheidungen auszurichten. Daher sind methodisches Handeln und die Gestaltung der Prozesse wichtige Garanten für erfolgreiche Hilfen.

In den konkreten Beispielen wirkt keines der Kinder offensichtlich misshandelt oder akut gefährdet. Und dennoch entstehen aus dem Erleben, den Beobachtungen und den Geschehnissen Fragen und Sorgen – aber vieles bleibt irgendwie diffus. Marie und ihre Mutter werden als irritierend erlebt, aber geht es Marie deshalb wirklich schlecht? Jonas hat Schulschwierigkeiten und scheint Probleme mit Regeln und Anforderungen zu haben, aber muss deswegen das Jugendamt aktiv werden? Ist es nicht Aufgabe der Schule, mit Jonas und der Familie Lösungen zu finden? Allein bei Paul deuten die Wahrnehmungen schon eher auf einen deutlichen Hilfebedarf hin. Aber wie kann die Hilfe aussehen – und wer soll Hilfe leisten?

Die Wahrnehmungen der Erzieherin und der Lehrerin, gepaart mit ihrem Verantwortungsgefühl, lassen schnell eine große Hilflosigkeit entstehen, wenn den Fachkräften nicht klar ist, was sie denn tun können. Selbst die Sozialarbeiterin im ASD kann nur dann hilfreich tätig werden, wenn sie Klarheit über das ›wie‹ gewonnen hat.

Klarheit durch Einordnung

Unklarheiten stiften Verwirrung; und Verwirrung ist das Letzte was ein hilfebedürftiges Kind gebrauchen kann. Bevor wir uns also über das weitere Vorgehen Gedanken machen, verschaffen wir uns doch einfach ein wenig Klarheit in den Fragen der Zuordnung.

Abbildung 1 macht bildhaft deutlich, dass die Übergänge in den Einschätzungen des Kindeswohls nicht klar abzugrenzen sind. An der sicheren Grenze vom Kindeswohl zur Gefährdung beginnt ein sehr breiter Korridor einer latenten Gefährdung, der scheinbar übergangslos in eine eindeutige Gefahrenlage wechselt.

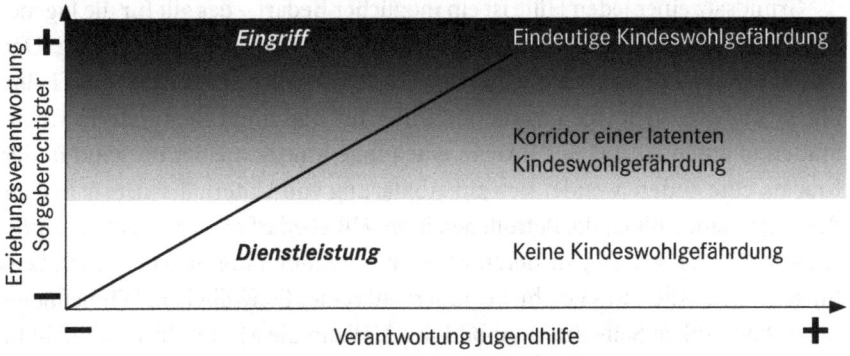

Abbildung 1: Gefährdungsbereiche

Zur weiteren Differenzierung und der Sortierung von Arbeitsbereichen und dem entsprechenden Handeln nutzen wir ein weiteres Schaubild (→ Abbildung 2).

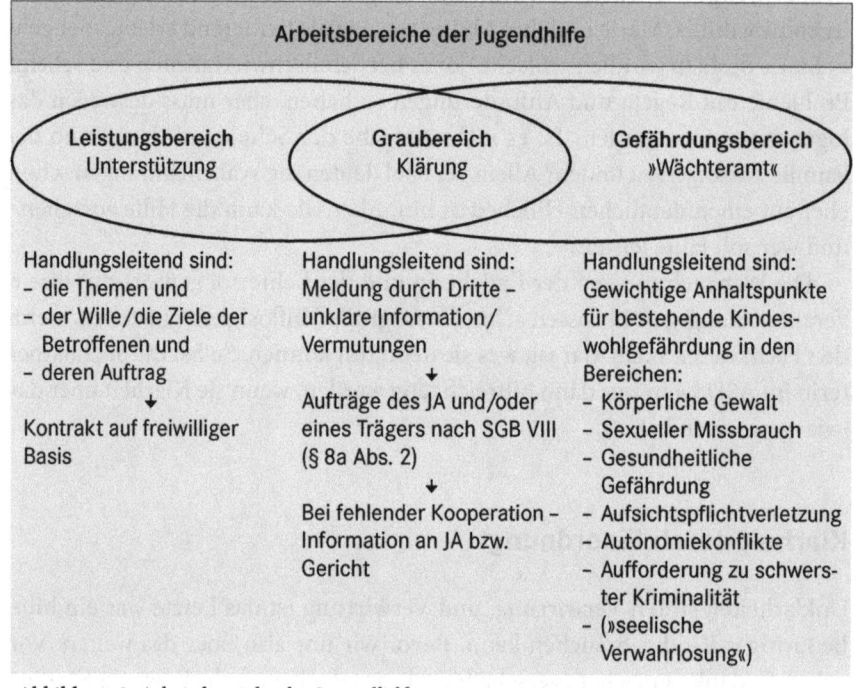

Abbildung 2: Arbeitsbereiche der Jugendhilfe

Die Rolle und das Handeln der öffentlichen Jugendhilfe werden auf eine verblüffend einfache Weise erklärt. Mit diesem Schaubild lässt sich im Grunde jeder laufende Prozess zuordnen. Und mit jeder Zuordnung wächst die Handlungssicherheit.

Grundsatz einer jeden Hilfe ist ein möglicher Bedarf – das gilt für die Jugendhilfe genauso wie für jede andere Form von öffentlicher Unterstützung. Der Bedarf wird von den Betroffenen angemeldet – sie stellen einen Antrag auf Hilfe: Ein Arbeitsloser stellt einen Antrag auf Unterstützung zum Lebensunterhalt, eine Studentin einen Antrag auf BAföG, eine junge Mutter meldet ihr Kind in der Kita an, eine andere wendet sich zur Abklärung von Unterhaltsansprüchen an das Jugendamt. Sollten die Betroffenen ihren Hilfebedarf nicht anmelden, würde keine staatliche Stelle an sie herantreten. Wir befinden uns also im reinen Leistungsbereich. Alles, was geschieht, basiert auf reiner Freiwilligkeit. Wir befinden uns auf der linken Seite der → Abbildung 2. Wenn die Mutter ihr Kind nicht in der Kita anmeldet oder es nach einem Jahr wieder abmeldet – dann ist das so.

Kommt dieses Kind jedoch wiederholt mit heftigen Blutergüssen morgens in die Kita und erzählt womöglich noch, dass es immer wieder vom Vater geschlagen wird und Angst hat, nach Hause zu gehen, dann ändert sich der Aufgabenbereich grundlegend. Wir befinden uns im Gefährdungsbereich und es besteht akuter Handlungsbedarf. Würde die Mutter das Kind plötzlich von heute auf morgen aus der Kita abmelden, sehen die Fachkräfte sich in ihrer Wächterrolle gefordert.

Kompliziert wird es immer, wenn die Realität sich nicht so einfach in den Leistungs- bzw. Gefährdungsbereich einordnen lässt – das denken wir zumindest. Das Schaubild hat auch da eine Antwort. Es nutzt einen Kernsatz der Mengenlehre: Die Schnittmenge zweier Mengen enthält alle Elemente, die sowohl in der ersten als auch in der zweiten Menge enthalten sind (→ Abbildung 5). Wenn das Kind, das die Kita im Rahmen einer freiwilligen Leistung besucht (→ Abbildung 3),

Abbildung 3: Mengenlehre 1

eben nicht mit blauen Flecken in der Kita erscheint, auch nicht erzählt, dass es vom Vater geschlagen wird und keine Angst hat, nach Hause zu gehen,

Abbildung 4: Mengenlehre 2

sondern sich mit diffusen Auffälligkeiten bemerkbar macht, die Auffälligkeiten bei den Mitarbeiterinnen zu immer wiederkehrenden Sorgen führen (→ Abbildung 4),

Abbildung 5: Mengenlehre 3

dann treffen sich Mathematiker und Sozialpädagoge in der Schnittmenge wieder. Und da wir uns nicht in der Mathematik aufhalten, übernimmt der Sozialpädagoge die Deutungshoheit: Leistungs- und Gefährdungsbereich treffen aufeinander. Sie bilden den Graubereich (→ Abbildung 2). Der Graubereich bedarf einer Klärung und jetzt kommt das Wichtigste: Solange diese Klärung nicht abgeschlossen ist, kann es keinen Wechsel in der Zuordnung geben! Erst nach erfolgter Klärung kann eine Zuordnung entweder in den Leistungs- oder in den Gefährdungsbereich erfolgen. Die Bedeutung dieser Zuordnung wird im weiteren Verlauf der Prozessarbeit deutlich.

Erste Schritte: Austausch und Hilfe holen

Antworten auf die Fragen eines hilfreichen Vorgehens bietet – neben der vorausgesetzten Fachlichkeit und Erfahrungen der betroffenen Helfer – der § 8a im SGB VIII und darüber hinausgehend das Bundeskinderschutzgesetz[15]. Dass der § 8a sowohl Fachlichkeit als auch Erfahrung voraussetzt, macht er schon im ersten Satz klar: »Werden […] gewichtige Anhaltspunkte für die Gefährdung des Wohls eines Kindes […] bekannt, so […ist es Aufgabe der Fachkräfte, Anmerkung B. Kasper] das Gefährdungsrisiko […] einzuschätzen.« Wunderbar – dann mal los! Aber wie kann das gelingen, wenn es zu Beginn oft nur Fragen gibt? Davon ausgehend, dass Sie als (angehende) Praktiker in der Kinder- und Jugendhilfe den allerersten Auftrag schon angegangen sind (Sie nehmen Ihre Wahrnehmungen ernst) hat auch hier der § 8a eine gute Idee: »Im Zusammenwirken mehrerer Fachkräfte …«. Einfacher ausgedrückt: Holen Sie sich Hilfe! Zur Entspannung kann auch eine Form des Refraimings[16] beitragen: Es ist noch nicht die Zeit zur Intervention. Wenn Sie sich als Fachkraft auf unsicherem Boden stehend erleben, haben Sie vorrangig nur eine Aufgabe: Sich Sicherheit verschaffen, sich Zeit nehmen, bevor Sie die erste Intervention starten.

In der Arbeit mit Menschen werden Sie kaum Arbeitsgebiete finden, in denen Sie nicht entweder in einer Form von Team organisiert sind oder die Möglichkeit zu einem kollegialen Austausch besteht. Der erste Schritt zur Klärung heißt folglich: Sprechen Sie Ihre Wahrnehmungen, Befürchtungen aus! Suchen Sie

---

15 Gesetz zur Stärkung eines aktiven Schutzes von Kindern und Jugendlichen (Bundeskinderschutzgesetz – BKiSchG), Verfügbar unter: http://www.buzer.de/gesetz/10033/index.htm, Zugriff am 21.03.2017, vgl. Reformentwurf. Verfügbar unter: http://kijup-sgbviii-reform.de/wp-content/uploads/2017/03/RegE-KJSG-12.4.2017.pdf, Zugriff am 21.06.2017.
16 Umdeutung: Eine Form des systemischen Denkens, s. a. Schlippe A./Schweitzer J. (2016): Lehrbuch der systemischen Therapie und Beratung 1. Göttingen.

sich einen Kollegen oder eine Kollegin, denen Sie Ihr ›Bauchgefühl‹ mitteilen können! Scheuen Sie nicht davor, weil Sie vielleicht denken, Sie werden nicht ernst genommen oder die Kollegin würde denken, dass Sie überreagieren! Am Anfang eines möglichen Prozesses von Gefährdungsprüfung geht es nicht um richtig oder falsch, es geht um das Nicht-weg-Schauen, um das Aussprechen von Sorgen.

Die Erzieherin in der Kita wird ihre Kollegin in der Gruppe ansprechen und beide entscheiden womöglich, die Wahrnehmungen und Gedanken in die nächste Teamsitzung einzubringen.

Die Sozialarbeiterin im ASD wird ähnlich verfahren. Mit hoher Wahrscheinlichkeit sind in ihrer Abteilung hierzu bereits konkrete und detaillierte Standards vereinbart worden.

Die Lehrerin in der Schule hat mit Sicherheit eine Kollegin, mit der sie häufiger im Austausch steht. Vielleicht bietet ihre Schule sogar Möglichkeiten zur kollegialen Supervision. Aber selbst, wenn der Arbeitsplatz Schule keinen Rahmen zur Verfügung stellen kann, Wahrnehmungen und Beobachtungen zum Kindeswohl zu klären, bleibt die Lehrerin mit ihren Sorgen nicht allein. Auch hier hilft wieder ein Blick in das schon zitierte Bundeskinderschutzgesetz: Die Lehrerin hat »zur Einschätzung der Kindeswohlgefährdung gegenüber dem Träger der öffentlichen Jugendhilfe Anspruch auf Beratung durch eine insoweit erfahrene Fachkraft« (s. a. § 4 BKiSchG). Sie kann also jederzeit zum Telefon greifen und das Jugendamt vor Ort um eine Beratung bitten. Die Behörde kann auch den Kontakt zu einer qualifizierten Kinderschutzfachkraft vermitteln, die nicht Teil der Behörde ist. Diese Beratung ist nicht zu verwechseln mit einer Gefährdungsmeldung an das Amt. Auch die Jugendämter sind verpflichtet, Beratungsangebote zu anonymisierten Falldarstellungen zu leisten.

Methoden zur Risikoeinschätzung

Zur Klärung der Kernfrage »Wie verschaffe ich mir Sicherheit in einer Risikoeinschätzung?« gibt es unterschiedliche Herangehensweisen. Bevor Sie jetzt sagen: »Mein Gott, nicht noch mehr offene Schubladen!«, kann ich Sie beruhigen. Egal, welche Methoden Sie wählen, es gibt kein ›richtig‹ und kein ›falsch‹. Es gibt unterschiedliche Ansätze, zu mehr Klarheit zu gelangen – und alle sind ungemein hilfreich. Zwei Formen von Verfahrensweisen werden hier ausführlicher vorgestellt (→ Tabelle 1).

Tabelle 1: Zwei Verfahrensweisen im Kinderschutz

Psychologisch-diagnostische Verfahren	Gruppenorientiert inszenierende Verfahren
• »Checklisten« - z.B. Stuttgarter *Kinderschutzbogen/ Orientierungskatalog* • eine systematisch, strukturierte Informationssammlung • Abgleich mit Normalitätserwartungen	• Kollegiales Fallverstehen • eine systemische Bearbeitung und Reflexion • Verstehensprozess durch stellvertretende Identifikation • Dynamiken und Wechselwirkungen werden zugänglich gemacht

Der Auftrag an die Fachkräfte der Jugendhilfe, eine Risikoeinschätzung zu Fragen des Kindeswohls vorzunehmen, bedarf in der Regel eines Instruments zur Sortierung und Differenzierung von beobachtetem Verhalten der Klienten und Erlebnissen der Fachkräfte im Rahmen ihres Arbeitsalltags. Ein Abgleich mit Normalitätserwartungen soll zu einer sicheren Beurteilung beitragen. Dafür sind ein klar strukturiertes System und schlüssige Prozesse erforderlich.

Zwei Formen von Verfahrensweisen

Diagnostische Verfahren basieren auf einem reflektierten und methodisch kontrollierten durchlaufenden Prozess mit dem Ziel, Unterschiede zu erkennen und einzuordnen. Im Falle einer Risikoprüfung helfen diagnostische Verfahren den Fachkräften zu einem besseren Verständnis in der oft schwierigen Aufgabe, Interpretationen beobachteter Situationen in klare Risikoanalysen und Einschätzungen münden zu lassen. Diagnostische Verfahren zur Gefährdungseinschätzung des Kindeswohls gründen oft auf ›Checklisten‹, z.B. dem Stuttgarter Orientierungskatalog[17] oder dem Nürnberger Kinderschutzbogen[18]. Beide werden – neben anderen und vergleichbaren Checklisten – in vielen Bereichen genutzt und sind im weltweiten Netz unkompliziert und kostenlos abrufbar.

Gruppenorientiert inszenierende Verfahren nutzen Methoden eines kollegialen Fallverstehens und gestalten einen Verstehensprozess durch *stellvertretende Identifikationen*. Durch eine systemische Bearbeitung und Reflexion von Wahrnehmungen und Beobachtungen in einer Gruppe von Fachkräften werden den

---

17 Eisenlohr, K./Reich W. (2004): Der Stuttgarter Kinderschutzbogen – ein Diagnoseinstrument. In: M. Heiner (Hg.): Diagnostik und Diagnosen in der Sozialen Arbeit. Deutscher Verein für öffentliche und private Fürsorge, Berlin, S. 286–300.
18 Kinderschutz in Nürnberg nach § 8a SGB VIII, Verfügbar unter: https://www.nuernberg.de/internet/jugendamt/kinderschutz.html, Zugriff am 17.03.2017.

Verantwortlichen Dynamiken und Wechselwirkungen zugänglich gemacht, die es ihnen ermöglichen, sich über die Gültigkeit der Interpretation beobachteter Situationen oder Sachverhalte auszutauschen und sich zu einigen.

Klingt kompliziert – ist aber eigentlich ganz einfach: Im ersten Verfahren nutzen Sie die Vorarbeit von Fachgremien und arbeiten mit Vorlagen und Listen. Sie dürfen davon profitieren, dass vor Ihnen bereits viele andere Fachkräfte aus der Arbeit mit Kindern und Jugendlichen vor dem gleichen Problem standen und sich in mühevoller Kleinarbeit auf Kriterien zur Einschätzung von Kindeswohlgefährdung geeinigt haben und systematisch strukturierte Informationssammlungen, Kataloge und Vorlagen zur Dokumentation bereitstellen. Im zweiten Modell nutzen Sie die das Wissen und die Erfahrung der Fachkräfte direkt, indem Sie die Kollegen zu einer Beratung zusammentrommeln. Beide Verfahren schauen wir uns genauer an.

Diagnostische Verfahren

Eine Methode im Rahmen diagnostischer Verfahren sind die sogenannten Kinderschutzbögen. Sie ›beschäftigen‹ sich im Kern mit der Frage: Was ist noch vertretbar, was ausreichend, was nicht mehr?

Wenn wir uns noch einmal die drei Beschreibungen zu Paul, Marie und Jonas anschauen, fällt auf, dass ein Faktor den Fachkräften in der Prüfung von Gefährdungsrisiken immer wieder besonders zu schaffen macht: Die Wahrnehmungen und Beobachtungen aus dem Arbeitsalltag sind manchmal mehr oder weniger diffus. Sie lösen eher Befürchtungen aus, als dass sie einen konkreten Verdacht erhärten. Oder ein Verdacht erhärtet sich, weil die Befürchtungen die Wahrnehmungen stark beeinflussen. Selbst konkrete Beobachtungen können bei uns Erwachsenen sehr unterschiedliche Fantasien und Bewertungen auslösen. Wie ist das zu erklären? Hier hilft ein kleiner Ausflug in das systemische Denken.

Jeder der beteiligten Erwachsenen schaut sich die Geschehnisse aus seiner eigenen Perspektive an. Das geschieht nicht bewusst – es geschieht einfach. Es geschieht, weil die Entwicklung eines jeden Menschen sich aus all seinen Erlebnissen, Erfahrungen und Botschaften seiner Lebenswelt zusammensetzt. Daraus entstehen Sichtweisen und Muster, die jeder Mensch im Laufe seines Lebens im Rahmen *seiner Wirklichkeit* entwickelt. Diese Muster haben Auswirkungen, die wiederum eine individuelle Sicht auf bestehende soziale Beziehungen eines Systems zur Folge haben. Die aus den Erfahrungen in der eigenen Lebenswelt gewachsenen Bilder haben ein Leben lang Einfluss auf unsere Eigenwahrnehmung und die Art und Weise, wie andere Menschen und deren Verhalten auf uns wirken. Vielleicht hilft ein simples Beispiel zur Veranschaulichung: Meine Kollegin hat vielleicht als junger Mensch immer wieder erfahren, dass ihre Mutter sie gut versorgt hat, sie z. B. jeden Morgen frisch angezogen und mit einem guten Frühstück versorgt in die Kita gebracht hat – und sie hat diese Erfahrung als Bestandteil eines ›normalen‹ kindlichen Erlebens abgespeichert. Sicherlich wird sie sich die Erzählungen der Erzieherin über das Ankommen von Paul eher sorgenvoll anhören – vielleicht sogar empört das Wort ›Vernachlässigung‹ in den Mund nehmen.

Was aber würde ich dazu sagen, wenn meine Eltern beide berufstätig waren, ich die morgendlichen Rituale nach dem Aufstehen als hektisch und von der Uhrzeit bestimmt erlebt habe, meine Mutter mich nach einer Eingewöhnung in der Kita sehr schnell – aber doch liebevoll – vor der Haustür verabschiedet hat, weil sie nicht zu spät zur Arbeit kommen durfte und ich den Weg zur Kita gut allein bewältigen konnte – und, oh ja, gelegentlich ist ihr auch entgangen, dass ich in der Hektik die dreckige Hose vom Vortag angezogen habe. Möglicherweise würde ich eher Verständnis für das beschriebene Ankommen von Paul entwickeln.

In der Folge könnte sich zwischen meiner Kollegin und mir eine irritierende Auseinandersetzung entwickeln und damit eine hilfreiche Verständigung über die Situation von Paul erschweren – weil meine Kollegin und ich gar nicht mehr über Paul sprechen, sondern über unsere eigenen Erfahrungen. Aber es gibt Strategien, derartige Verstrickungen zu vermeiden: Sie können sich ihre eigenen Muster bewusst machen und Methoden zur Interpretation beobachteter Situationen nutzen.

 Eine hilfreiche Methode zur Einordnung von Wahrnehmungen und Beobachtungen ist die Sortierung von Erscheinungsformen einer Gefährdung sowie möglicher Faktoren im Familiensystem aus denen sich Anhaltspunkte ergeben könnten. Diese Form von Sortierung ist Bestandteil sogenannter Kinderschutzbögen. Folgende Listen zeigen Beispiele für Anhaltspunkte einer Kindeswohlgefährdung.

Kindeswohlgefährdend sind folgende Erscheinungsformen:
- Körperliche und häusliche Gewalt
- Sexuelle Gewalt
- Seelische Vernachlässigung/Misshandlung
- Gesundheitliche Gefährdung
- Aufsichtspflichtverletzung
- Aufforderung zu Kriminalität

Anhaltspunkte für Kindeswohlgefährdung können sich ergeben aus[19]:
- der äußeren Erscheinung des Kindes oder Jugendlichen
- dem Verhalten des Kindes oder Jugendlichen
- dem Verhalten der Erziehungspersonen
- der familiären Situation
- der persönlichen Situation der Erziehungsperson
- der Wohnsituation
- Beobachtungen externer

Welchen Nutzen könnten die beiden kurzen Listen für den Umgang mit unseren Praxisbeispielen haben? Wenn wir uns den Hinweis auf eine mögliche Diskussion zwischen meiner Kollegin und mir zur Frühversorgung von **Paul** noch einmal vornehmen und die Listen zu Rate ziehen, werden uns womöglich gleich mehrere Zuordnungen gelingen: Das äußere Erscheinungsbild von Paul könnte auf eine gesundheitliche Gefährdung hinweisen, das morgendliche Erscheinen ohne elterliche Begleitung auf eine Aufsichtspflichtverletzung, womöglich sogar Vernachlässigung. Und wenn der Geruch seiner Kleidung sich auf ein regelmäßiges Einsperren im Keller gründet, ist auch eine Form der körperlichen Gewalt nicht auszuschließen.

Nehmen wir einmal an, die Sozialarbeiterin im ASD ist als Berufseinsteigerin, frisch von der Uni, ins Jugendamt gewechselt. Schon nach vier Wochen wird sie von ihrer Kollegin in die Gefährdungsprüfung zur Situation des 12-jährigen **Jonas** hinzu gebeten. Beide Kolleginnen sind sich schnell einig, dass Handlungsbedarf besteht – aber die junge Kollegin fragt sich: »Geht es hier wirklich um Kindeswohlgefährdung?« Jonas schwänzt die Schule und – ja, er hat auch angefangen zu klauen. Beides geht nicht – aber worin besteht eine Gefährdung durch die Eltern? Sie haben ihm doch gar nichts getan. Und es ist wohl kaum davon auszugehen, dass sie ihren Sohn dazu animiert haben, die Schule zu schwänzen. Beide Kolleginnen nehmen sich die Listen vor und beiden fällt sofort der Begriff ›Aufsichtspflichtverletzung‹ ins Auge. In einem angedachten Gespräch mit den Eltern von Jonas kann dieser Begriff eine Orientierung für wichtige Fragen und mögliche Verabredungen bieten: Wie und wann gelangt Jonas eigentlich morgens in die Schule? Kennen die Eltern den Stundenplan von Jonas? Hat Jonas eine Busfahrkarte? Nach mehrmaligem Schwänzen werden die Eltern mit Sicherheit einen Anruf von der Klassenlehrerin

---

19 Beispiele/Auszüge aus einer Liste von Anhaltspunkten für eine Kindeswohlgefährdung. Eine Gesamtübersicht sollte jeder Jugendbehörde bzw. jedem freien Träger der Jugendhilfe vorliegen. Alternativ verfügbar unter: http://www.agjae.de/pics/medien/1_1262084828/Anlage_1_zur_ DV_51Anhaltspunkte_Kindeswohlgefaehrdung_.d-205.pdf, Zugriff am 17.03.2017.

erhalten haben – wie reagieren die Eltern auf derartige Informationen? Wissen die Eltern, wo Jonas sich aufhält, wenn er die Schule schwänzt? Die Liste der Fragen ließe sich noch fortsetzen.

In der Praxis werden alternativ auch andere Fachkonstellationen erlebt. Während die junge Sozialpädagogin im ASD die Schulversäumnisse von Jonas vielleicht als kindeswohlgefährdend einschätzt, wird ihre erfahrene Kollegin sie möglicherweise ›zurückpfeifen‹ – da haben sie im ASD mit ganz anderen Gefährdungen zu tun, und sie sind schließlich auch angehalten, auf ihre Ressourcen zu achten.

Die Verknüpfung der Beobachtungen mit möglichen Erscheinungsformen und Anhaltspunkten für eine Gefährdung könnte den diffusen Sorgen der Fachkräfte eine erste Richtung geben. Als nächster Schritt könnte verabredet werden, dass alle Beobachtungen und Wahrnehmungen in einen der angesprochenen Kinderschutzbögen eingetragen werden (→ Tabelle 2).

Tabelle 2: Angelehnt an einen Erfassungsbogen der Stadt Nürnberg[20]

Versorgung und Schutz des Kindes, 3–6 Jahre	Ja	Nein	Zu klären	Dokumentiert durch
Ausreichende Ernährung: altersgemäße Nahrung, genügend Flüssigkeit, altersangemessenes Gewicht				
Angemessene Kleidung: Bewegungsfreiheit vorhanden, witterungsgemäß und passend				
Aufsicht gewährleistet, Kind wird nicht allein gelassen, Eltern sorgen für altersgemäße Begleitung				
Gewalt: Misshandlungsspuren, Anzeichen für psychische Gewalt				

Bei der Erzieherin von **Paul** entstehen sofort neue Fragen: Was heißt ›ausreichende Ernährung‹ am Beispiel Paul? Wo fängt das Ausreichende an – wo hört es auf? Was genau heißt ›Aufsicht‹?

Mit diesen und vielen weiteren Fragen haben die Macher der Kinderschutzbögen gerechnet – weil sich all diese Fragen auch ihnen in Klärungsprozessen immer wieder gestellt haben. Ihre Lösung: Sie haben sich über sogenannte

---

20 Verfügbar unter: https://www.nuernberg.de/imperia/md/jugendamt/dokumente/fachkraefte/
   kinderschutz_kinderschutzbogen1.pdf, Zugriff am 13.04.2017.

Ankerbeispiele verständigt. Die Orientierungskataloge ermöglichen mit Hilfe dieser Ankerbeispiele eine differenzierte Einschätzung für die unterschiedlichen Lebensbedarfe von Kindern und Jugendlichen: Ernährung, Schlafplatz, Kleidung, Körperpflege, Schutz vor Gefahren und Aufsicht des Kindes, Sicherung der medizinischen Versorgung, Betreuung des Kindes, emotionale Zuwendung durch die Bezugsperson und Gewalt gegen das Kind.

Die Macher der Bögen haben Erfahrungen aus ihrer alltäglichen Praxis zusammengetragen und sich über die Einordnungen dieser Musterbeispiele verständigt. Sie haben Bedarfe von Kindern und Jugendlichen differenziert in Altersgruppen zusammengetragen und diese Versorgungsleistungen und dem Handeln der Eltern zugeordnet. Sie haben aus einer individuellen fachlichen Betrachtung einer einzelnen Sozialarbeiterin per Einigungsprozess eine Form von Allgemeingültigkeit für das Arbeitsfeld der Kinder- und Jugendhilfe erstellt. Und das wichtigste: Sie haben für eine Konkretisierung gesorgt.

Tabelle 3: Beispielhafte Orientierungspunkte für die Versorgung und den Schutz eines 3–6-jährigen Kindes[21]

Woran erkennbar	−2 (sehr schlecht)	−1 (schlecht)	+1 (ausreichend)	+2 (gut)
Nahrung	kein regelmäßiges Angebot an Nahrung und Flüssigkeit, verdorbene Nahrung, keine warme Mahlzeit	phasenweise wenig oder kein Angebot an Nahrung, Chips, Cola, Süßigkeiten als Hauptnahrung	einzelne Mahlzeiten fallen ab und zu aus. Ausreichend Angebot an Flüssigkeit. Chips und Cola als Zwischenmahlzeit	regelmäßiges Angebot von Nahrung und wenig gesüßter Flüssigkeit, 4–5 Mahlzeiten davon 1 warme, Vitamin- und ballaststoffreich, Obst, Joghurt, Quark, altersangemessenes Gewicht
Kleidung:	Kleidung bildet keinen witterungsgemäßen Schutz, ist verdreckt, unhygienisch	wiederholt verdreckte und unangemessene Kleidung	nicht immer witterungsgemäß, ab und zu verdreckt	witterungsgemäßer Schutz, trocken, sauber, hygienisch, passende witterungsgemäße Schuhe

---

21 Angelehnt an die Kinderschutzbögen der Städte Nürnberg und Stuttgart.

Woran erkennbar	-2 (sehr schlecht)	-1 (schlecht)	+1 (ausreichend)	+2 (gut)
Aufsicht	keine Aufsicht, Kind wird allein Gefahren ausgesetzt	Mangelnde Aufsicht, Kind wird zwar ermahnt, aber nicht vor Gefahren geschützt	Kind wird aufgeklärt, aber nicht immer geschützt	gewährleistet, Kind wird nicht allein gelassen, Eltern sorgen für altersgemäße Begleitung
Gewalt:	körperliche und seelische Misshandlung, ständiger/häufiger Einsatz von körperlicher und psychischer Gewalt, Schütteln, Schläge, Erniedrigung, Drohung, Einschüchterung	Bestrafung durch Liebesentzug, Wiederkehrende Drohungen, Einschüchterung, Festhalten, Klapse, Anschreien, Angst machen, ruhig stellen	keine körperliche Gewalt, selten affektive Ausrutscher	gewaltfreier, wohlwollender und liebevoller Umgang mit dem Kind

Die tabellenhaften Auszüge (vgl. → Tabelle 3) aus Kinderschutzbögen könnten den Fachkräften in der Kita von Paul verstärkte Sicherheit geben, eine mögliche Gefährdung des Jungen konkreter einzuschätzen – vorausgesetzt, die Beobachtungen sind ausreichend präzise der Zahlenskala zuzuordnen.

Am Beispiel der Kleidung von **Paul** wird deutlich, welche Fragen zur Konkretisierung beantwortet werden sollten: Was genau trägt Paul an welchen Tagen? Bei welchem Wetter trägt er kurze bzw. lange Hosen, T-Shirts oder Pullover, eine Jacke, eine Mütze, Schuhe oder Sandalen? Wie häufig trägt Paul beispielsweise T-Shirts oder Sandalen bei kaltem und schlechtem Wetter? Ist die Kleidung von Paul verdreckt oder kaputt? Wenn ja, welcher Art und wie stark verdreckt? Ist es Schmutz vom Spielen oder hat das T-Shirt seit längerem keine Waschmaschine gesehen?

Erst mit der Beantwortung derartiger Fragen wird es möglich sein, der Beobachtung eine Zuordnung zu geben.

Pauls Erzieherin wird mit Hilfe der Kinderschutzbögen durch Einordnung (Stufe –2 (sehr schlecht) bis +2 (gut)) und Konkretisierung sicherlich eine klarere Einschätzung zur Ernährung und Bekleidung vornehmen können. Sie wird womöglich ihre Beobachtungen zur Ernährung als schlecht (–1) einordnen und die der Kleidung dagegen doch eher mit +1 (ausreichend). Eine Einschätzung zur Gewaltfrage mag sie nach wie vor nicht treffen – die Aufsicht der Eltern schätzt sie jedoch klar als gefährdend ein (–2).

Dem aufmerksamen Leser wird nicht entgangen sein, dass in den Ausführungen zu den psychologisch-diagnostischen Verfahren sehr häufig der Konjunktiv auftaucht. Diese Ausdrucksform ist gewollt. Sie soll deutlich machen, wie ungemein wichtig es für die Bewertung einer Kindeswohlgefährdung ist, die Verfahren als Orientierungshilfe zu sehen und zu nutzen. Die Nutzung von Kinderschutzbögen im Verfahren ist kein Allheilmittel – sie können eine Grundlage für das weitere Vorgehen sein. Sie können zu mehr Klarheit verhelfen, sie erleichtern die Übersicht in einem längeren Prozess der Klärung, weil es Dokumentationsformen ermöglicht, sie erleichtern eine notwendige kollegiale Beratung und die weitere Kommunikation mit den Familien. Und – nicht zu vergessen: Das Ergebnis einer Abklärung mit Hilfe von Kinderschutzbögen ist immer eine Momentaufnahme. Das sind andere Formen der Abklärung sicherlich genauso. Dennoch könnte eine vorliegende Dokumentation per Kinderschutzbogen leicht dazu verführen, zukünftige Wahrnehmungen weniger ernst zu nehmen: Es liegt ja schon ein ausführliches formal dokumentiertes Prüfverfahren in der Akte vor, dann wird die aktuelle Beobachtung oder Meldung möglicherweise nicht wirklich brisant sein und die Sozialarbeitern kann sich dringenderen Anliegen im ASD zuwenden. Rückmeldungen von Fachkräften aus den Jugendämtern und Erfahrungen aus Verläufen zeigen, dass dem Charakter eines Dokuments in einer Akte nicht zu viel Wert beigemessen werden sollte – es ist eben oft ›nur‹ eine subjektive Beschreibung eines Augenblicks.

Gruppenorientiert inszenierende Verfahren

Neben den geordneten diagnostischen Verfahren empfiehlt sich zur Klärung von Gefährdungsfragen im Kinderschutz die Anwendung von Methoden, die einen bewusst anderen Ansatz wählen. Klingt hochtrabend, ist aber viel bescheidener gemeint: Die fallverantwortliche Fachkraft sucht das Gespräch und den Austausch mit den Kolleginnen. Der § 8a SGB VIII gibt es im Grunde schon vor, denn er fordert deutlich die Abschätzung des Gefährdungsrisikos »im Zusammenwirken mehrerer Fachkräfte«. Selbstverständlich kann die Beschäftigung mit den Kinderschutzbögen auch im Zusammenwirken mit anderen KollegInnen erfolgen, weil das, was die zuständige Fachkraft dort dokumentiert hat, gemeinsam reflektiert werden kann – und sollte. Um sich eine wirklich differenzierte Sicht über die aktuelle Situation eines Kindes und seiner Familie zu verschaffen, bieten Methoden des kollegialen Austausches gute Gelegenheiten.

Der erste Schritt im fachlichen Alltag ist, einen Ort, ein Gremium und eine Form zu finden, in dem jede auch noch so unklare Wahrnehmung und

Erlebnisbeschreibung ihren Platz findet. In den Bereichen der Jugendhilfe sollten Sie davon ausgehen, dass diese Orte installiert sind. Im behördlichen Rahmen werden Sie hierzu mittlerweile klare Standards in jedem örtlichen Jugendamt finden. In der stationären Kinder- und Jugendhilfe, in Kindertagesstätten, Jugendzentren, in der freien Arbeit mit Kindern und Jugendlichen sollten Sie selbstbewusst nachfragen – und Möglichkeiten zum kollegialen Austausch selbstbewusst einfordern. Bei vermeintlicher Unkenntnis der Kollegen und Verantwortlichen am Arbeitsplatz empfiehlt sich ein Verweis auf den § 8a SGB VIII. Ist ein Ort und eine Form gefunden, empfiehlt es sich, dem Austausch der Fachkräfte mithilfe nützlicher Methoden eine lösungsorientierte Struktur zu geben. Als Vorbereitung für die gemeinsame Beratung kann ein Bogen mit einer Aufstellung möglicher Frageformen dienen. Die betroffene Erzieherin, die Lehrerin, die Sozialarbeiterin kann den Bogen nutzen, um ihre eigenen Gedanken und Fragen vor einem kollegialen Austausch zu sortieren. Die Kollegen werden es ihr danken, da es den Einstieg in eine gemeinsame Betrachtung erleichtert. Ziel einer Gefährdungseinschätzung ist immer eine Konkretisierung von ›Allgemeinplätzen‹. Hierzu soll der bewusst kurz gehaltene Fragebogen beitragen. Er hilft einzuordnen, was von Ihnen als Fachkraft als nicht optimal, was als besorgniserregend und was als gefährdend für das Kind eingestuft wird.

Kinderschutz

Hilfreiche Fragen zur Prüfung und Einordnung einer Gefährdung
- Wie haben Sie von der Gefährdung erfahren?
- Wenn Sie Ihr eigenes ›Bauch‹-Gefühl ausblenden; welche konkreten Anhaltspunkte gibt es zum jetzigen Zeitpunkt für eine mögliche Gefährdung?
- Durch welches aktive oder passive Verhalten der Personensorgeberechtigten droht dem Kind eine Gefährdung?
- Wie oft, zu welchen Zeiten und seit wann tritt das gefährdende Verhalten auf?
- Welches gefährdende Verhalten haben Sie selbst erlebt, beobachtet? Wann, wie häufig?
- Welche Situationen wurden von anderen wahrgenommen, erlebt? Wann, wie häufig?
- Wie verhalten sich die Beteiligten in den benannten Situationen?
- Wurden die Betroffenen bisher auf ihr gefährdendes Verhalten angesprochen? Von wem? Wie häufig?
- Welche Äußerungen haben die Betroffenen zu ihrem Verhalten gemacht? Wem gegenüber?

- Haben Sie Informationen von anderen Institutionen, die ihre Wahrnehmungen unterstützen? Welche? Von welcher Institution?
- Sind bereits Ärzte/Therapeuten in den Prozess involviert?
- Gibt es ärztliche Untersuchungen, Aufträge, Empfehlungen?

Das Spannende an jeder Konkretisierung ist, wie sie besonders im Setting einer kollegialen Beratung wirkt. Selbst erfahrene Fachkräfte erleben immer wieder, dass es eben doch einen Unterschied macht, ob sie Geschehnisse ausschließlich aus der eigenen Perspektive betrachten und daraus Interventionen ableiten oder ob sie die Außenperspektive hinzuziehen.

Fragen am Beispiel Paul

Schauen wir uns zum besseren Verständnis des Fragebogens, die Geschichte des kleinen **Paul** noch einmal näher an. Welche konkreten Anhaltspunkte gibt es für eine Kindeswohlgefährdung des vierjährigen Jungen, wenn die Erzieherin sich an dem obigen Fragebogen orientiert?

Paul kommt morgens häufig allein in die Kita.
- Wann genau kommt Paul morgens in die Kita?
- An wie vielen Tagen in der Woche kommt er allein?
- Ist Paul das einzige Kind, das allein oder später kommt?
- Was weiß die Erzieherin über Pauls Weg von Zuhause zur Kita: Wie lang ist der Weg, ist er gefährlich, wie schaut es mit dem Straßenverkehr aus, muss Paul Straßen überqueren, gibt es Übergänge, Ampeln, …?
- Wie ist es, wenn Paul von seiner Mutter gebracht wird? Was ist dann anders, was ähnlich?
- Wurde die Mutter darauf angesprochen, dass Paul morgens oft allein kommt? Wenn ja, von wem und wie oft? Wie hat die Mutter reagiert und wie hat sie sich dazu geäußert?
- Wurde der Vater darauf angesprochen, die Oma, …?

Paul ist oft ganz schön müde morgens.
- Wie viel Tage pro Woche wirkt Paul müde?
- Wie macht sich die Müdigkeit bemerkbar?
- Wie wirkt sich die Müdigkeit auf Pauls Vormittag aus?
- Gibt es andere Kinder, die ähnlich müde wirken?

- Wurde die Mutter darauf angesprochen? Wenn ja, von wem und wie oft?
- Wie hat die Mutter reagiert und wie hat sie sich dazu geäußert?
- Wurde der Vater darauf angesprochen, die Oma, …?

Paul kommt ohne Jacke oder in Sandalen.
- Wann, zu welcher Jahreszeit, an welchen Wochentagen kommt Paul ohne Jacke, was trägt er stattdessen?
- Wann kommt Paul in Sandalen? Wie war das Wetter an diesen Vormittagen?
- In welcher Bekleidung kommen die anderen Kinder an den betreffenden Tagen in die Kita?
- Wurde die Mutter darauf angesprochen? Wenn ja, von wem und wie oft? Wie hat die Mutter reagiert und wie hat sie sich dazu geäußert?
- Wurde der Vater darauf angesprochen, die Oma, …?

Einmal hat Paul nach Keller gerochen.
- Wann genau hat Paul nach Keller gerochen?
- Wie definiert die Erzieherin den Geruch? Woher weiß sie, wie ein Keller riecht?
- Ist der Geruch noch jemandem anderen aufgefallen?
- Wenn die Erzieherin Paul darauf angesprochen hat, was genau hat Paul erzählt?
- War dies ein einmaliges Erlebnis?
- Wurde die Mutter darauf angesprochen? Wenn ja, von wem? Wie hat die Mutter reagiert, wie hat sie sich dazu geäußert?
- Wurde der Vater darauf angesprochen, die Oma, …?

Manchmal wird Paul wütend.
- Wie oft – am Tag, in der Woche – wird Paul wütend?
- In welchen Situationen wird Paul wütend?
- Wie entwickelt sich das Wütend-Sein? Was geschieht genau? Wie drückt sich das Wütend-Werden aus? Was tut Paul dann? Was sagt er?
- Wurde die Mutter darauf angesprochen? Wenn ja, von wem, wie oft? Wie hat die Mutter reagiert, wie hat sie sich dazu geäußert?
- Wurde der Vater darauf angesprochen, die Oma, …?

Die Wirkung von Fragen

Spannend wird sein, welches Bild sich ergibt, wenn alle diese beispielhaften Fragen beantwortet sind. Nicht immer entwickelt sich daraus unmittelbar ein klares Bild zur Einordnung eines Verdachtes auf Kindeswohlgefährdung. Nicht selten aber entsteht mehr Klarheit über das unmittelbare weitere Vorgehen – manchmal allein dadurch, dass viele der Fragen sich eben noch nicht klar beantworten lassen. Eine erste kollegiale Beratung endet möglicherweise mit dem Ergebnis, dass die Erzieherin sich in den nächsten Wochen bewusst mehr Zeit für eine Dokumentation des Geschehens nimmt, sich Räume verschafft für Nachfragen bei Paul und seinen Eltern, immer wenn sich ein Kontakt zu ihnen ergibt. In solchen Fällen macht es Sinn, sich zu einem weiteren Beratungsaustausch zu verabreden. Ist eine Antwort auf viele dieser – wie gesagt, beispielhaften – Fragen möglich, wird die Erzieherin mit hoher Wahrscheinlichkeit nach der folgenden Beratung genauer wissen, ob aus ihrer Sorge ein konkreter Verdacht geworden ist oder sie sich ein wenig beruhigter um die alltägliche Begleitung und Förderung von Paul kümmern kann.

In den vielen Beratungen zu Fragen der Gefährdungseinschätzung habe ich von den verantwortlichen Fachkräften immer wieder erfahren, dass, neben all dem Komplizierten, der Gesetzgeber für die Verantwortlichen auch etwas Entlastendes bietet. Es ist die Formulierung des »Zusammenwirken(s) mehrerer Fachkräfte« (SGB VIII, § 8a S. 1). Diese Anforderung des Gesetzgebers hatte sicherlich zum Ziel, der Einschätzung eines Gefährdungsrisikos ein besonderes Gewicht zu verleihen. Die Erzieherin von Paul wird diese Anforderung mit hoher Wahrscheinlichkeit gleichzeitig als eine persönliche Unterstützung erleben. Natürlich weiß sie, dass sie im gesamten Klärungsprozess zur möglichen Gefährdung von Paul in der Verantwortung bleibt – aber sie muss diese schwierige Aufgabe nicht allein bewältigen. Der Gesetzgeber sagt ihr klar und deutlich: Hol Dir Hilfe![22]

Die kollegiale Beratung

Eine weitestgehend bekannte und oft genutzte Methode zum »Zusammenwirken mehrerer Fachkräfte« ist die im folgenden Schaubild beschriebene kollegiale Beratung. Sie können das Kapitel hierzu natürlich auch überspringen, weil Sie diese Form des kollegialen Austausches schon kennen oder weil Sie denken: »Dazu braucht es doch keine Anleitung. Es wird doch nicht so schwer sein, sich in einem Team mit Kollegen über Wahrnehmungen und Beobachtungen auszutauschen – wir sind doch schließlich alle Fachkräfte.« Das mag alles sein, dennoch habe ich schon viele Teams erlebt, die mit dieser Einschätzung ›auf die Nase gefallen‹ sind. Jedes noch so gute Team sollte sich – mindestens für der-

---

22 Dieser elementare Satz wird ganz bewusst immer wieder auftauchen in diesem Buch.

artig folgenreiche Beratungen – einen klaren Rahmen geben, wenn es in einem
überschaubaren Zeitraum zu einem effektiven Ergebnis kommen will. Lassen
Sie sich also nicht abschrecken, auch wenn Sie feststellen, dass die Methode
ein wenig Übung und Anleitung erfordert. Beispielhaft stelle ich eine Methode
vor, die angelehnt ist an das Heilsbronner Modell einer kollegialen Beratung[23].

Tabelle 4: Kollegiale Beratung

Aufgaben/Rollen	Einbringende Fachkraft	Team	Moderation
Fallvorstellung ca. 5 Min.	**Vorstellung** der **Daten & Fakten,** möglichst schematisch (z. B. mit Genogramm); der aktuellen **Wahrnehmungen/des Beziehungserlebens** der betroffenen Personen.	**Das Team hört zu.**	Darauf achten, dass die Vorstellung **ungestört von Zwischenfragen** erfolgen kann. Auf die Zeit achten!
Beratungsfrage ca. 5 Min.	Die fallvorstellende Fachkraft formuliert eine **Beratungsfrage:** Das Thema, die Fragestellung, das Problem, das sie aktuell beschäftigt.	Die Beratungsfrage muss bearbeitbar sein und vom Team akzeptiert werden.	Unterstützt die Fachkraft im Formulieren der Beratungsfrage.
Rückfragen		Das Team stellt nur solche **Informationsfragen,** die erforderlich sind, um die Frage bearbeiten zu können.	Achtet auf Begrenzung der Fragen.

---

23 Spangler, G., Heilsbronner Modell zur kollegialen Beratung, 2011/10, 6. überarbeitete Auflage,
    Verfügbar unter: http://www.rpz-heilsbronn.de/fileadmin/user_upload/daten/arbeitsbereiche/
    seelsorge-beratung/kollegiale_beratung/HeilsbronnerModell2011_10Schritte.pdf, Zugriff am
    18.03.2017.

Aufgaben/Rollen	Einbringende Fachkraft	Team	Moderation
Identifikations-runde ca. 15 Min.	Die Fachkraft übernimmt **keine** Identifikation.	❷ **Rollenüber-nahme ...** Jeder beschreibt aus seiner Rolle heraus sein derzeitiges Erleben des Falles. Stichworte: Wünsche, Befürchtungen, Hoffnungen ...	❶ Die im Fall vorgestellten, handelnden Personen werden als Rollen zur Identifikation an die TN verteilt. ❸ Am Ende der Runde werden alle TN spontan aufgefordert, untereinander auf Gesagtes zu antworten.
Sammeln von Bildern, Stimmungen, Eindrücken aus der Identifikationsrunde ca. 10 Min.	❸ Die Fachkraft nennt nach dem **Zuhören** ihre Eindrücke und Befindlichkeit.	❶ Die aufgetauchten **Bilder, Stimmungen, Eindrücke** werden genannt, die z. Zt. herrschende Stimmung im Team beschrieben, Assoziationen zusammengetragen.	❷ Bilder, Eindrücke, Gefühle werden aufgeschrieben. Alles ist wichtig. **Keine Diskussion!** Am Ende Rückfrage an die Fachkraft zu ihren Eindrücken und ihrer Befindlichkeit.
Was wird gebraucht? ca. 10 Min.		**Einfälle aus der Identifikation** heraus zusammentragen: Was ist für die Beteiligten hilfreich, was wird gebraucht?	Einfälle zusammentragen! Noch keine Lösungsschritte!!
Der erste Schritt! ca. 10 Min.	❹ Die Fachkraft **entscheidet,** welchen Schritt sie gehen will.	❶ Brainstorming über mögliche erste Arbeitsschritte. **Keine Bewertung!** Alles zählt!	❷ Einfälle auflisten. ❸ Die Fachkraft um eine Auswahl bitten. ❺ Das Team um Rückmeldung bitten. Bei Gegensätzlichem nach Verbindungen suchen.
Reflexion ca. 10 Min.	Wie hat sich das Team in seiner **Beratungskompetenz** erlebt? Wurde die **Frage zufriedenstellend beantwortet?** Wie war die **Arbeitsatmosphäre?** Welche Probleme sind aufgetaucht – in der **Zusammenarbeit,** der **Institution,** den **Rahmenbedingungen?** Wie könnten sie angegangen werden?		Auf sorgfältige Bearbeitung dieses Punktes achten.

❶ = Reihenfolge der Aufgabenerledigung

Die Methode ist deshalb besonders hilfreich, weil aus dem praktischen und nicht selten unübersichtlichen Erleben eines Fallverlaufes eine Form von Klarheit entsteht. Das Mittel, das hierfür genutzt wird ist einfach: Die fallverantwortliche Fachkraft formuliert gleich zu Beginn der Beratung eine möglichst konkrete Frage, an der sich der weitere Verlauf der Beratung orientiert. Auch wenn das Mittel einfach ist, die Aufgabe selbst erfordert Konzentration und benötigt Anleitung – und diese Anleitung ist die Aufgabe eines Moderators.

Im weiteren Verlauf dieses Modells beschreibt die Kita-Erzieherin von **Paul** möglichst kurz und übersichtlich nicht nur ihre Erlebnisse und Sorgen in der Begleitung von Paul, sondern auch die Rolle und Funktion, die Merkmale und das Handeln der beteiligten Personen. Dadurch das die Teilnehmer der Beratung aufgefordert werden, sich mit einzelnen Beteiligten des dargestellten Systems zu identifizieren und aus deren Rolle heraus zu sprechen, entwickeln sich interessante Bilder und Eindrücke zu dem vorgestellten System von Paul, seiner Familie und der Kita. Interessant deshalb, weil Bilder, Fantasien und Einfälle sich nicht im Kopf der Erzieherin entwickeln, sondern ihr von den Kollegen zur Verfügung gestellt werden.

Eine wichtige Rolle in diesem Modell der kollegialen Beratung kommt dem Anleiter oder Moderater zu. Besonders in ungeübten Gruppen hat er dafür Sorge zu tragen, dass der nicht ganz unkomplizierte Ablauf der Beratung von allen Beteiligten eingehalten wird und die Begeisterung einzelner Kollegen zu spontanem Austausch in Bahnen gelenkt wird.

Am Beispiel **Paul** könnte die Erzieherin mit folgender Frage in die Beratung gehen: Wie gehe ich damit um, dass ich das Gefühl nicht loswerde, Paul wird zuhause im Keller eingesperrt? Möglicherweise hat sie aber auch noch gar keine Frage formuliert. Die Erzieherin wird zu Beginn durch den Moderator darin begleitet, alle Daten, Fakten und Wahrnehmungen vorzustellen, die für das Verständnis von Pauls Situation erforderlich sind. Sie wird kurz ihre Rolle im System beschreiben, die Familie von Paul vorstellen und davon berichten, wie sie Paul in der Kita erlebt. Sie wird schildern, was ihr auffällt und dass sie beim morgendlichen Eintreffen von Paul schon zweimal den Eindruck hatte, Pauls Kleidung rieche nach Keller. Mit Hilfe der Moderation formuliert die Erzieherin schließlich genau *die* Frage, die bei ihr die größte Irritation hervorruft.
    In der Identifikationsrunde (→ Tabelle 4) werden die Kolleginnen dann gebeten, eine Rolle in dem System von Paul zu übernehmen und aus dieser Rolle ungefiltert zu erzählen, was ihnen gerade durch den Kopf geht.
    Eine Kollegin wird vielleicht aus der Rolle der Kita-Leiterin erzählen: »Wie kommt die Erzieherin überhaupt darauf, dass Paul eingesperrt wird? Wieso kennt sie den

Geruch nach Keller so genau? Und was machen wir, wenn es stimmt? Sollen wir etwa die Eltern direkt fragen? Die werden es doch bestimmt nicht zugeben. Und was ist denn dann meine Aufgabe als Leitung, wenn die Erzieherin recht hat?«

Eine andere Kollegin wird aus der Perspektive der Mutter sprechen: »Ich fühle mich immer ganz komisch, wenn ich mal mit Paul in der Kita bin. Die Erzieherin schaut oft so merkwürdig, als würde sie mich gleich ansprechen wollen. Ich bin dann lieber ganz schnell wieder weg. Es ist eh schon schwer genug mit den Kindern und mein Mann ist weiß Gott keine Hilfe dabei – da hab ich nicht auch noch Lust auf Fragen. Neulich hat sie Paul gefragt, warum seine Klamotten so nach Keller riechen. Was denkt die sich eigentlich dabei? Manchmal weiß ich einfach nicht mehr weiter, Paul ist ja auch ganz schön anstrengend.«

Und der einzige Kollege in der Kita fühlt sich in der Rolle von Paul manchmal ganz schön überfordert: »Klar, die Erzieherin ist schon nett und sie kümmert sich, aber sie fragt manchmal so komisch und dann denk ich mir oft etwas aus, weil ich meine Mutter nicht verpetzen will. Aber das mit dem Keller find ich schon richtig doof. Einmal hab ich da auch richtig Angst gekriegt, weil meine Mutter mich da vergessen hatte, weil so viele Leute bei uns waren und die sind dann immer so laut und trinken komisches Zeug.«

Nicht selten ergibt sich in dieser Identifikationsrunde auch eine interessante Kommunikation der Beteiligten aus ihren jeweiligen Rollen heraus. Der Moderator notiert Eindrücke und Gefühle.

Die Erzieherin hört sich das Gesagte an und fühlt sich möglicherweise in Teilen ihrer Wahrnehmung bestätigt. Oder sie nimmt vielleicht überraschende Anregungen auf, die ihr eigenes Bild ergänzen oder auch korrigieren. Schließlich machen sich alle Beteiligten auf den Weg, die Eindrücke zu sortieren: Was wird gebraucht für eine Beantwortung der Fragestellung, was nicht? Welche Lösungsideen könnten sich daraus ergeben? Auch die merkwürdigste Idee einer Kollegin wird notiert. Entscheidend bei dieser Auflistung ist das Unterlassen von Bewertungen. Denn am Ende ist es die fallverantwortliche Fachkraft, die sich aus dem Gesammelten die Ideen herauspickt, die sie für geeignet hält, um den nächsten Schritt zu gehen.

Möglicherweise hat sie besonders die Aussagen des Kollegen in der Identifikation mit Paul dazu bewegt, ihrer eigenen Wahrnehmung zu trauen: Ja, Paul riecht nach Keller – und das nicht etwa, weil er dort gelegentlich spielt. Die Gefühle der Kollegin in der Rolle der Mutter bewegt sie vielleicht dazu, ihren Zorn und ihr Unverständnis über die Mutter neu anzuschauen. Vielleicht ist die Mutter hilfsbedürftiger als sie wirkt – aber was dann? Hier hilft eine Idee aus der Runde zum weiteren Vorgehen:

Ein Gespräch mit der Mutter muss her – und das wird die Erzieherin gut vorbereiten und mit Sicherheit nicht allein führen.

Wenn der anfängliche Hinweis darauf, dass diese Form der kollegialen Beratung ein wenig Übung erfordert, zutrifft, dann sollte der letzte Punkt in dem Modell nicht aus Zeitmangel vernachlässigt werden – die Reflexion. Eine Beschäftigung mit den dort formulierten Fragen wird helfen, die Stolpersteine der ersten Beratungen nach und nach zu beseitigen, die Beratungskompetenz des Teams und damit auch die Effektivität zukünftiger kollegialer Beratungen zu steigern.

Aufstellungen von Familien und Netzwerken

Eine interessante und auf den zweiten Blick unkompliziertere Methode, sich ein Bild von einem Familiensystem zu machen, ist eine Form der Aufstellung, angelehnt an das Modell eines Familienbretts.[24]

Aufstellungen von Systemen werden überwiegend in der systemischen Familientherapie genutzt, können jedoch durchaus hilfreich sein, wenn die Aufgabe darin besteht, sich gemeinsam ein Bild von einem komplexeren Miteinander zu verschaffen. Auf einem ca. 50 × 50 cm großen Brett werden Figuren unterschiedlicher Größe und Form platziert. Die Figuren sind rund (weiblich) oder eckig (männlich) geformt und in der Regel bewusst ohne weitere Merkmale zur Personifizierung gestaltet. Mangels Holzbrett kann auch einfach ein Platz auf einer Tischplatte genutzt werden. Jede der Figuren stellt eine Person eines zu beschreibenden Systems dar. Abstand und Blickrichtung der Figuren drücken Nähe und Distanz in den Beziehungen aus (→ Abbildung 6). Ich habe in meinen Beratungen gute Erfahrungen damit gemacht, der Kreativität möglichst wenig Grenzen zu setzen. Beeindruckende Ergebnisse durch Aufstellungen lassen sich auch mit vorhandenem ›Werkzeug‹ wie Tassen, Salzstreuern, Zuckerwürfeln und Kerzenleuchtern erzielen. Im Fall einer Gefährdungsprüfung ist es oft hilfreich, die Aufstellung einer Familien-

Abbildung 6: Beispiel für eine Aufstellung mit einem Familienbrett

---

24 s. a. Systemische Aufstellungen mit dem Familienbrett, Verfügbar unter: http://www.systembrett.at/systembrett-exklusiv-v2-ohne-holzfiguren-zoom-001.html, Zugriff am 18.03.2017.

situation um das Helfersystem zu erweitern. Spielt das Netzwerk der Familie in Fragen zur Einschätzung eine Rolle, findet es ebenfalls Platz in der Aufstellung.

Ähnlich wie in der kollegialen Beratung, wird die Arbeit mit einem Familienbrett durch eine Moderation begleitet. Ein Verständnis des systemischen Arbeitens und Denkens auf Seiten des Moderators sollte bestehen. Die Methode kann im Rahmen einer Teamarbeit genutzt werden, möglich ist jedoch auch eine Aufstellung allein durch die fallverantwortliche Fachkraft. Eine Moderation ist in jedem Fall erforderlich. Die erste Aufgabe der Fachkraft ist es, die Beteiligten so aufzustellen, wie sie zum aktuellen Zeitpunkt von ihr wahrgenommen werden.

Im Fall von **Marie** würde die Lehrerin diese Aufgabe übernehmen. Jede Figur würde eine Beschreibung der Person, der Charakteristika und des Verhaltens erhalten und mit einer kurzen Erklärung im Verhältnis zu den anderen Figuren platziert werden. Im Zentrum des Geschehens wird die 9-jährige Marie positioniert. Die Mutter – evtl. Geschwister – Mitschüler, Lehrer und auch die Lehrerin selbst finden einen Platz. Die Abstände und Blickrichtungen der Figuren drücken die Nähe und Distanz der Beziehungen und Dynamiken im Geschehen aus, wie sie von der Lehrerin wahrgenommen werden. Es geht bei all dem, was die Lehrerin platziert und beschreibt, nicht um Faktoren wie richtig und falsch, sondern um ihre individuelle Sichtweise – ihr Wirklichkeitserleben. Aufgabe der Gruppe, des Teams oder des Moderators wird es sein, durch gezieltes Nachfragen, durch eigene Assoziationen mit den aufgestellten Figuren sowie deren Neu- oder Umpositionierung, gemeinsam mit der beteiligten Fachkraft ein Verständnis des Geschehens und eine erste Einordnung einer möglichen Gefährdung zu gewinnen.

Im Falle von **Marie** wird die Aufstellung mit hoher Wahrscheinlichkeit viele Lücken und offene Fragen verdeutlichen. Es wird – neben Marie und ihrer Mutter – kaum Figuren geben, die aufgestellt werden können. Die Beschreibungen zur Mutter von Marie werden eher vage bleiben. Es wird der Lehrerin womöglich schwer fallen, einen Abstand der Mutter- und Tochter-Figuren zu finden, weil die Mutter im Kontakt zu Marie und in ihrem Einsatz für ihre Tochter so unterschiedlich präsent wirkt. Selbst in der Bestimmung der Blickrichtung ist die Lehrerin unsicher – sie entschließt sich schließlich, dass beide ihren Blick auf ihr Umfeld richten. Auch was die Aufstellung von Klassenkameraden betrifft, kann sich die Lehrerin nur schwer entscheiden: Marie hat keine Freundin in der Klasse. Die Lehrerin entschließt sich, die Elternschaft der Klasse als eine Figur darzustellen – der Abstand zur Figur der Mutter ist überdeutlich. Als sie ihre eigene Figur als Klassenlehrerin aufstellt, hält sie bewusst Abstand, sowohl zur Mutter als auch zu Marie. Nur die Blickrichtung ist eindeutig auf Marie ausgerichtet. Was bedeutet dies für das System in dem Marie lebt? Ein Impuls aus dem Team benennt die Unsicherheiten der Lehrerin und die Wechselhaftigkeit der Mutter-Kind-Beziehung. Alle beteiligten Figuren lassen eine Verunsicherung im Umgang mit Mutter und Kind spürbar werden. Beides könnte auf eine mögliche, vielleicht sogar psychische, Erkrankung der Mutter hindeuten.

Wohlgemerkt, in einer Fallberatung gilt es, immer darauf zu achten, Fakten nicht mit Ideen und Vorstellungen zu vermischen. Wenn also in der Beratung zu Maries Situation die Idee einer gesundheitlichen Beeinträchtigung der Mutter entsteht, so sollte dieser Hinweis ernst genommen werden – als Hypothese, nicht als Fakt. Ich arbeite in der systemischen Beratung viel mit dem wunderbaren Satz »Verlieben Sie sich nie in eine Hypothese, geschweige denn, dass Sie sie heiraten. Bestenfalls gehen Sie einmal mit ihr essen«. Hypothesen sind also vorläufige Bausteine in einem Arbeitskontext. Es sind Konstruktionen im gemeinsamen Arbeitsprozess. Sie werden als pragmatische Handlungsorientierung genutzt und – sie bleiben offen für eine Korrektur und Veränderung.

Eines der Ergebnisse der Aufstellung könnte ein klarer Auftrag an die Lehrerin sein, ein ausführliches Gespräch mit der Mutter zu führen. Möglicherweise entsteht bei einem solchen Gespräch ein konkreteres Bild über den Gesundheitszustand der Mutter und damit auch ein erstes Verständnis des aktuell Unverständlichen.

Die Kinderschutzfachkraft

Wir haben festgestellt, dass ein kollegialer und unterstützender Austausch unter Fachkräften der Jugendhilfe in der Risikoeinschätzung eine große Hilfestellung zur Absicherung von Einschätzungen darstellt. Ergänzend müssen wir an diesem Punkt noch einmal den Gesetzgeber zu Wort kommen lassen. Er bringt die schon im ersten Teil des Kapitels erwähnte insoweit erfahrene Fachkraft, die Kinderschutzfachkraft, ins Spiel (SGB VIII, § 8a Abs. 4 S. 2) – sowohl als Angebotsform als auch als Anforderung. In seinen Formulierungen berücksichtigt der Gesetzgeber dabei die unterschiedlichen Rahmenbedingungen und Professionen. Er geht davon aus, dass die Fachkräfte in den Jugendämtern grundsätzlich in der Prüfung von Kindeswohlgefährdung ausreichend geschult sind – immerhin ist das Wächteramt des Staates eine ihrer Kernaufgaben. Die MitarbeiterInnen in den Jugendämtern werden also folgerichtig zu einem Zusammenwirken der bestehenden Fachkräfte aufgefordert. Ein Hinzuziehen einer Kinderschutzfachkraft wird nicht ausdrücklich gefordert – hier sollte eine Form von kollegialer Beratung eine fachliche Einschätzung sicherstellen. Dennoch haben viele

Behörden nach Inkrafttreten des § 8a ihre Fachkräfte im Umgang mit der Prüfung von Kinderschutzfragen zusätzlich geschult.

Die freien Träger bieten aus Sicht des Gesetzgebers aufgrund ihrer unterschiedlichen Leistungen, die sie im Rahmen der Jugendhilfe erbringen, nicht automatisch die Gewähr, dass alle ihre Fachkräfte ausreichend geschult sind. Der Gesetzgeber fordert mit aller Klarheit, dass zur Einschätzung von Gefährdungen im Kontext der freien Träger eine Kinderschutzfachkraft hinzugezogen werden soll.

Der Lehrerin – und anderen »Geheimnisträgern«, denen »in der Ausübung ihrer beruflichen Tätigkeit gewichtige Anhaltspunkte für die Gefährdung des Wohls eines Kindes […] bekannt [werden, Ergänzung B. Kasper]« (BKiSchG, § 4 Abs. 1) bescheinigt der Gesetzgeber einen »Anspruch auf Beratung durch eine insoweit erfahrene Fachkraft« (BKiSchG, § 4 Abs. 3). Eine fachliche Beratung durch eine Kinderschutzfachkraft fordert er nicht ausdrücklich ein. Eine logische Erklärung lässt sich, zumindest aus rein fachlicher Sicht, in der Differenzierung zwischen dem Beratungsbedarf einer Lehrerin – einer Ärztin, einer Hebamme – und einer Erzieherin in Kinderschutzfragen nicht finden. Sowohl Vereinbarungen zur Kooperation von Schule und Jugendhilfe als auch Hinweise auf den Umgang mit Verdachtsmomenten zum Kindeswohl sind mittlerweile weitgehend in allen Schulgesetzen zu finden.

Eine insoweit erfahrene Fachkraft ist eine Person, die Erfahrung hat, sich auskennt mit all dem Komplizierten in einem solchen Verfahren und die ausgebildet ist, den direkt verantwortlichen Helfern beratend zur Seite zu stehen. Anders ausgedrückt: Aufgabe der Kinderschutzfachkraft nach § 8a SGB VIII ist es, das vorhandene Hilfesystem bei

- der Einschätzung einer möglichen Gefährdung,
- der Einbeziehung der Sorgeberechtigten,
- der Formulierung und Prüfung von Aufträgen und Zielen,
- der Klärung von Verantwortlichkeiten,
- dem Hinwirken auf die Inanspruchnahme von Hilfen,
- der Einbeziehung und Kooperation mit zu beteiligenden Institutionen

und damit bei der Entwicklung eines tragfähigen und nachvollziehbaren Hilfe- und Schutzkonzeptes zu beraten und zu unterstützen. Das klingt in dieser kurzen Übersicht nach viel Arbeit für unsere Lehrerin, Erzieherin und Sozialarbeiterin – aber es scheint jemanden zu geben, der den Fachkräften vor Ort helfen kann und soll (das Stichwort ›Helfen‹ taucht in der Betrachtung immer wieder auf, es scheint dem Gesetzgeber sehr wichtig gewesen zu sein). Und er fordert ja zumindest die Erzieherin als Fachkraft einer Einrichtung der Kinder- und Jugendhilfe auf, diese Kinderschutzfachkraft hinzuzuziehen. Die Erzieherin wird mithilfe ihrer Leitung eine Kontaktadresse finden oder sie wird in ihrem örtlichen Jugendamt auf Nachfrage erfahren, wer als insoweit erfahrene Fachkraft ausgebildet ist und wen sie mit der Beratung beauftragen kann.

Was muss diese Kinderschutzfachkraft konkret leisten? Worauf sollte sie vorbereitet sein? Und welche Aufgabe sollte sie definitiv nicht übernehmen? Fangen wir mit der letzten Frage an. Die Kinderschutzfachkraft übernimmt nicht die Fallverantwortung. Das wird allein schon daran deutlich, dass sie beauftragt wird – von einer fallverantwortlichen Fachkraft. Und wofür ist die beauftragende Fachkraft verantwortlich? Für die Einschätzung einer Kindeswohlgefährdung in ihrem Arbeitsbereich. Die Kinderschutzfachkraft kann erst dann – und auch nur solange – beratend tätig werden, wenn sie hinzugezogen bzw. beauftragt wird. Ist die fallverantwortliche Fachkraft der Meinung, dass sie das Gefährdungsrisiko ausreichend eingeschätzt hat und das weitere Vorgehen allein bewältigen kann, ist die Arbeit der Kinderschutzfachkraft abgeschlossen. Die Verantwortung lag und liegt weiter bei der Fachkraft – in unseren Beispielen also bei der Erzieherin, der Sozialarbeiterin im ASD und der Lehrerin.

Zurück zu unserer Kinderschutzfachkraft. Solange sie den Auftrag zur Begleitung eines Prüfverfahrens ausübt, sollte die Kinderschutzfachkraft die Grenzen zwischen Beratung und Verantwortung sowohl für sich als auch für andere Beteiligte jederzeit klar formulieren können. Insbesondere bei großen Unsicherheiten der fallzuständigen Fachkraft besteht die Gefahr, dass – heimliche – Wünsche zur Übernahme von Verantwortung entstehen und vielleicht von der Erzieherin sogar geäußert werden: »Können nicht *Sie* als Kinderschutzfachkraft mit den Eltern – oder anderen ›schwierigen‹ Beteiligten – sprechen? Können nicht *Sie* das Jugendamt anrufen …?« Die Kinderschutzfachkraft wiederum könnte von sich aus auf die Idee kommen, in die Verantwortung zu gehen, weil sie sich vielleicht Sorgen um den Verlauf des Verfahrens macht, da sie eine große Unerfahrenheit bei der Erzieherin oder der Lehrerin sieht. Neben allen anderen Aufgaben ist die Klärung von Verantwortlichkeiten im gesamten Verfahren eine Kernaufgabe der Kinderschutzfachkraft – und zwar bezogen auf *alle* beteiligten Kräfte und Institutionen. Wieso ist das so wichtig? Die Fallverantwortlichkeit haben wir doch geklärt, das wird auch den beteiligten Fachkräften und Kollegen klar geworden sein. Es gibt jedoch noch einen inhaltlichen Aspekt, der nicht übersehen werden sollte – und den hat auch der Gesetzgeber erkannt. Sollte sich bei einer Prüfung des Kindeswohls der Verdacht auf eine Gefährdung bestätigen, so entsteht Handlungsbedarf. Die Gefährdung soll ja schließlich nicht fortbestehen – sie soll aufhören. Es soll sich also etwas ändern für das Kind. Und da das Kind in seiner Familie, bei seinen Eltern lebt, ist dort eine Veränderung notwendig. Das geschieht aber offensichtlich nicht von allein, sonst hätte es keiner Gefährdungseinschätzung bedurft. Es bedarf einer Unterstützung, Motivation und Aufforderungen von außen.

Wie funktioniert Veränderung von außen? – über Beziehungsarbeit. Und wer sollte dazu besser geeignet sein als die Beziehungspartner, die der Familie zu mindestens annähernd vertraut sind: die Erzieherin, die Lehrerin, die Sozialarbeiterin im ASD. Es macht also auch aus fachlicher Sicht Sinn, die Verantwortlichkeit bei den Fachkräften vor Ort zu belassen. Wir werden uns in den Folgekapiteln noch näher mit dieser Form von Beziehungsarbeit befassen, konkret bedeutet diese Erkenntnis, dass die Fachkräfte vor Ort auch nach der Prüfung einer Gefährdung für den weiteren Prozess verantwortlich bleiben – außer es entstehen gewichtige Gründe, die Verantwortlichkeiten zu wechseln.

Wenn nun aber die Verantwortlichen zumindest in dieser Frage keine wirkliche Entlastung erfahren, wovon profitieren sie denn ganz konkret bei der Hinzuziehung einer Kinderschutzfachkraft? Gehen wir noch einmal gedanklich zurück und führen uns die Methode der kollegialen Beratung als ersten Versuch einer Gefährdungseinschätzung konkret vor Augen. Hier bietet sich die Kinderschutzfachkraft als Moderatorin förmlich an. Sie nutzt die schlichte Tatsache, dass sie nicht Teil eines Systems ist, weder des Klienten- noch des Helfersystems. Die Kinderschutzfachkraft

*   kann die Metaebene einnehmen, wenn bei hoher Komplexität des Falles der Überblick verloren geht,
*   kann zu Konfliktlösungen beitragen, wenn ein Dissens im Zusammenwirken mehrerer Fachkräfte bzw. Professionen entsteht,
*   kann bei der Einordnung von Wirklichkeitserleben behilflich sein,
*   kann bei hoher emotionaler Belastung der fallzuständigen Fachkraft zur Entlastung beitragen,
*   kann Unterstützungsbedarf innerhalb des Helfersystems bei fehlenden Kompetenzen der fallzuständigen Fachkraft thematisieren.

Sollte eine kollegiale Beratung zur Gefährdungseinschätzung darin münden, dass ein Gespräch mit den Eltern als nächster Schritt für notwendig angesehen wird, so kann die Kinderschutzfachkraft behilflich sein,

*   bei der Gestaltung eines Beratungsprozesses,
*   bei der Prüfung der Problemakzeptanz von Eltern bzw.
*   bei der Klärung der Mitwirkungsbereitschaft von Sorgeberechtigten.

Sie nimmt dabei jedoch nicht selbst Kontakt zu den Eltern oder Erziehungsberechtigten auf. Diese Rolle obliegt den Fallverantwortlichen. Sie kann aber beteiligt werden an der Vor- und Nachbereitung von Gesprächen mit dem betroffenen

Kind oder Jugendlichen, den Sorgeberechtigen oder anderen Familienmitgliedern. Im gesamten Verlauf eines Verfahrens zur Abwendung von Gefährdungen kann die Kinderschutzfachkraft punktuell und prozesshaft einbezogen werden. Genauso wie sie in den ersten Gesprächen der Fachkräfte zur Einschätzung einer Gefährdung beteiligt wird, kann sie jederzeit wiederkehrend und erneut hinzu gebeten werden – in der Regel, wenn die Fachkraft vor Ort in der Arbeit mit den Eltern neue Ideen benötigt oder schlichtweg nicht weiter weiß. Damit es gelingt, in der Arbeit mit den Eltern bei ihnen als Erziehungsverantwortlichen eine Einsicht und Akzeptanz zu erreichen, sollte die Kinderschutzfachkraft ihre

- Kenntnisse über mögliche Formen von Hilfeleistungen,
- Kenntnisse über Leistungsspektren und Unterschiede wichtiger Kooperationspartner sowie
- Kenntnisse über Verfahrenswege

einbringen – auch dies wieder im Zusammenwirken mit der fallverantwortlichen Fachkraft.

Auf den Punkt gebracht

Wenn das Miteinander in einem solchen Verfahren den fachlich Beteiligten gut gelingt, kann die Kinderschutzfachkraft eine große Hilfe sein – und dabei hat sie das betroffene Kind oder seine Eltern nicht einmal gesehen.

Wie all dies im Detail aussehen könnte, werden wir uns im Folgenden Kapitel näher anschauen.

Eines sollte in der Kooperation eines Helfersystems mit der Kinderschutzfachkraft nicht vergessen werden: Es besteht die Pflicht zur Vertraulichkeit. Sofern keine Notwendigkeit besteht, sollte während des gesamten Verlaufs darauf geachtet werden, dass mit den Daten von Betroffenen vertraulich umgegangen wird. Wir wissen alle: Die Welt ist klein und jeder kennt einen, der eine kennt, der einen kennt. Die Kinderschutzfachkraft muss die Namen einer betroffenen Familie nicht kennen, und die Erzieherin könnte den Eltern gegenüber somit sehr offen eine Vertraulichkeit im Umgang mit persönlichen Daten und Gesprächsinhalten zusichern – solange der Kinderschutz nicht akut gefährdet ist. Mehr zu diesem Thema finden Sie im Kapitel 5.

Kinderschutz – der rote Faden nach § 8a SGB VIII

1. Gewichtige Anhaltspunkte
   - Augen und Ohren auf und hinschauen bzw. hinhören
     • Unterscheidung von anderen Besonderheiten/Auffälligkeiten

- Nutzung von Listen zur Sortierung von Anhaltspunkten
- Austausch mit Team/Leitung
- Dokumentieren
  - Methode ›Kinderschutzbögen‹
  - Methode ›Checklisten‹
  - Nutzung ›Ablaufstandards‹ (der Institution)
2. Gefährdungseinschätzung
   - Austausch im Team/Kinderschutzkraft (freie Träger)
     - Kollegiale Beratung
       · Methode ›Kollegiale Beratung‹
       · Methode ›Aufstellung‹
       · Methode ›Arbeit mit der Dokumentation‹
     - Beteiligung einer Kinderschutzkraft
     - Eltern/Familie an Einschätzungen/Einordnungen beteiligen
     - Gemeinsame Risikoabschätzung vornehmen
     - Planung weiteres Vorgehen (Elternarbeit)
3. Arbeit mit den Familien/Systemen
   - Gespräche mit den Eltern Sorgeberechtigten
     - Bei Bedarf Einbeziehung der Familie/des Kindes
   - Erarbeitung und Aufstellung von Beratungs- bzw. Hilfeplänen
     - Verständigung über erforderliche Veränderungsbedarfe
     - Suche und Einbeziehung von Unterstützungssystemen
     - Treffen verbindlicher Absprachen mit den Eltern
     - Gemeinsame Festlegung einer Zeitstruktur
   - Dokumentation
4. Hilfen anbieten
   - Erarbeitung von professionellen Hilfeleistungen/Einbeziehung Jugendamt
   - Überprüfung von Zielvereinbarungen
     - Verantwortlichkeit klären (freie Träger, ASD)
   - ggf. erneute Risikoabschätzung
   - Dokumentation
5. Einschaltung des ASD
   - Bei mangelnder Mitwirkungsbereitschaft
   - Bei unzureichenden Ressourcen der Systeme (freie Träger, Familien)
   - Abwendung von Gefährdungen
   - Transparenz gegenüber den Eltern

Der § 8a SGB VIII ist kein Meldeparagraf!

4 Das Arbeiten mit den Systemen

Nachdem die ersten Schritte ein wenig Klarheit in die Einschätzung von Verdachtsmomenten von Kindeswohlgefährdung gebracht haben, macht es Sinn, sich mit dem weiteren Vorgehen näher zu beschäftigen. Was ist zu tun, wenn der Verdacht sich nicht in Luft aufgelöst hat? Unsere drei Fallverläufe haben den nächsten Schritt schon angedeutet: Weitere Gespräche stehen an.

 Auch hier hilft zur Klarheit erneut ein kleiner Abstecher in das Gesetz. Die Sozialarbeiterin des ASD findet ihre Handlungsanweisungen im Absatz 1 des § 8a SGB VIII – zumindest, solange sie keine akute Gefährdung befürchtet. Die Erzieherin von Paul schaut in den Absatz 4 des § 8a. Der Lehrerin von Jonas ist hoffentlich das Bundeskinderschutzgesetz bekannt, denn im § 4 findet sie eine Orientierung. In allen drei Beispielen wird im weiteren Vorgehen die Einbeziehung der beteiligten Kinder und Jugendlichen gefordert – soweit es der Schutz der betroffenen Kinder zulässt.

Konkret sagt das Gesetz also der ASD Mitarbeiterin, der Lehrerin und der Erzieherin: »Sprecht mit den Betroffenen, sprecht mit den Kindern, den Jugendlichen und ihren Eltern!« Aber so schlau waren sie nach den ersten Beratungen auch schon.

Der Sinn von Elterngesprächen

Wieso verlangt der Gesetzgeber eigentlich so unmissverständlich eine Einbeziehung der Eltern bei jedem Verfahren? Wieso muss der Weg zum Schutz eines Kindes über die Eltern gehen, besonders wenn diese doch als zentrale ›Verursacher‹ des Problems identifiziert werden? Wieso können sich nicht alle kompetenten Helfer zusammentun und für den Schutz des Kindes Sorge tragen? Dazu sind sie doch schließlich ausgebildet. Die formale Antwort ist ganz einfach: Die Jugendhilfe verfügt über *kein* eigenständiges Erziehungsrecht, das die elterliche Sorge überlagert! Solange keine akute und unmittelbare Gefährdung für ein Kind besteht, gibt es keine Möglichkeit über den Kopf der Eltern Entscheidungen über das Wohl eines Kindes zu treffen. Das Jugendamt kann ein Kind in Obhut nehmen, das Familiengericht kann eine Eilentscheidung zum Schutz eines Kindes treffen. Wird jedoch nicht innerhalb einer begrenzten Klärungsphase die Gefährdung eines Kindes durch die Eltern ›nachgewiesen‹, kann niemand ein Miteinander von Eltern und Kind unterbinden. Das ist auch gut so, sagen die einen. Der Staat sollte sich nicht ohne Not in die Privatsphäre Familie einmischen. Andere, insbesondere langjährig erfahrene Fachkräfte in der Kinder- und Jugendarbeit, erleben die Stellung des Kinderschutzes im Verhältnis zum Elternrecht in unserer Gesellschaft nicht selten als frustrierend, sehen ein Ungleichgewicht zugunsten der Elternrechte. Aber was tun, wenn eine Trennung zum Schutz eines Kindes nun einmal (noch) nicht zur Debatte steht? Der Gesetzgeber sagt es uns: Die Fachkräfte werden verpflichtet, bei den Erziehungsberechtigten »auf die Inanspruchnahme von Hilfen hin(zu)wirken« (vgl. SGB VIII, § 8a Abs. 4). Na also – ist doch alles klar! Aber wie kann so etwas gelingen, wenn die Fachkräfte doch schon einen Einblick in das Verhalten und Handeln der Eltern nehmen konnten und dieser Eindruck nicht unbedingt Mut macht für eine konstruktive Zusammenarbeit?

So irritierend es auch sein mag: Die Klärung von Fragen des Kinderschutzes funktioniert nur über den Aufbau von Beziehungen – und zwar von Beziehungen zu den Beteiligten, den vermeintlichen Verursachern. Helfer können nur etwas bewirken, wenn es ihnen gelingt, in einen guten und konstruktiven Kontakt zu den Eltern zu kommen, wenn sie zu den Versorgern des Kindes eine Beziehung aufbauen können. Denn solange ein Kind mit seinen Eltern zusammenlebt, sind diese die zentralen Personen, die für den Schutz des Kindes sorgen (können). Veränderungen, die zum Schutz eines Kindes erforderlich werden, können gar nicht ausschließlich von außen kommen. Wenn die Eltern nicht mitspielen, ist Hilfe von außen nur sehr bedingt wirksam. Es gilt also, die Eltern – als zentral Verantwortliche – zu einer Mitarbeit zu gewinnen. Die einzige Alternative zu dieser Beziehungsarbeit ist eine Herausnahme des Kindes. Damit Eltern die Entscheidung treffen, mitzuarbeiten, müssen sie einen Grund haben – eine Einsicht oder zumindest eine Motivation.

Wenn wir verstanden haben, dass es unsere Aufgabe als Fachkräfte ist, mit den Eltern genau an dieser Motivation zu arbeiten, dann und nur dann werden wir eine Chance bekommen, Hilfen und Maßnahmen zum Schutz eines Kindes frühzeitig und hoffentlich erfolgreich einzuleiten. Dass »dieser Weg kein leichter sein wird, dieser Weg steinig und schwer«[25] werden kann, könnte mit

---

25 Xavier Naidoo (2005): Dieser Weg, Verfügbar unter: http://www.songtexte.com/songtext/xavier-naidoo-feat-cassandra-steen/dieser-weg-unplugged-probemitschnitt-43be279b.html, Zugriff am 18.03.2017

den Erlebnis- und Erfahrungshintergründen von betroffenen Familien zu tun haben, die in späteren Kapiteln noch eingehender beschrieben werden.

Für die fachlichen Begleiter von Paul, Jonas und Marie heißt das: Die Erzieherin, die Sozialarbeiterin, die Lehrerin werden das Gespräch mit den Eltern, den Sorgeberechtigten suchen – und es wird in der Regel nicht bei einem Gespräch bleiben. Wenn die drei Fachleute Erfahrung damit haben, werden sie gute Wege finden, wenn nicht …

Elterngespräche bedeuten Beziehungsarbeit

Die Kita-Erzieherin hat sich mit beiden Eltern von **Paul** verabredet. Sie hat die Mutter bewusst gebeten, auch den Vater mitzubringen. Und sie hat sich entschieden, das Gespräch gemeinsam mit ihrer Leitung zu führen, weil sie sich davon mehr Sicherheit in der Gesprächsführung verspricht. Auf Nachfragen der Mutter wollte die Erzieherin nicht schon bei der Gesprächsverabredung das Konfliktthema auf den Tisch packen, sie hat daher Sorgen zur Entwicklung von Paul als Gesprächsthema benannt – was zumindest der Wahrheit nahe kommt.

Maries Lehrerin hat es endlich geschafft, die Mutter des Mädchens ans Telefon zu bekommen. Sie hat sie zu einem Gespräch eingeladen. Die Mutter hat eingewilligt, auch wenn sie etwas irritiert klang am Telefon. Marie hat irgendwie mitbekommen, dass es eine Verabredung gibt. Sie hat die Lehrerin gefragt, ob sie nicht bei dem Treffen dabei sein kann. Die Frage hat wiederum die Lehrerin irritiert. Sie hat Marie erklärt, dass sie es für vernünftiger hält, mit ihrer Mutter allein zu sprechen. Und sie hat Marie beruhigt – es gäbe ja nichts Schlimmes aus der Schule zu erzählen, Marie müsse sich keine Sorgen machen. Aber Marie wirkte dennoch nicht glücklich damit, dass Mutter und Lehrerin sich verabredet hatten.

Die Sozialarbeiterin hat sich bei der Familie von **Jonas** schriftlich zu einem Hausbesuch angekündigt. Sie hat sich vorgenommen, vorab mit der Klassenlehrerin von Jonas zu telefonieren. Sie möchte gern vor dem Hausbesuch mehr Klarheit darüber haben, was den Schulbesuch von Jonas betrifft.

Alle drei Fachkräfte werden sich mit Sicherheit Gedanken gemacht haben, wie sie das Gespräch mit den Eltern angehen und gestalten werden. Die Erzieherin hat sich beispielsweise in einer kollegialen Beratung ausführlich darauf vorbereitet. Dennoch gestaltete sich jedes der drei Gespräche als schwierig.

Pauls Eltern kommen beide etwas verspätet zum Gesprächstermin. Die Mutter wirkt leicht angetrunken, auch wenn sie sich bemüht, diesen Eindruck zu überspielen. Der Vater tritt auf wie ein großer Junge, der sich vorgenommen hat, den Beschützer zu spielen. Er zeigt sich freundlich und neugierig, gleichzeitig aber auch abwehrbereit. Nachdem die Erzieherin gleich zu Beginn des Gespräches ihre Beobachtungen der letzten Monate angesprochen hat, entwickelt sich der Gesprächsverlauf sehr schnell in eine Angriff-Verteidigungs-Spirale. Die Erzieherin ist bemüht, wiederholt ihre Sorge um den Jungen zum Ausdruck zu bringen, während die Eltern mit Abwehr reagieren. Die Mutter zeigt sich gekränkt, beschuldigt den Jungen, sich ihrem Einfluss zu entziehen und beschreibt ihre Überlastung mit den beiden anstrengenden Kindern. Der Vater versucht die Wahrnehmungen der Erzieherin herunterzuspielen und verneint entschieden eine Gefährdung des Jungen auf dem Weg zur Kita. Er würde seinen Sohn so gut kennen, dass er wüsste, was ihm zuzutrauen sei. Die Erzieherin hat große Mühe ihren Ärger auf die Reaktionen der Eltern herunterzuschlucken. Als sie die Mutter fragt, ob sie nicht auch denkt, dass sie Hilfe im anstrengenden Alltag der Familie benötigt, merkt sie selber, dass ihre Frage nicht wirklich empathisch klingt. Entsprechend lehnt der Vater das vermeintliche Angebot dankend ab – man müsse sich keine Sorgen machen, die Familie käme sehr gut allein klar. Schließlich hätten sie ja auch noch die Unterstützung der Großeltern. Der Versuch der Erzieherin, das Gespräch auf die Auffälligkeiten von Paul im Kita-Alltag zu lenken, mündet schließlich in Vorwürfen der Eltern an die Fachkräfte. Sie müssten nur angemessen mit dem Jungen umgehen, dann würde es auch keine Probleme geben – und wenn sie das als Fachleute nicht könnten, sollten sie bitte nicht ihnen als Eltern die Schuld geben. Selbst der Kita-Leiterin, die sich im Gespräch eher zurückhält, kostet es in dieser Phase des Gesprächs Mühe, ihre Emotionen unter Kontrolle zu halten. Zumindest eine klare Erwartung an die Eltern, zukünftig für eine witterungsgemäße Kleidung von Paul zu sorgen, kann sie den Eltern noch mit auf den Weg geben.

Die Lehrerin von **Marie** hat sich während einer Freistunde mit der Mutter in einer ruhigen Ecke eines freien Klassenraumes verabredet. Zumindest war das ihre Absicht. Dennoch lassen sich wiederholte kleine Störungen durch Kinder nicht ganz vermeiden, die für Ablenkung sorgen. Die Lehrerin hat lange überlegt, wie sie das Gespräch beginnen werde und ob sie die Mutter nach ihrem Gesundheitszustand fragen könne. Die Mutter erscheint überpünktlich und betont, wie sehr sie sich über einen Gesprächsaustausch mit der Klassenlehrerin freue. Sie bedauert auch, dass sie nicht häufiger an den Schulveranstaltungen teilnehmen könne. Mutter und Lehrerin unterhalten sich relativ entspannt und ausführlich über Marie und ihre schulischen Leistungen, und beide erleben diese eher als zufriedenstellend.

Die Mutter zeigt sich überaus offen und gesprächsbereit, berichtet auch von ihrem Familienalltag mit Marie. Dabei betont sie wiederholt und deutlich stolz die enge und gegenseitige Verbundenheit mit ihrer Tochter. Als die Lehrerin das Gespräch auf die soziale Stellung von Marie im Klassenverband lenkt, wirkt die Mutter sehr betroffen und ist bemüht, Tränen zurückzuhalten. Auf Nachfrage erklärt sie, dass sie dieses besondere Verhalten Zuhause nicht erlebe. Schnell ist die Mutter dabei, das Gespräch wieder auf den Schulalltag zu lenken. Sie beginnt mit der Lehrerin nach Ideen für eine Veränderung der Situation im schulischen Miteinander zu suchen. Einige der Ideen findet die Lehrerin sogar ganz hilfreich und nützlich, um sie auszuprobieren. Nachdem die Mutter sich verabschiedet hat, stellt die Lehrerin etwas irritiert fest, dass sie einige Fragen, die sie sich auf ihrem kleinen Zettel notiert hat, gar nicht gestellt hat – so die Frage nach dem Gesundheitszustand der Mutter. Auch einen Einblick in die Lebenssituation von Mutter und Kind hat die Mutter geschickt vermieden. Alle Ideen, die im Gespräch aufgetaucht sind, beziehen sich auf den Schulalltag und die Lehrer-Schüler-Beziehung.

Als die Sozialarbeiterin zum verabredeten Termin an der Haustür von **Jonas** Eltern steht, wirkt sie etwas gehetzt, da sie später aus einer vorangegangenen Besprechung gehen konnte, als sie geplant hatte. Sie atmet tief durch und klingelt. Jonas öffnet ihr die Tür. Er schaut sie ziemlich genervt und ohne ein Wort der Begrüßung an. Die Mutter erscheint wenige Sekunden später hinter ihm, streicht ihm über den Kopf und bittet die Sozialarbeiterin hinein – allerdings ohne ihr die Hand zu geben. Jonas macht nur sehr widerwillig Platz. Die Sozialarbeiterin muss sich aufgrund der Körperfülle von Mutter und Kind fast an den beiden vorbeiquetschen. Die Mutter hat in der Küche einen Kaffee bereitgestellt. Jonas setzt sich platzergreifend auf die Küchenbank und bedient sich aus einer Schale mit Keksen. Noch bevor die Sozialarbeiterin Gelegenheit hat, ihr Anliegen zu erklären, nimmt die Mutter das Gespräch in die Hand. Sie kritisiert ganz offen den formell eingeforderten Termin, würde diesen aber sehr gern nutzen, um sich ganz offiziell über die Schule – explizit die Klassenlehrerin von Jonas zu beschweren. Beide, Schule und Klassenlehrerin, wären schon seit längerer Zeit nicht in der Lage, ihren Bildungsauftrag angemessen wahrzunehmen. Ihr Sohn würde eher ausgegrenzt werden als entsprechend seinem hohen Leistungsvermögen gefördert zu werden. Die Reaktionen von Jonas auf dieses nachlässige Vorgehen der Schule würden immer wieder ihrem Sohn zur Last gelegt. Es sei nicht möglich, mit der Schule vernünftige Gespräche darüber zu führen, da die Lehrer immer wieder Tatsachen verdrehen würden. Obwohl nicht unerfahren, hat die Sozialarbeiterin Mühe, in dem Wortschwall der Mutter einen Überblick zu behalten, die vielen Informationen aufzunehmen und ihr eigenes Anliegen nicht aus den Augen zu verlieren. Sie ärgert sich insgeheim, dass sie es nicht mehr geschafft hatte, vor dem Gespräch Kontakt mit der Schule aufzunehmen. Während die Mutter redet, sitzt Jonas die ganze Zeit auf der Eckbank und stopft Kekse in sich hinein. Als die Sozialarbeiterin die Mutter auf den aktuellen Diebstahl anspricht, klinkt sich Jonas in das Gespräch ein und stellt den Vorfall als Missverständnis dar. Der Filialleiter hätte sich ihm gegenüber total unverschämt verhalten, die Polizistin hätte keine Ahnung und ihn (Jonas) schlecht behandelt. Die Mutter bestätigt dies und spricht zusätzlich noch von einer Beschwerde, die sie bei der Polizei aufgegeben habe, weil Jonas dort unangemessen behandelt worden sei. Jonas knabbert weiter an seinen Keksen. Auf die Schulversäumnisse angesprochen, erklärt die Mutter, das sei ausschließlich Schuld der Lehrer. Natürlich billige sie es nicht, dass ihr Sohn die Schule schwänze, aber wenn er dort so mies behandelt würde, könne sie die Reaktionen des Jungen auch verstehen. Das Gespräch dreht sich fortan mehrfach im Kreis und endet mit einem Appell der Sozialarbeiterin an die Mutter, zukünftig dafür Sorge zu tragen, dass Jonas täglich zur Schule gehe. Zufrieden ist die Sozialarbeiterin mit diesem Abschluss nicht, aber ein Blick auf die Uhr sagt ihr, dass sie auch zu ihrem nächsten Termin zu spät kommen wird. Einen Kaffee hat die Mutter der Sozialarbeiterin während des gesamten Gespräches nicht angeboten. Die Schale mit den Keksen ist übrigens leer, als die Sozialarbeiterin sich schließlich verabschiedet.

Der Beratungsprozess mit den Eltern

Drei Elterngespräche, sicherlich fiktiv geschildert – aber dennoch so praxisnah wie nur möglich. In der Rückschau werden alle drei Fachkräfte mit dem Verlauf nicht wirklich zufrieden sein und vielleicht noch weniger mit ihrer eigenen Rolle. Und dennoch sind derartige Entwicklungen in Gesprächen mit betroffenen Familien keine Ausnahme. Selbst erfahrene Helfer sind nicht immer gefeit davor, in Fallen zu tappen, die schwierige Gespräche bereithalten.

Der Beratungsprozess mit den Eltern – Das Setting

- Berücksichtigen Sie eine angemessene zeitliche Planung.
- Sorgen Sie für eine ungestörte und entspannte Atmosphäre.
- Nehmen Sie sich Zeit für ein kurzes Joining.
- Führen Sie ein Erstgespräch mit Eltern ohne Kinder.
- Nutzen Sie – wenn möglich – das Vier-Augen- und Ohren-Prinzip.

Wenn wir uns die drei Gespräche anschauen, finden wir eine Menge Hinweise, die helfen können, die Verläufe lösungsorientiert zu steuern.

Schon bei der Betrachtung des äußeren Rahmens wird deutlich, wie selbst Kleinigkeiten wie das Gesprächssetting Verläufe beeinflussen können. Stellen wir uns vor, das Gespräch zwischen Lehrerin und der Mutter von **Marie** hätte in einer anderen Räumlichkeit stattgefunden – ungestört, ohne Ablenkung. Stellen wir uns weiter vor, die Sozialarbeiterin hätte nicht so unter Zeitdruck gestanden als sie die Mutter von **Jonas** besuchte. Sie hätte vielleicht sehr schnell einen Weg gesucht, das erste Gespräch mit der Mutter ohne die Anwesenheit von Jonas zu führen. Das Setting eines Gespräches mit den Eltern spielt eine nicht zu unterschätzende Rolle. Die Erzieherin von **Paul** hätte vielleicht vor dem Elterngespräch eine klare Rollenaufteilung mit der Kita-Leiterin getroffen, um den Verlauf des Gespräches besser beeinflussen zu können.

Schwierige Gespräche mit Eltern sind oft mit hohen Anforderungen an die Gesprächsführung verbunden. Selbst Fachkräfte, die mit viel Übung und Erfahrung in derartige Gespräche gehen, wissen, dass eine gute Vorbereitung in jedem Fall eine sinnvolle Investition ist. Nicht ohne Grund ärgert sich die Sozialarbeiterin darüber, dass sie es versäumt hat, mit der Lehrerin von **Jonas** zu sprechen, bevor sie die Familie besucht. Die Erzieherin von **Paul** nimmt sich für das nächste Elterngespräch vor, sich zu den für sie wichtigen Punkten und zur Gesprächsstruktur rechtzeitig Stichpunkte zu machen.

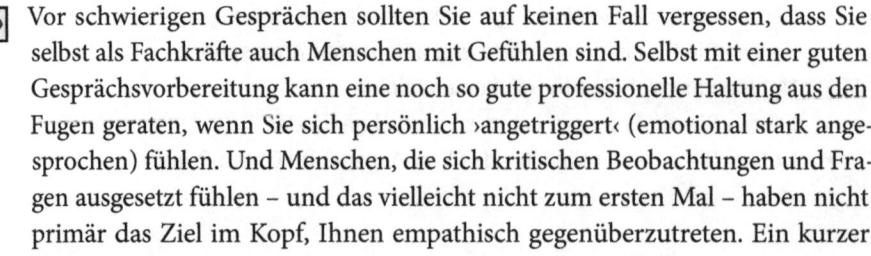

Anforderung an die Gesprächsführung

- Stellen Sie Beobachtungen möglichst sachlich dar.
- Sprechen Sie gefährdende Fakten aus.
- Verleihen Sie Ihrer Sorge um das Kind/die Familie Ausdruck.
- Signalisieren Sie Hilfe, bieten Sie Unterstützung an.
- Signalisieren Sie Verständnis.
- Weisen Sie auf den eigenen Auftrag hin.

Vor schwierigen Gesprächen sollten Sie auf keinen Fall vergessen, dass Sie selbst als Fachkräfte auch Menschen mit Gefühlen sind. Selbst mit einer guten Gesprächsvorbereitung kann eine noch so gute professionelle Haltung aus den Fugen geraten, wenn Sie sich persönlich ›angetriggert‹ (emotional stark angesprochen) fühlen. Und Menschen, die sich kritischen Beobachtungen und Fragen ausgesetzt fühlen – und das vielleicht nicht zum ersten Mal – haben nicht primär das Ziel im Kopf, Ihnen empathisch gegenüberzutreten. Ein kurzer gedanklicher Schlenker in den eigenen privaten Beziehungsbereich macht deutlich, was geschieht, wenn wir uns persönlich betroffen fühlen. Ein vernünftiges Gespräch, selbst über Alltagsthemen, ist auch zwischen vertrauten Partnern nicht immer möglich, weil die Emotionen das Miteinander bestimmen. Denken Sie nur an so beliebte Themen wie das Ausräumen einer Spülmaschine oder einen vergessenen Hochzeitstag. Jürgen Hargens, ein systemisch arbeitender Psychotherapeut, hat sich zum Verständlich-Machen unseres menschlichen Miteinanders in seinem Buch *Systemische Therapie ... und gut* (Hargens 2003) mit einem Comichelden angefreundet. *Hägar,* der brachiale und gleichzeitig kluge Wikinger, schafft es durch seine Geschichten meisterhaft, die Verwicklungen von Sprache und Beziehung aufzuzeigen. Wenn Sie sich als Fachkraft auf unterhaltsame Art mit der Gesprächsführung und den Grundfragen eines systemischen Arbeitens mit Menschen beschäftigen wollen, kann ich Ihnen dieses Buch wärmstens empfehlen.

Wenn ihr Gegenüber – egal ob im privaten oder fachlichen Rahmen – dann auch noch eine Elternrolle inne hat, eine Rolle von der in unserer Gesellschaft doch erwartet wird, dass sie jeder vernünftige Erwachsene selbstverständlich ausfüllen kann, dann geraten Gefühle schnell in Wallung. Es gibt in unserer Gesellschaft fast nichts Schlimmeres als einen Angriff auf die elterliche Kompetenz zu erfahren. Da schrillen bei fast jedem Vater und jeder Mutter die Alarmglocken – dass ureigenste Angriffs- und Verteidigungssystem wird aktiviert. Die Tatsache, dass – auch und gerade in schwierigen Gesprächen mit Eltern – Gefühle ins Spiel kommen, mag bedrohlich klingen, ist jedoch für das Erreichen von Veränderungsprozessen unerlässlich. Veränderungen haben etwas mit Lernen zu tun. Und Lernen wird durch Emotionen ermöglicht. Einige Anmerkungen zu dieser Verknüpfung haben Sie bereits im ersten Kapitel gefunden. Im Verlauf der nächsten Kapitel werden wir uns mit den Chancen und auch Gefahren dieser Verknüpfung noch näher beschäftigen. Aber bei schwierigen Gesprächen melden sich nicht selten auch die Gefühle der Fachkräfte zu Wort. Wenn die Erzieherin von Paul im Gespräch mit den Eltern erlebt, dass Ihre Wahrnehmungen und Beobachtungen abgewehrt werden, die Eltern mit fadenscheinigen Erklärungen antworten, geschieht auch bei ihr etwas. Sie registriert, dass Gefühle in ihr aufsteigen, dass sie ärgerlich wird, vielleicht sogar wütend auf die Reaktion der Eltern. Grundsätzlich gilt: Es ist normal und es ist nicht schlimm – wenn Sie darauf gefasst sind! Gefahr für den Verlauf des weiteren Gespräches besteht, wenn diese Gefühle sie unvorbereitet treffen. Sicherlich ist es hilfreich, sich auf schwierige Situationen entsprechend vorzubereiten. Sofern im Berufsalltag Möglichkeiten bestehen, können Übungen und Rollenspiele dabei helfen. Die Erzieherin könnte sich vielleicht häufiger in unkomplizierten Begegnungen als Gesprächsführerin anbieten, um sich immer mal wieder auszuprobieren. Erlebt sie sich dabei eher als gefühlsbetonten Menschen, wird sie sicherlich in schwierigen Gesprächen die Unterstützung ihrer Kolleginnen suchen.

Gefahr für die Helfer

- Gewalt erzeugt Identifizierung und Handlungsdruck.
- Gewalt erzeugt Unverständnis und Wut auf die Eltern.
- Die Nähe zum Kind erschwert Wahrnehmungen für Fähigkeiten und Grenzen der Eltern.
- Abwehr von Eltern erzeugt Gegenwehr.
- Der Wunsch nach schnellen Lösungen.

In dem Gespräch mit **Pauls** Eltern hätte die Erzieherin ihre Kita-Leiterin sicherlich gebeten, sich aktiv einzubringen, wenn deutlich geworden wäre, dass sich zu viele Gefühle bemerkbar machen. Wenn die Erzieherin weiß, wie die Eltern von Paul auf alltägliche Ansprache reagieren, welchen Fragen Sie schon in der kurzen Abhol-Situation ausweichen, dann wird sie im Gespräch darauf gefasst sein, dass die Eltern sich angegriffen fühlen könnten. Natürlich wäre es schön und hilfreich, wenn Eltern auch auf kritische Ansprachen mit Offenheit und Gesprächsbereitschaft reagieren. Die Regel ist dies in der Praxis jedoch nicht. Widerstände sind normal. Wenn die Erzieherin Pauls Eltern auf seine Bekleidung anspricht, dann öffnet sie eine Tür ins Familiensystem – die Eltern haben sie aber noch gar nicht hereingebeten. Sie greift in die Handlungsfreiheit der Familie ein. Die Eltern fühlen sich kritisiert – vielleicht sogar ertappt. Und wenn die Eltern nicht ganz unerfahren sind, werden sie das Ziel dahinter erkennen: Die Erzieherin möchte einen Veränderungsprozess initiieren; und zwar bei ihnen als Eltern – das kann ausreichen, um die Tür schnell wieder zugehen zu lassen.

Widerstand ist also normal. Die Frage ist, wie Sie damit umgehen. Und wieder ist die Antwort eigentlich ganz einfach: Sie gehen mit Ihrem Gegenüber in Beziehung! Ihr Gegenüber muss merken, dass Sie ein Interesse an ihm haben, dass Sie ihn als jemand Bedeutsames für das Kind ansehen, ihn ernstnehmen, dass Sie neugierig sind, was ihn antreibt bei all seinem vielleicht auch irritierendem Tun, dass Sie zuhören können und bemüht sind, zu verstehen, dass Sie auf Augenhöhe in Kontakt gehen. Und das Gegenüber muss erleben, dass Sie sich selber ernst nehmen, dass Sie sich nicht scheuen, klar aufzutreten, Dinge offen ansprechen, Ihren Auftrag transparent machen, Respekt nicht nur geben, sondern auch einfordern, Ressourcen wahrnehmen, aber auch Grenzen setzen können. Kurzum – ein Umgang mit Widerständen erfordert sowohl Einfühlung als auch Entschiedenheit. Ein guter Berater bemüht sich, Gefühle und Empfindungen des Klienten von dessen Bezugsrahmen her zu verstehen und dieses dem Klienten rückzumelden. Eine gute Fachkraft im Gespräch zu Kinderschutzfragen stellt zusätzlich das Kind in den Mittelpunkt und formuliert stellvertretend dessen Ansprüche.

Widerstand

- Stellen Sie die gemeinsame Sorge um das Kind in den Mittelpunkt.
- Der Fokus ›Gefährdung‹ kann Gespräche einengen: Sprechen Sie auch über die normalen, alltäglichen Dinge der Familie, das kann Eltern entlasten.
- Reagieren Sie mit Klarheit, Einfühlung und Ermutigung.
- Leugnung deutet auf Abwehr, Schuldgefühle und Angst hin. Hier ist Geduld erforderlich. Im ersten Gespräch hilft es, die unterschiedlichen Sichtweisen zu benennen.
- Auf Angriffe nicht mit Verteidigung reagieren: Widerstand ist sinnvoll! Spiegeln Sie Ihr gegenüber: »Ich merke, Sie sind sehr aufgebracht ...«

Leugnung

Mit welchen Formen der Abwehr Fachkräfte rechnen sollten, wird in dem kurzen Gesprächsauszug mit **Pauls** Eltern deutlich. Auf eine mögliche Gefährdung von Paul angesprochen, reagieren die Eltern mit Leugnung. Es sei ja gar nicht so, wie die Erzieherin es beschreibe. Es kann ja auch gar nicht so sein. Wenn die Erzieherin Recht hätte, dann hätten die Eltern ein Problem. Und was dann? Wenn sie als Fachkraft in die Situation geraten, dass ihre Wahrnehmungen von den Eltern als unwahr abgewehrt werden, dann wäre es gut, wenn bei ihnen ein Alarm-Signal angehen würde: Achtung, Stolperfalle! Die spontane Reaktion auf eine Leugnung ist die Beweisführung. Sie sind jedoch kein Richter, sie sind eine Fachkraft der Jugendhilfe. Lassen Sie sich nicht auf ein Angriff-Verteidigungs-Spiel ein – sie werden es verlieren. Je intensiver sie sich bemühen, den Eltern ihre Fehler zu beweisen, desto höher werden die Barrikaden zwischen ihnen und den Eltern. Auch wenn es unbefriedigend klingt, kann es hilfreich sein, sich besonders im ersten Gespräch mit Eltern vorerst nur auf ein klares Resümee zu verständigen: »Wir sind unterschiedlicher Meinung. Wir haben an diesem Punkt eine unterschiedliche Einschätzung«.

Verschiebung

Neben der Leugnung werden sie als Fachkraft in der Auseinandersetzung mit Eltern immer wieder auch eine zweite Strategie erleben: eine Verschiebung des Problems. Auch darin sind die Eltern von Paul Meister. Schuld ist der Kindergarten, die Erzieherin. Wenn die Fachkräfte noch nicht einmal in der Lage sind, den Jungen zu bändigen, was wird dann von den Eltern erwartet. Und wieder leuchtet das Alarmsignal auf! Das Angebot für eine neue Streitrunde liegt auf dem Tisch. Statt darauf einzugehen, könnte die Erzieherin das Angebot der Eltern umdeuten und konstruktiv werten: »Sie haben recht, gut dass sie es ansprechen. Paul kann uns alle mit seinem Verhalten ganz schön beschäftigen; Sie zuhause und uns in der Kita. Lassen Sie uns doch gemeinsamen einmal schauen, wie wir Paul helfen könnten und was uns dabei für Strategien einfallen.« Dabei schlagen sie zwei Fliegen mit einer Klappe. Sie stoppen den Kreislauf von Rede und Gegenrede und Sie überraschen die Eltern: »Mein Gott, die Erzieherin hat uns gerade Recht gegeben! Und nun traut sie uns sogar zu, dass wir ihr helfen, Ideen zu sammeln.«

Wenn es gelingt, dass die Eltern sich auf diesen Weg einlassen, könnte es passieren dass Sie als Fachkraft im weiteren Gesprächsverlauf plötzlich zur zentralen Steuerungsperson werden. **Maries** Mutter hat der Lehrerin sehr anschaulich gezeigt, wie so etwas geht. Die im Gespräch entstandenen Änderungsvorschläge sehen ausschließlich die Lehrerin in der Verantwortung. Strategien oder Interventionen, die sich in weiteren Gesprächen als interessante Möglichkeiten entwickeln, werden durch Art und Form der Gesprächsführung fast automatisch die Einbeziehung der Eltern als Bestandteil der Umsetzung beschreiben. Die Mitarbeit der Eltern ergibt sich also daraus, wie sehr es gelingt, mit Hilfe der Gespräche, eine Beziehung zu den Beteiligten aufzubauen.

Formen der Abwehr

- *Leugnung:* Wir haben kein Problem, es ist alles in Ordnung!
  Erzeugt den Wunsch, das Problem zu beweisen.
- *Verschiebung:* Das Problem ist das Kind oder der Helfer!
  Erzeugt den Wunsch, der ›richtigen‹ Zuordnung des Problems.
- *Abgabe der Verantwortung:* Machen Sie!
  Die Eltern haben nicht gelernt, Verantwortung zu übernehmen. Mangelnde Mitarbeit ist daher kein Faktum, sondern ein Beziehungsproblem.

Je tiefer wir in die Arbeit mit den Eltern im System Familie einsteigen, desto deutlicher wird, dass es keine wirkliche Alternative dazu gibt, die Eltern ›ins Boot‹ zu holen, wenn das Ziel eine Veränderung zum Schutz des Kindes in der Familie ist. Denn ohne sie gibt es keine Veränderung. Die Eltern sind die wichtigsten Menschen in diesem Boot. Sie haben das Paddel in der Hand und sitzen am Steuer. Diese Bedeutsamkeit sollte in Gesprächen mit Eltern immer wieder zum Ausdruck gebracht werden. Das ist ein schwieriges Unterfangen, bei dem Ihnen die folgenden Leitsätze behilflich sein können.

Eltern ins Boot holen

- Eine wertschätzende Haltung verändert Eltern: Akzeptanz stärkt Selbstakzeptanz. Sie stärkt den Mut, sich an der Hilfe zu beteiligen.
- Die Eltern auch bei Konfrontation als Eltern anerkennen: Höflichkeit/Freundlichkeit gepaart mit Klarheit in der Sache.
- Beschreiben, was geschehen ist bzw. was Sie beobachtet haben: Eltern nicht bewerten.
- Den Eltern ihr Kind ›erklären‹: Warum verhält das Kind sich so?
- Den Eltern Raum für eigene Erklärungen, Beschreibungen und eigenes Bedauern geben.
- Wiedergutmachungswünsche annehmen: Was können/wollen sie ändern?
- Den Eltern ihren eigenen Platz im Boot zeigen: Erarbeiten, was sie praktisch tun können, sie um Vorschläge bitten, dabei überschaubare Wegstrecken und leistbare Ziele/Aufgaben formulieren.
- Bei allem, was schief geht, an das erinnern, was gelingt. Eltern selber verlieren es aus den Augen.

Perspektivwechsel

Ein kleiner aber doch grundlegender Gedanke aus der systemischen Arbeit könnte helfen, in einen konstruktiven Kontakt mit schwierigen Eltern einzusteigen: der Versuch eines Perspektivwechsels. Was wäre, wenn unsere Fachkräfte sich vor dem ersten Gespräch mit den Eltern vorstellen, wie es denen wohl gehen mag. Das Anwenden von körperlicher und seelischer Gewalt oder das Vernachlässigen von Erziehungsaufgaben sind oft Ausdruck von Sprach- und Hilflosigkeit der Beteiligten. Das Verhalten macht deutlich, dass andere Handlungsmöglichkeiten zur Befriedigung ihrer Bedürfnisse oder zur Abwehr von Überlastung nicht präsent sind. Eltern erleben ihr unangemessenes Verhalten im Nachhinein oft nicht als beabsichtigt. In unseren Beispielen sitzen sie aber in einem Gespräch mit Vertretern von Institutionen und Behörden und sie haben eine sehr konkrete Ahnung, was an Themen in den Gesprächen auf sie zukommen wird.

Pauls Eltern fühlen sich vielleicht schlecht vor dem Gespräch mit der Erzieherin. Die Mutter schämt sich und musste deshalb vorher ein wenig zum Alkohol greifen.

Die Mutter von **Marie** weiß insgeheim ganz genau, dass etwas mit ihr nicht stimmt. Und natürlich hat sie ein schlechtes Gewissen ihrer Tochter gegenüber, weil es auch der Tochter damit nicht gut geht.

Auch **Jonas'** Mutter hat ein schlechtes Gewissen. Ihr ist das alles viel zu viel mit Jonas. Sie fühlt sich müde und überfordert und das schon seit Jahren. Jonas macht, was er will. Sie hat keine Kraft für das anstrengende Erziehen ihres Sohnes, fühlt sich allein gelassen. Und jetzt kommt sogar noch das Jugendamt und will sich bei ihr beschweren.

Wofür soll das gut sein, so ein Perspektivwechsel? Ist es eine Aufforderung, das Handeln von Eltern zu entschuldigen? Soll die Erzieherin von Paul Mitleid mit den Eltern haben, obwohl sie doch sieht, wie Paul leidet? Nein! Es geht nicht um das Entschuldigen oder das Akzeptieren von unangemessenem Verhalten. Es geht um die Akzeptanz, dass es Gründe für ein Handeln gibt. Und zur Initiierung von Veränderungsprozessen hilft ein Verständnis dessen, was geschieht. Ein Wechsel der Perspektive, ein ›Schauen durch die Augen des anderen‹ ermöglicht es, sich einen Überblick zu verschaffen, eine Distanz zum Geschehen zu gewinnen – und nicht zuletzt in eine konstruktive Beziehung zum Gegenüber zu treten. Wenn es richtig und wichtig ist, die Eltern ins Boot zu holen, dann gehört es zu den Aufgaben der Fachkräfte, sich Zeit zu nehmen, sich ihrer eigenen Haltung bewusst zu werden. (Die Frage, woher sie diese Zeit nehmen in ihrem Arbeitsalltag, haben wir am Anfang schon einmal gestellt.) Denn von der eigenen Haltung sind unsere Wahrnehmungen abhängig. Die eigene Haltung entscheidet darüber, ob es gelingt, Möglichkeiten, Ressourcen zu erkennen und Hilfebedarfe konstruktiv und wertschätzend zu benennen. Sie beeinflusst die Fähigkeit in angemessenem Tempo zu helfen: Zu helfen, Ideen zu entwickeln, neue Sichtweisen zuzulassen und neue Handlungsweisen auszuprobieren. Sie beeinflusst also das Hinwirken auf den Schutz des Kindes.

Was würden die drei bereits vorgestellten Fachleute tun? Was könnte anders sein, wenn sie die Chance bekämen, das Gespräch noch einmal zu führen?

Die Erzieherin von **Paul** ...

Erzieherin:»Katrin (Kita-Leiterin), ich würde dich bitten, mich im kommenden Gespräch mit Pauls Eltern zu unterstützen. Du weißt, wie viele Sorgen ich mir um Paul mache und wie wütend ich manchmal auf die Eltern bin. Falls du mich von den Eltern angetriggert erlebst, übernimm bitte kurz die Gesprächsführung, damit ich durchatmen kann. Lass uns bitte auch aufpassen, dass sie sich nicht aus der Verantwortung stehlen. Ich kenne die Mutter aus anderen Gesprächen. Sie neigt dazu, sich bemitleiden zu lassen. Ich weiß auch von ihrem Alkoholproblem und dass Pauls Verhalten sie überfordert. Ich habe auch den Vater schon öfter mit einer Alkoholfahne erlebt. Er wirkt auf mich wie ein großer Junge, weniger wie ein verantwortungsvoller Vater. Vielleicht finden wir im Gespräch Ansatzpunkte, wenn wir weniger mit Vorwürfen agieren und dafür versuchen, den Alltag von Paul mit seinen Eltern zu verstehen.«

Das kommende Gespräch verläuft weniger konflikthaft als erwartet. Zwar reagieren die Eltern auf die Beobachtungen der Erzieherin mit Abwehr. Die Kita-Leiterin übernimmt in solchen Phasen des Gespräches immer wieder die Rolle der interessiert Nachfragenden. Die Eltern fühlen sich durch wertschätzendes Fragen ernstgenommen und erzählen auch von häuslichen Schwierigkeiten. Sie gestehen Fehler ein, versuchen sich jedoch auch der Verantwortung zu entziehen. Das erste Gespräch führt nicht zu Lösungen, endet aber zumindest mit einer einvernehmlichen Verabredung zu weiteren Treffen, da ein deutlicher Hilfebedarf bei Paul nicht zu leugnen ist.

Die Lehrerin von **Marie** ...

... verabredet den Gesprächstermin mit der Mutter an einem Nachmittag, zu einem Zeitpunkt, an dem ein kleiner Besprechungsraum in der Schule ungestört nutzbar ist. Lehrerin:»Bettina (Kollegin und Beratungslehrerin an der Schule), du hast doch die Marie auch in deinem Unterricht. Ich habe die Mutter zu einem Gespräch eingeladen und hätte dich gern dabei. Lass uns vorher kurz überlegen, was uns im Gespräch wichtig ist und bitte, pass mit auf, dass diese Punkte auch zur Sprache kommen. Die Mutter ist sehr redegewandt und kann gut für Ablenkung sorgen. Ich habe sie auch gelegentlich schon wütend erlebt. Da wäre es gut, wenn du mit auf angemessene Gesprächsformen achten könntest. Ach ja – ich habe ein komisches Bauchgefühl, was die psychische Verfassung der Mutter betrifft und würde sie gern danach fragen. Achte doch bitte mit darauf, dass ich es nicht vergesse.«

Das Gespräch nimmt einen unerwarteten Verlauf. Mutter und Lehrerin unterhalten sich wieder relativ entspannt und ausführlich über die schulischen Leistungen von Marie und beide erleben diese eher als zufriedenstellend. Die Mutter ist offen und gesprächsbereit, erzählt ansatzweise von ihrem Familienalltag mit Marie und erwähnt beiläufig, dass sie zurzeit nicht berufstätig ist. Als die Lehrerin interessiert nachfragt, spricht die Mutter von gesundheitlichen Problemen. Das verständnisvolle und besorgt interessierte Fragen der Lehrerin führt dazu, dass die Mutter ihre Borderline-Erkrankung anspricht. Sie sei jedoch in Behandlung und habe auch schon einen Klinikaufenthalt hinter sich. Sie weiß, dass es Marie nicht immer gut gehe mit ihrer Erkrankung, aber sie sei sehr um das Wohl ihrer Tochter bemüht. Über die Art ihrer Erkrankung habe sie mit Marie nicht gesprochen. Als die Lehrerin Fragen in Richtung Unterstützung und Hilfen stellt, reagiert die Mutter barsch und zurückweisend. Sie weiß, dass sie nicht alles richtig mache, aber sie brauche keine Hilfe von der Lehrerin, sie sei schließlich die Mutter – und überhaupt wolle sie jetzt mal wissen, was die Lehrerin eigentlich tue, um ihrer Tochter zu helfen.

In der Reflexion mit ihrer Kollegin ist die Lehrerin erleichtert. Mit der Erwähnung der Borderline-Erkrankung im Gespräch hat sie endlich eine Erklärung für ihre merkwürdigen Wahrnehmungen in Bezug auf die Mutter bekommen. Damit kann sie vorerst weiterarbeiten.

Die Sozialarbeiterin von **Jonas** …

… hat sich bewusst entschieden, keinen Lehrerkontakt vor dem Gespräch mit Jonas und seiner Mutter zu suchen. Dies erklärt sie auch gleich zu Beginn des Hausbesuches der Mutter: »Mir ist es wichtig, Ihre Eindrücke als Eltern zu hören und Ihren Umgang mit dem Geschehen kennenzulernen«.

Die Sozialarbeiterin beabsichtigt, zuerst mit der Mutter allein zu sprechen. Sie informiert diese über ihren Plan und erklärt es dem Jungen: »Jonas, ich denke, du machst dir ganz viel Gedanken über dich und deine Umwelt. Die interessieren mich, überleg doch mal draußen oder in deinem Zimmer, was du mir davon später erzählen magst. Erst einmal möchte ich aber in Ruhe mit deiner Mutter sprechen.«

Das klare und freundliche Auftreten der Sozialarbeiterin führt zum Erfolg: Die Mutter akzeptiert das Vorgehen, Jonas verlässt den Raum und fühlt sich dennoch ernst genommen von der Sozialarbeiterin.

 Hilfe für die Helfer

Sie brauchen:
- Kompetenzen in Gesprächsführung,
- Kenntnisse über Ursachen und Dynamiken von konflikthaften Beziehungen,
- Zutrauen in die eigenen Gefühle und Wahrnehmungen,
- Kompetenzen im Umgang mit Widerständen,
- Ressourcen!!! und
- eine *sichere innere Haltung.*

Gewährleistung des Kindeswohls im Prozess

In der Arbeit mit Herkunftssystemen zu Fragen von Kindeswohlgefährdung und des Kinderschutzes taucht selbst bei erfahrenen Fachkräften irgendwann im Verlauf immer eine zentrale Frage auf: »Wie kann ich mir sicher sein, dass die Sorgeberechtigten – in der Regel die leiblichen Eltern – sich wirklich ehrlich um das Kindeswohl bemühen werden?« Die Frage stellt sich immer dann, wenn eine Gefährdung des Kindeswohls punktuell besteht oder einzutreten droht oder wenn keine Veränderung erreicht werden kann – und das Kind im Haushalt der Eltern verbleibt. Inwieweit ist das Wohl des Kindes während des weiteren gemeinsamen Prozesses durch die Sorgeberechtigten gewährleistet oder ist dies nur zum Teil oder überhaupt nicht der Fall? Damit die untergründige Sorge der Fachkräfte in der weiteren Arbeit mit den Eltern eine Antwort findet, helfen ein paar einfache Fragen zur Einstellung und zum Verhalten der Eltern.

Die Frage zur Problemakzeptanz

- Sehen die Sorgeberechtigten und die Kinder selbst ein Problem oder ist dies weniger oder gar nicht der Fall?

Die Frage zur Problemkongruenz

- Stimmen die Sorgeberechtigten und die beteiligten Fachkräfte in der Problemkonstruktion überein oder ist dies weniger oder gar nicht der Fall?

Die Frage zur Hilfeakzeptanz

- Sind die betroffenen Sorgeberechtigten und Kinder bereit, die ihnen gemachten Hilfeangebote anzunehmen und zu nutzen oder ist dies nur zum Teil oder gar nicht der Fall?

Mit diesen drei Fragen im Hinterkopf werden die Fachkräfte in der weiteren Gestaltung der Arbeit mit dem Herkunftssystem das Kindeswohl immer im Blick behalten. Wie das konkret funktionieren kann, damit beschäftigen wir uns im Folgenden.

Das Fortsetzen der Gespräche

Stellen wir uns vor, die Gespräche mit den Eltern von Paul, Marie und Jonas hätten eine Fortsetzung gefunden; der Erzieherin, der Lehrerin, der Sozialarbeiterin wäre es gelungen, eine Arbeitsbeziehung aufzubauen. Stellen wir uns weiter vor, in allen drei Beispielen hätte der Verlauf gezeigt, dass ein – unterschiedlich stark ausgeprägter – Veränderungs- bzw. Hilfebedarf zum Schutz des Kindeswohls erforderlich ist. Eine zentral wichtige Aufgabe ist somit erfüllt: Sich in der Einschätzung des Kindeswohls Sicherheit zu verschaffen. Aber wie geht es nun weiter?

Die Gespräche der Erzieherin mit den Eltern von **Paul** haben deutlich gemacht, dass die familiären Probleme mit der Geburt von Pauls kleiner Schwester Jana zugenommen haben. Die Eltern liegen häufig im Streit mit der Großmutter, da diese, besonders die Mutter, immer wieder auf ihren Alkoholkonsum und die mangelhafte Versorgung der Kinder hinweist. Die Mutter gibt gegenüber der Erzieherin zu, dass sie es morgens oft nicht schaffe, sich um Paul zu kümmern, weil die kleine Jana so anstrengend sei, dass Paul deswegen oft allein in die Kita gehe. Dass Paul zuhause geschlagen wird, wollen beide Elternteile nicht bestätigen. Das Einsperren im Keller sei jedoch schon einmal vorgekommen, als die Mutter nicht mehr weiter gewusst habe.

Die Lehrerin von **Marie** hat entschieden, weitere Gespräche mit der Mutter an die Beratungslehrerin abzugeben, in der Hoffnung, dass die Mutter diese als weniger konkurrenzhaft erlebt. Zwar zeigt sich die Mutter nach wie vor als ambivalent – mal empathisch und offen und dann wieder abwehrend und kämpferisch. Dennoch erfährt die Beratungslehrerin ein wenig mehr von der häuslichen Situation. Die Mutter hat aufgrund ihrer Erkrankung bereits mehrere Klinikaufenthalte hinter sich, Marie ist dann immer zu Besuch bei einer Freundin der Mutter. Aber auch wenn sie zuhause ist, geht es der Mutter häufig so schlecht, dass sie es manchmal nicht schafft, morgens aufzustehen. Es gibt Tage, an denen Marie sich komplett selbst versorgen muss. Nach langem Zögern gibt die Mutter zu, dass sie noch nie wirklich mit Marie über ihre Krankheit gesprochen hat. Sie wollte ihre Tochter nicht damit belasten.

Die Sozialarbeiterin hat nach mehreren Gesprächen mit der Mutter von **Jonas** und auch mit Jonas selbst einen sehr klaren Eindruck von den Hintergründen für Jonas Auffälligkeiten. Die Mutter arbeitet als Erzieherin in einer Kita. Der Vater ist Landwirt. Beide Eltern von Jonas stehen kurz vor der Rente. Jonas hat zwei erwachsene

Geschwister, die längst nicht mehr zuhause leben. Die Mutter berichtet, dass Jonas eigentlich nicht geplant war (vielleicht auch nicht wirklich gewollt?). Beide Eltern erleben sich im Ort als Außenseiter. Die Eltern nehmen Jonas vor Angriffen von außen in Schutz, vielleicht, weil sie ein schlechtes Gewissen ihrem Sohn gegenüber haben. Sie machen den Lehrern Vorwürfe, wenn es Konflikte mit Jonas gibt, aus Sorge, dass auch Jonas zum Außenseiter wird. Die Mutter schafft es zuhause nicht, ihm Konsequenzen aufzeigen. Sie fühlt sich überfordert, auch weil der Vater sich heraushält, als Landwirt kaum anwesend ist in der Familie. Mit zunehmendem Alter von Jonas scheint die Mutter auch Angst vor seinen Ausrastern zu haben.

Alle drei Kinder leiden unter einer mangelnden Versorgung und einem nicht ausreichenden Schutz durch ihre Eltern. Bei **Paul** betrifft es den gesundheitlichen Bereich und die Aufsicht. Gewalterfahrungen in der Erziehung sind an diesem Punkt des Prozesses nicht auszuschließen. Unzureichende Ernährung und Bekleidung treffen auf Gefahren im Straßenverkehr. Bei **Jonas** fehlt es an ausreichender Fürsorge und Grenzsetzung durch die Eltern. Es droht eine zunehmende Delinquenz, ein Abrutschen in die Kriminalität. **Maries** Problematik macht sich etwas subtiler bemerkbar, weil die seelische Gesundheit beeinträchtigt wird. Das tägliche Erleben des Irrationalen bei einer psychischen Erkrankung von Eltern löst bei Kindern große Ängste aus und treibt auch Marie in die Verantwortlichkeit für den kranken Elternteil. Eine Tabuisierung der Besonderheiten einer psychischen Erkrankung führt zu einer Sprachlosigkeit und Einsamkeit bei Kindern.

Aber was würden eigentlich die Kinder selber erzählen, wenn sie gefragt würden, wie es ihnen geht …

Die Perspektive der Kinder

Paul geht total gern in die Kita, er liebt seine Erzieherin. Besonders gern kuschelt er sich bei ihr in den Arm, wenn sie den Kindern Geschichten vorliest. Wenn er es schon könnte, würde Paul ihr auch eine Geschichte erzählen könnte – seine eigene.

»Alle denken immer, es ist schön, ein Zuhause zu haben; da gibt es Eltern und oft auch Großeltern – und alle kümmern sich ganz doll um die Kinder. Aber bei uns ist das nicht so, und ich glaube auch, dass das gar nicht stimmt. Ich glaube schon, dass meine Eltern sich gefreut haben, als ich und meine Schwester geboren wurden. Aber jetzt schimpfen sie immer ganz viel und fangen an, sich zu streiten.

Meine Mutter trinkt oft so 'n komisches Zeug, das riecht ganz streng und wenn sie viel davon trinkt, wird sie ganz komisch. Ich glaub, sie weiß manchmal gar nicht mehr genau, was sie dann tut. Sie redet dann auch ganz merkwürdig, hat glasige

Augen und haut manchmal auch richtig doll um sich. Wir Kinder erschrecken uns dann, und Jana kriegt richtig Angst, wenn Mama so komisch wird.

Wenn Papa zuhause ist, dann trinkt er oft mit, und dann hauen sie sich auch richtig gegenseitig. Ich krabbele dann immer zu Jana ins Bett, und wir verstecken uns unter der Decke. Manchmal kommen dann auch noch Freunde von Mama und Papa; dann wird es ganz schlimm. Und wenn ich morgens aufwache, dann liegen unsere Eltern oft noch im Bett. Meine kleine Schwester schreit dann ganz laut, weil sie Hunger hat, und ich weiß dann gar nicht, was ich machen soll.

Manchmal, wenn ich nicht weiter weiß, fange ich an, ganz laut zu schreien, immer wenn unsere Eltern sich zanken. Wenn ich das tue, hab ich gar nicht mehr so viel Angst, obwohl Mama und Papa mich dann oft auch hauen. Einmal haben sie mich sogar in den Keller gesperrt – da hatte ich dann doch wieder Angst.

Ich freu mich immer, wenn ich zu Kerstin in die Kita gehe, das ist schön. Kerstin ist meine Erzieherin dort. Sie spielt mit mir, und es gibt dort immer etwas zu essen. Mit den anderen Kindern macht es auch Spaß, außer wenn wir uns streiten.«

In einem Gespräch mit der Sozialarbeiterin hat **Jonas** sich ganz viel Mühe gegeben, sich stark zu zeigen – aber eigentlich fühlte er sich gar nicht so. Er hat ihr zwar immer wieder gesagt, dass sie sein Zuhause gar nichts angeht, wenn sie fragte. Heimlich hat er sich jedoch gewünscht, dass sie irgendetwas tun könne, damit alles anders wird. So lange schon fühlt er sich ziemlich allein, sowohl zuhause als auch draußen. Sehr oft schon hat er sich gewünscht, einen Freund zu finden, aber mittlerweile hat er es aufgegeben. Er tut zwar immer so, als wär er groß und stark, aber das stimmt gar nicht. Eigentlich fühlt er sich ziemlich klein, würde gern mal in den Arm genommen werden. Aber er kann sich gar nicht erinnern, dass seine Mutter ihn mal im Arm gehalten hat. Und sein Vater ist sowieso immer nur auf dem Feld oder in seinem blöden Stall. Seine Mutter verteidigt ihn (Jonas) zwar immer, wenn er mal Ärger hat mit anderen, aber irgendwie fühlt er sich nicht wirklich in Schutz genommen – eher allein, so als würde sie es gar nicht ehrlich meinen. Er weiß manchmal auch gar nicht, was eigentlich richtig und falsch ist. Und wenn er wirklich mal etwas von ihr will, hat sie keine Zeit. Manchmal fängt er an, sie heftig zu beschimpfen, weil er wissen will, was dann passiert. Aber es passiert nichts. Er darf dann Fernsehen oder sie gibt ihm Taschengeld, obwohl er doch schon etwas bekommen hat. Vielleicht hat sie ihn ja auch gar nicht wirklich lieb. Dann kümmert er sich halt allein um sich – die anderen werden schon alle sehen, was sie davon haben.

Marie erzählt wenig – aber sie schreibt Tagebuch …
»Meine Mama hab ich richtig lieb, aber sie ist auch komisch. Sie liegt manchmal den ganzen Tag im Bett. Sie hat dann Kopfschmerzen und sie weint oft – worüber

weiß ich nicht. Ich versuche dann, Mama zu trösten, aber das hilft nicht. Ich kann dann gar nicht zu ihr hin, und sie sagt, sie kann nicht aufstehen. Ich räume dann zuhause immer auf und koche manchmal auch. Mama hat eine gute Freundin, die nimmt mich auch mal mit zu sich zum Essen. Manchmal wird Mama ganz wütend, und dann schreit sie auch rum oder rennt weg. Ich hab sie auch schon einmal suchen müssen. Manchmal komme ich auch nach Hause und Mama ist dabei, die ganze Wohnung umzuräumen.

Ich weiß schon, dass Mama krank ist und Tabletten nehmen muss; sie macht das aber nicht immer. Aber ich weiß nicht, was für eine Krankheit das ist. Man sieht ja auch nichts. Ich hab der Mama schon einmal heimlich beim Umziehen zugeschaut, aber auch da war nichts zu sehen. Auch die Freundin versucht der Mama manchmal zu helfen, aber Mama sagt, sie will keine Hilfe, die Freundin soll sich nicht immer einmischen. Sie würde sich schon um ihre Tochter kümmern. Früher hatte ich oft richtig Angst, wenn Mama so komisch wurde, aber heute hab ich mich schon fast daran gewöhnt. Manchmal frag ich mich, ob ich wohl später auch so werde wie Mama – und dann bekomm ich doch wieder Angst.«

Aber von diesen Gedanken und Tagebucheinträgen der Kinder wissen die Erzieherin, die Lehrerin, die Sozialpädagogien nichts – sie ahnen höchstens etwas davon.

Die Zeit der Vereinbarungen

Der Handlungsbedarf ist deutlich geworden! Es ist Zeit für klare Vereinbarungen zwischen Fachkräften und Eltern! Wenn es richtig ist, dass eine Gefährdung für die Kinder aus unseren drei Beispielen von dem Handeln oder Nicht-Handeln der Eltern ausgeht, diese Gefährdung aber nicht ausreicht, das Zusammenleben von Eltern und Kind in Frage zu stellen – dann ist eine Veränderung im Handeln der Eltern gefragt. Und genau hier beginnt der Prozess der Gestaltung von Aufträgen und Auflagen mit den Eltern.

Vereinbarungen treffen

- Aufträge verabreden und festlegen
- Weitere Kontakt- und Gesprächsgestaltung festlegen
- Angebote von Hilfen festlegen
- Dokumentieren

Am Anschaulichsten lässt sich die Gestaltung an den Realitäten verdeutlichen. Schauen wir uns die Einschätzungen zu Paul, Marie und Jonas diesmal mit der Zielrichtung einer Auftragsgestaltung an. In der folgenden Übersicht werden die einzelnen Wahrnehmungen und Auffälligkeiten exemplarisch den entsprechenden Gefährdungsbereichen zugeordnet und mögliche Aufträge formuliert, die daraus abgeleitet sind.

Der 4-jährige **Paul** hält sich ohne Begleitung im Straßenverkehr auf – Gefährdung im Bereich der Aufsichtspflicht!

Auftrag an die Eltern:

Sie als Eltern haben ab sofort dafür zu sorgen, dass Ihr Sohn Paul den täglichen Weg zur Kita nicht mehr ohne erwachsene Begleitung zurücklegt.

Paul wird von den Eltern geschlagen – Gefährdung im Bereich körperliche Gewalt!

Auftrag an die Eltern:

Sie als Eltern dürfen Ihren Sohn ab sofort nicht mehr schlagen. Situationen, in denen Sie sich provoziert fühlen oder in denen Sie die Kontrolle verlieren, müssen Sie ab sofort gewaltfrei regeln. Die gleiche Erwartung gilt vorsorglich ebenso im Umgang mit Ihrer Tochter.

Paul erscheint unzureichend bekleidet in der Kita – Gefährdung im Bereich Gesundheit!

Auftrag an die Eltern:

Sie als Eltern haben ab sofort dafür zu sorgen, dass Ihr Sohn Paul morgens die Wohnung so gekleidet verlässt, dass er vor Wind und Wetter geschützt ist.

Die tägliche Versorgung von **Marie** ist nicht verlässlich gewährleistet – Gefährdung im Bereich Gesundheit!

Auftrag an die Mutter:

Bitte sorgen Sie ab sofort dafür, dass Marie jeden Tag bei Ihnen zu Hause an mindestens drei Mahlzeiten ausreichend zu essen und zu trinken bekommt. Sollten Sie selber nicht in der Lage sein, das Maß an notwendiger Ernährung zu erkennen und die Mahlzeiten anzurichten, sorgen Sie bitte verlässlich dafür, dass diese tägliche Aufgabe von einer anderen geeigneten Person ausgeführt wird.

Die Mutter ist oft den ganzen Tag für **Marie** nicht ansprechbar – Gefährdung im Bereich der seelischen Gesundheit und Aufsicht!

Auftrag an die Mutter:

Bitte stellen Sie ab sofort sicher, dass Marie an Tagen, an denen Sie Ihre Tochter krankheitsbedingt nicht selber betreuen können, verlässlich von einer anderen geeigneten Person betreut wird.

Das Erleben der psychischen Erkrankung der Mutter führt zur Verunsicherung und zu Ängsten bei **Marie** – Gefährdung im Bereich der seelischen Gesundheit!

Auftrag an die Mutter:
Bitte stellen Sie ab sofort sicher, dass Marie über die Art und die Auswirkungen Ihrer psychischen Erkrankung kindgerecht informiert wird. Stellen Sie weiterhin sicher, dass Ihre Tochter einen geeigneten Ansprechpartner erhält, damit sie Fragen, die ihr zum Erleben Ihrer Krankheit und Ihres Verhaltens kommen, mit dieser immer wiederkehrend besprechen kann. Stellen Sie weiterhin sicher, dass Maries Klassenlehrerin und die Schulsozialarbeiterin von Ihrer Erkrankung und den Auswirkungen auf Marie unterrichtet sind.

Jonas geht nur unregelmäßig zur Schule – Gefährdung im Bereich Aufsichtspflicht!

Auftrag an die Eltern:
Bitte setzen Sie ab sofort die Vorgabe der Schule um und fordern Ihren Sohn auf, täglich und nach Maßgabe des Stundenplans und der Lehrkräfte den Unterricht zu besuchen.

Jonas begeht wiederholt Straftaten – Gefährdung im Bereich der seelischen Verwahrlosung!

Auftrag an die Eltern:
Damit Ihr Sohn aufhört, Straftaten zu begehen, müssen Sie als Eltern ab sofort dafür sorgen, dass Sie Konsequenzen ziehen, wenn Ihr Sohn Diebstähle in Supermärkten – oder andere Straftaten – begeht und Sie davon Kenntnis erhalten.

Vereinbarungen müssen …

* positiv formuliert,
* verständlich,
* leistbar,
* überschaubar,
* terminiert,
* überprüfbar
  sein.

Aus den beispielhaft formulierten Aufträgen wird deutlich, dass Aufträge – freundlicher formuliert, könnte man sie auch Vereinbarungen nennen – sich sehr konkret auf den festgestellten Gefährdungsbereich beziehen. Wenn Paul körperliche Gewalt erfährt, weil seine Eltern vom Alkohol benebelt sind, dann lautet der Auftrag nicht etwa, dass die Eltern aufhören sollen, so viel Alkohol zu trinken – er lautet:»Hört auf, Euer Kind zu schlagen – und zwar jetzt und sofort«. Gelegentlich wirken einzelne Aufträge fast ein wenig pedantisch – und genau das ist gewollt.

Pedanterie in der Auftragsgestaltung

Ein kleines Beispiel aus dem nicht immer einfachen Miteinander von Pauls Eltern und der Kita macht deutlich, wie hilfreich Pedanterie manchmal sein kann.

Paul erlangte aufgrund seiner Auffälligkeiten, nach mehreren Gesprächen mit seinen Eltern und entsprechender ärztlicher Überprüfung, nicht nur einen I-Status in der Kita, auf Empfehlung wurde auch eine Ergotherapie gestartet. Die Ergotherapie erfolgte im zeitlichen Rahmen des Kita-Alltags. Die Ergotherapeutin besucht Paul zweimal wöchentlich. Die Kita hat dafür einen extra Raum bereitgestellt. Probleme mit den Eltern hatte die Erzieherin immer dann, wenn es um die Vorlage eines Folgerezepts für die Fortführung der Therapie ging. Es war nicht etwa so, dass die Eltern die Therapie nicht mittragen wollten – ganz im Gegenteil. Sie schafften es jedoch regelmäßig nicht, zum Arzt zu gehen und das Rezept zu besorgen. Erzieherin und Therapeutin erinnerten die Eltern immer rechtzeitig an die Notwendigkeit, aber immer wieder konnten geplante Stunden nicht erfolgen, weil das Rezept fehlte. Auch die Therapeutin selbst sprach die Eltern immer wieder rechtzeitig vor Ablauf des Rezeptes an. Aus Genervt-Sein und Hilflosigkeit baten die Kita-Mitarbeiterinnen um eine moderierte kollegiale Beratung mit einer Kinderschutzkraft. Nachdem die Erzieherinnen in dem folgenden Beratungsgespräch ihren ganzen Ärger auf die Eltern losgeworden und gedanklich schon mit einer Einschaltung des örtlichen Jugendamtes beschäftigt waren, gelang es dem Team schließlich, sich mit Unterstützung der Kinderschutzfachkraft auf eine relativ einfache Auftragsklärung mit den Eltern zu verständigen. Die Kinderschutzfachkraft hat das Team in der kollegialen Beratung immer wieder, und auch ein wenig penetrant, nur um eines gebeten – sich bei jeder Idee, jedem Vorschlag, jeder Interventionsmöglichkeit sofort und wiederkehrend eine kleine aber entscheidende Frage zu stellen:»Was ist dadurch für das Kind sichergestellt?«

Im Verlauf des Gesprächs entwickelte sich bei den einzelnen Fachkräften der Kita aus einem untergründigen Gefühl der Machtlosigkeit (»Das werden wir eh nicht ändern«), ein skeptisches Augenrunzeln (»Wieso fragt die Fachkraft immer noch weiter, wir haben doch schon einen Auftrag formuliert«) und schließlich ein neugieriges und vorsichtig optimistisches und verstecktes Lächeln (»Vielleicht könnte ja doch etwas gelingen«). Die Formulierung des Auftrages selbst entwickelte sich im Gespräch wie folgt: »Bitte stellen Sie ab sofort sicher, dass die Therapie von Paul ohne Unterbrechungen fortgesetzt werden kann, in dem Sie bei Ihrem Arzt rechtzeitig ein Folgerezept beantragen und der Ergotherapeutin vorlegen.«

Ist doch alles klar, dachte das Team, aber war das wirklich konkret genug? Einige sagten »Ja, die Mutter weiß doch, wann das Rezept endet und die Folge-Termine geplant sind«; andere meinten, dass die Mutter die Therapeutin doch gar nicht mehr vorher treffe und schlugen eine Ergänzung und Veränderung vor.

Konkret: »Stellen Sie bitte sicher, dass Sie *noch in dieser Woche zu Ihrem Arzt gehen* und ein Folgerezept *bis kommenden Montag in der Kita* übergeben.«

Hintergrund für die Zeitangabe war die Sorge der Kita, dass die Fortsetzung zum geplanten Therapietermin für den kommenden Montagnachmittag nicht stattfinden könne, wenn das Rezept wieder nicht vorliegen würde. Eine Konkretisierung des Wortes »beantragen« erschien notwendig, damit die Mutter nicht wieder die Ausrede nutzt, sie »habe doch angerufen beim Arzt« – nur leider vergessen, das Rezept auch abzuholen. In der Diskussion um die Formulierung des Auftrages stolperten die Erzieherinnen jedoch immer noch über ihre bisherigen Erfahrungen mit der Verlässlichkeit der Eltern. Was ist, wenn die Eltern den Auftrag über das Wochenende vergessen? Und so klang der nächste Formulierungsvorschlag wie folgt:

»[…] dass Sie noch in dieser Woche zu Ihrem Arzt gehen und *bis kommenden Freitag* ein aktuelles Folgerezept in der Kita übergeben.«

Und schon kam der nächste Einwand einer Kollegin: »Was ist, wenn die Mutter am Freitagmittag den Paul abholt und dann feststellt, sie habe vergessen, beim Arzt vorbeizugehen? Dann ist Wochenende – nichts geht mehr.« Daraus folgte die Formulierung:

»[…] dass Sie ein aktuelles Folgerezept […] bis kommenden Freitag *um 9.00 Uhr* in der Kita übergeben.«

»Und wenn wir [die Kita-Mitarbeiterinnen] die Mutter morgens – wie so oft – nicht zu Gesicht bekommen?« Und weiter ging es.

»[…] dass Sie ein aktuelles Folgerezept … bis kommenden Freitag um 9.00 Uhr in der Kita *ohne weitere Aufforderung der Erzieherin* übergeben.«

Zielfrage im Kinderschutz

In dem kleinen Beispiel zur Auftragsklärung um die Rezeptanträge von Paul ist eine kleine Frage ›versteckt‹, der in dem wichtigen Bereich der Gestaltung von Vereinbarungen, Aufträgen und Auflagen eine wichtige Rolle spielt.

Kernfrage in der Auftragsgestaltung:

• Was ist dadurch für das Kind gewährleistet?

Ich habe mir angewöhnt, diese Frage in Kinderschutzfragen immer im Kopf präsent zu haben. Sie hat mir einfach schon zu oft geholfen, aus dem Wirrwarr von Wahrnehmungen, Verdachtsmomenten und Handlungsableitungen zurück zur Klarheit zu gelangen.

Nachdem nun alle zufrieden waren, bat die Erzieherin die Mutter am Dienstag zu einem kurzen Gespräch und erklärte ihr die Notwendigkeit dieses ›pedantisch formulierten‹ Auftrages. Sie achtete darauf, bei dem Gespräch immer den Fokus auf Paul zu lenken und betonte gegenüber der Mutter deren Wichtigkeit für ihren Sohn. Paul sei sehr auf diese konkrete Unterstützung seiner Mutter angewiesen. Schließlich möchte sie als Mutter doch auch, dass Paul alle Hilfen bekomme, um gesund aufzuwaschen. Im Ergebnis lag das Folgerezept für die Ergotherapie am Freitag um 9.15 Uhr in der Kita vor, und die Therapie konnte ohne Pause fortgesetzt werden. Selbstredend erhielt die Mutter ein außerordentliches Lob von der Erzieherin – die dieses sogar ehrlich aussprechen konnte und die insgeheim auch stolz darauf war, wie gut der Plan geklappt hat. Eine Wiederholung einer derartigen Auftragsklärung mit der Mutter hat die Erzieherin für sich gedanklich schon abgespeichert.

Aufträge haben immer ein Ziel und gleichzeitig einen Auftragnehmer. Sie sollten deshalb in der Sprache der Betroffenen festgehalten werden. Erstaunlich oft entstehen Irritationen in der Kommunikation, weil Fachkräfte sich in einer für *sie* selbst völlig verständlichen Sprache ausdrücken, diese aber von vielen Klienten einfach nicht gut verstanden wird, weil sie nun mal die Sprache *ihrer* Lebenswirklichkeit sprechen – eine Nachfrage aber aus Scham auch nicht erfolgt. Wer mag schon gern zugeben, dass er dem Wortschatz seines Gegenübers nicht gewachsen ist.

Aus der Formulierung eines Auftrags sollte deutlich werden, in wessen Verantwortung die Erfüllung liegt – in der Regel in der Hand der Personensorgeberechtigten. Sie müssen nicht alles selber tun, was in einem Auftrag formuliert ist, aber sie sind diejenigen, die für die Erledigung einstehen. In unseren Auftrags-Beispielen wird, wenn von Verantwortlichen die Rede ist, oft das Wort ›Eltern‹ verwendet. Im Einzelfall sollten die Fachkräfte sich rückversichern, ob die Eltern auch im Miteinander in der Lage sind, die Verantwortlichkeiten für die Aufträge klar zuzuordnen: Bringt die Mutter Paul in die Kita oder übernimmt der Vater den morgendlichen Gang?

Aufträge sollten immer einen erreichbaren Mindeststandard für den Schutz eines Kindes benennen. Hierbei können die schon erwähnten Orientierungskataloge bei Kindeswohlgefährdung helfen, den Mindeststandard von einer idealtypischen Vorstellung der Fachkräfte zu unterscheiden. Die Erzieherin würde sich vielleicht schon wünschen, dass Paul mindestens alle zwei Tage morgens frisch geduscht in der Kita erscheint. Aber ist das ein Mindeststandard?

Aufträge und Vereinbarungen sollten überprüfbar sein – und auch überprüft werden. Wenn Paul zukünftig morgens von einer erwachsenen Bezugsperson in die Kita gebracht werden soll, dann sollte es in der Kita auch jemanden geben, der Paul in Empfang nimmt. Um unnötige Nachfragen zu vermeiden, könnte es helfen, wenn Paul von der betreffenden Bezugsperson direkt einer verantwortlichen Erzieherin übergeben wird. Geschieht dies nicht, gilt es sicherzustellen, dass sich in der Kita jemand verantwortlich fühlt, die Erfüllung des Auftrags bei den Eltern einzufordern.

Wer den Prozess von Wahrnehmungen, Beobachtungen und Einschätzungen an unseren drei Beispielen aufmerksam verfolgt hat, wird möglicherweise noch weitere Aufträge für gestaltungswürdig halten. Bei Paul besteht möglichweise noch Handlungsbedarf, was die tägliche häusliche Ernährung betrifft, bei Jonas wurde zudem deutlich, dass Anhaltspunkte für eine emotionale Vernachlässigung vorliegen. Natürlich sollte es nicht unterbleiben, auch diesen Bereichen Aufmerksamkeit zu schenken. Zu jedem Zeitpunkt eines Prozessverlaufes ist es jedoch hilfreich, die Themen und Vorhaben für alle Beteiligten überschaubar zu halten. Weniger ist oft mehr. Die Verabredung von Aufträgen an die Sorgeberechtigten sollte auch von der Summe her leistbar sein.

Das Hinwirken auf die Inanspruchnahme von Hilfen

Wenn es gelingt, einen Auftrag so zu gestalten, dass er von jedem der Beteiligten klar verstanden wurde und dass der Schutz des Kindes *mindestens* gewährleistet ist, wenn eine Sicherstellung der ›Leistung‹ erfolgt, dann ist die Chance groß, dass schon zum Zeitpunkt der Festlegung des Auftrages auffällt, ob Ergänzungen

einer Vereinbarung erforderlich werden. Was ist damit gemeint? Wenn die
Mutter von **Jonas** aufgefordert wird, ihrem Sohn Konsequenzen aufzuzeigen,
wenn er weiterhin Diebstähle begeht, wird sie sicherlich relativ schnell die Frage
stellen: Welche denn? Und wie denn – er hört doch gar nicht mehr auf mich?
Wenn die Eltern von Paul aufgefordert sind, ihren Sohn morgens in die Kita
zu bringen, könnte die Frage auftauchen, was denn in der Zeit mit der kleinen
Schwester geschieht, wer kümmert sich um sie?

An dieser Stelle erinnern wir uns an eine der Erwartungen, die schon im
§ 8a SGB VIII formuliert sind: Das Hinwirken auf die Inanspruchnahme von
Hilfen. An den Fragen von **Jonas** und **Pauls** Mutter wird deutlich, dass Aufträge und Auflagen nicht das Ende, sondern den Anfang eines Veränderungs-
prozesses in einem Familiensystem kennzeichnen. Die Fragen der Eltern könnten der Beginn eines Unterstützungsprozesses sein, den die Eltern ohne eine
Konfrontation mit klaren Aufträgen vielleicht nie in Erwägung gezogen hätten. Natürlich ist an diesem Punkt kein Automatismus zu erwarten. Weiterhin
wird es Aufgabe der Fachkräfte bleiben, mit den Systemen an der Umsetzung
notwendiger Veränderungen zu arbeiten. Wenn sich jedoch die Frage der Notwendigkeit einer Vereinbarung oder eines Auftrages gar nicht mehr stellt, weil
auch die Eltern verstanden haben, dass sie etwas tun müssen, damit es ihrem
Kind besser geht, heißt das nicht unbedingt, dass auch etwas geschieht. Jonas
Mutter und Pauls Eltern haben signalisiert, dass sie nicht wirklich wissen, wie
sie es hinkriegen sollen, die an sie gestellten Aufträge zu erfüllen. Genau an
diesem Punkt ist die Gestaltung von Hilfen gefragt, eine Erweiterung des bisherigen Hilfesystems steht möglicherweise an. Auch das möchte ich an einem
Beispiel deutlich machen.

Als die Schulsozialarbeiterin in einem der Folgegespräche mit **Maries** Mutter die
Frage stellte, ob und wie Marie eigentlich über die psychische Erkrankung ihrer Mutter informiert sei, löste sie anfänglich Verwirrung und Unverständnis bei der Mutter
aus. Es droht ein Gesprächsabbruch. Die Mutter reagierte mit offener Aggression:
Wo eigentlich habe die Sozialarbeiterin ihre Ausbildung gemacht, wie komme sie
dazu solch bescheuerte Fragen zu stellen? Sie – die Mutter – könne doch ihrer Tochter nicht andauernd von ihrer Krankheit erzählen und sie mit Dingen belasten, mit
denen sie als Erwachsene nicht einmal klar käme. Marie sei schließlich ihre Tochter –
nicht ihre Partnerin. Die Sozialarbeiterin nahm sich viel Zeit, um das vermeintliche
Missverständnis im Gespräch aufzulösen. Hintergrund der Frage sei nicht, Marie
als Gesprächspartnerin zu ›missbrauchen‹, ihr die Not der Mutter aufzuhalsen oder
sie mit medizinischen Fakten zu überfordern. Die Frage beschäftige sich eher mit
der Sorge, wie denn Marie die Erkrankung der Mutter erlebe, wie die vielen klei-

nen täglichen Wahrnehmungen auf sie wirken, wie sie das Tun oder Nicht-Tun ihrer Mutter einordne, wie sie mit Blicken und Fragen ihrer Umwelt umgehe und – wen die kleine Marie eigentlich habe, wenn sie nach Antworten und Erklärungen suche. Auf die klare aber gleichzeitig mitfühlende Art, in der die Sozialarbeiterin den Ausbruch der Mutter aufnahm, folgte ein Schwall von Tränen und Worten, in denen die Bindung der Mutter an ihre einzige Tochter deutlich wurde. Mithilfe einer Packung Kleenex – die im Schrank der Sozialarbeiterin nie fehlen durfte – gelang es Mutter und Sozialarbeiterin, sich mit den auf dem Tisch liegenden Fragen zu beschäftigen. Natürlich sei der Mutter deutlich, dass sie Irritationen bei Marie mit ihrem oft merkwürdigen Verhalten auslöste, aber sie wisse gar nicht, wie sie mit Marie darüber sprechen könnte. Und natürlich merke sie auch, wie Marie sich Sorgen um ihre Mutter mache; wie sie ihr Arbeit abnehme, dass sie keine anderen Kinder nach Hause einlade. Und sie habe auch gemerkt, wie Marie fast ängstlich auf die Gesprächswünsche der Schule reagiert habe – weder sie noch Marie seien schließlich blöd.

Das Gespräch ging noch eine ganze Weile weiter. Das Verständnis der Mutter dafür, dass Marie vielleicht auch Hilfe brauche im Umgang mit der Erkrankung – obwohl sie diese doch gar nicht selber hatte – stieg deutlich. Die Sozialarbeiterin sprach auch das Thema möglicher Vereinbarungen an, mit dem Ziel, gute Ideen möglichst verbindlich auf den Weg zu bringen. Am Ende des Gesprächs war beiden klar,

- dass Marie über die Art und die Auswirkungen der psychischen Erkrankung der Mutter kindgerecht informiert werden muss,
- dass Marie einen eigenen geeigneten Ansprechpartner braucht, damit sie Fragen, die ihr zum Erleben Ihrer Erkrankung und Ihres Verhalten kommen, mit dieser kontinuierlich besprechen kann, und
- dass die Klassenlehrerin und die Schulsozialarbeiterin von Marie von der mütterlichen Erkrankung und deren Auswirkungen auf Marie unterrichtet werden, damit das Thema aus der bisherigen ›Tabuzone‹ herausgeholt werden kann.

Genau hier, an diesem Punkt, wird deutlich, was schon der Gesetzgeber im SGB VIII, § 8a sagt: Manches wird nur funktionieren, wenn Möglichkeiten für die Gestaltung und die Inanspruchnahme von Hilfen im weiteren Prozess mit bedacht werden. Würden Mutter und Schulsozialarbeiterin sich an diesem Punkt mit der Erkenntnis verabschieden, endlich Lösungen gefunden zu haben, die Marie ganz bestimmt helfen werden, ist die Wahrscheinlichkeit groß, dass eine spätere Nachfrage ergibt: Das Problem besteht weiter. Die Tatsache, dass die Mutter ein anderes Verständnis für die Bedürfnisse ihrer Tochter gefunden hat und ihre Bereitschaft etwas zu ändern gezeigt hat, heißt nicht, dass diese Änderungen auch wirklich erfolgen. Nicht unbedingt, weil sie es nicht will – sondern vielleicht weil sie nicht weiß, wie es geht und an wen sie sich wenden kann. Schon die Frage nach einem geeigneten Gesprächspartner für ihre Tochter lähmt die Mutter: Sie weiß überhaupt niemanden, den sie fragen kann und sie selbst ist mit Sicherheit alles andere als geeignet dafür. Diese Lähmung der Mutter hat, nach dem letzten Gespräch mit der Sozialarbeiterin, bei Marie eher zu mehr Verwirrung geführt. Wieder merkt sie, dass ihre Mutter zuhause oft einfach nur körperlich anwesend ist.

Der Leser wird vielleicht sagen, die Mutter könnte doch einfach weiter den Kontakt zur Schulsozialarbeiterin nutzen. Beide sind doch schon mittendrin im Thema. Die Schulsozialarbeiterin sollte wissen, dass sie natürlich ein entsprechendes Angebot machen könnte – wenn sie sich denn für geeignet hielte. Sie sollte jedoch auch bedenken, welche Konsequenzen eine Auftragsannahme mit sich bringen würde. Eine Lösung wird nicht durch die Verabredung von ein bis zwei weiteren Gesprächen erreichbar sein, das wird schon am Beispiel der o. g. Aufträge deutlich. Die Schulsozialarbeiterin sollte auf ihre Ressourcen achten dürfen. Sie kann nicht alles und dauerhaft leisten, was das System Marie an Hilfe benötigt. Der naheliegende Schritt lautet also: Ein Gespräch mit Mutter und Tochter über die Einbeziehung von geeigneten Hilfesystemen und eine Kooperation mit Institutionen.

Und genau das macht die Sozialarbeiterin. Sie lädt die Mutter zu einem weiteren Gespräch ein, in dem die mögliche Umsetzung der formulierten Ideen (Vereinbarungen, Aufträge) Thema sein wird. Den weiteren Verlauf fasse ich in der Kürze zusammen:

Die Mutter wird ihren Arzt um eine Liste geeigneter Kindertherapeuten vor Ort bitten. Sie wird einen Termin mit einem dieser Therapeuten machen und den formulierten Unterstützungsbedarf ihrer Tochter besprechen. Die Schulsozialarbeiterin vermittelt der Mutter und Marie einen Kontakt zu einer qualifizierten Kollegin aus der Familien- und Erziehungsberatungsstelle. Mutter und Tochter werden prüfen, inwieweit eine gemeinsame Beratung helfen kann, den alltäglichen Umgang mit der Krankheit zu meistern. Mutter und Schulsozialarbeiterin werden Marie in einem gemeinsamen Gespräch in die Ideen der Erwachsenen einbinden. Die Sozialarbeiterin erhält von Marie und der Mutter die Erlaubnis, der Klassenlehrerin notwendige Informationen über Maries familiäre Situation weiterzugeben. Mutter und Tochter werden ermuntert, die Klassenlehrerin stärker als Ansprechpartnerin, nicht nur für den Lernbereich, zu nutzen. Der Kindertherapeut, die Erziehungsberatung und die Klassenlehrerin werden Bestandteile des Hilfesystems.

 Der Gedanke, die an einer Veränderung des Kindeswohls beteiligten Verantwortlichen zu ermuntern, ihr System Familie zu öffnen und Hilfen in Anspruch zu nehmen, ist oft ein unerlässlicher Baustein für die erfolgreiche Umsetzung von sinnvollen Aufträgen und damit auch für eine Veränderung im System. Ein Ermuntern der Betroffenen gelingt nur über das Verstehen. Nur ein Verständnis von familiären Systemen, ihrer Geschichte, ihren Mustern, ihren Möglichkeiten und Grenzen kann Spielräume schaffen für Veränderungen. Deshalb werden Sie in diesem Buch immer wieder Beschreibungen von Familien- und anderen Systemen sowie Hinweise zur Bedeutung von fachlichen und persönlichen Netzwerken eines Systems finden.

Übertragen auf unsere Fallbeispiele, könnten mögliche Szenarien für eine Inanspruchnahme von Hilfen für Paul und Jonas wie folgt aussehen:

Wenn die Mutter von **Jonas** aufgefordert wird, ihrem Sohn Konsequenzen aufzuzeigen, wenn er weiterhin Diebstähle begeht, wird auch sie Unterstützung brauchen. Einfache Erziehungsratschläge der Sozialarbeiterin vom ASD werden nicht helfen, eingefahrene Erziehungsmuster in der Familie zu verändern, geschweige denn, die dahinter liegenden Beziehungsthemen anzuschauen. Die Aufgaben im ASD werden es der Sozialarbeiterin auch gar nicht erlauben, eine zur Veränderung erforderliche intensive Beziehungsarbeit in der Familie zu leisten. Auch ein Andocken an die örtliche Erziehungsberatungsstelle hält die Sozialarbeiterin, aktuell zumindest, für nicht geeignet. Das fortgeschrittene Alter und die Gefahrenlage für den Jungen (zunehmende Schulverweigerung, Abrutschen in die Kriminalität) erfordern zeitnahe Veränderungsmöglichkeiten. Zumal die Mutter zu beiden Modellen auch eher Abwehrbereitschaft signalisiert. Die Sozialarbeiterin bespricht mit der Mutter das Modell einer Erziehungsbeistandschaft, die dreimal wöchentlich ins Haus kommt; alternativ die Unterstützung von Jonas durch den täglichen Besuch einer Tagesgruppe. Sie diskutiert zu beiden Modellen die Möglichkeiten und auch die Grenzen einer Unterstützung der Mutter in der konkreten Aufgabenstellung. Ausführliche und geduldige Erklärungen des Modells Tagesgruppe – mit angeschlossener Elternarbeit – führen schließlich bei Mutter und Sohn dazu, dass sie sich auf eine Inanspruchnahme der Hilfe einlassen und diese formell beantragen. Die Tagesgruppe wird Teil des Hilfesystems.

Als die Eltern von **Paul** aufgefordert werden, ihren Sohn morgens in die Kita zu bringen, stellt sich sofort die Frage, was denn in der Zeit mit der kleinen Schwester geschieht: Wer kümmert sich um sie? Solange der Vater nicht berufstätig ist, kann sicherlich von den Eltern gefordert werden, sich die ›Arbeit‹ zu teilen. Es besteht jedoch grundsätzlich Sorge um das häusliche Erziehungsklima – und dieser Sorge kann definitiv nicht allein durch das Engagement der Kita-Erzieherin begegnet werden. Diese entschließt sich nach Rücksprache mit ihren Kolleginnen dafür, mit den Eltern offen darüber zu sprechen und empfiehlt eine Inanspruchnahme familiärer

Hilfe. Sie verweist darauf, wie gut sich die Absprache mit den Eltern zur Rezept-beschaffung entwickelt habe, sie beschreibt den Erziehungsbedarf von Paul – und seiner kleinen Schwester – als herausfordernd und sie erklärt geduldig, welche Entlastungen die Eltern erfahren könnten, wenn sie sich dafür entscheiden würden, Hilfe anzunehmen – und dazu gehöre es auch, Menschen in ihr Haus zu lassen. Als die Erzieherin vorschlägt, eine Fachkraft aus dem Jugendamt zu einem nächsten Gespräch einzuladen, droht das Gespräch fast zu kippen. Allein bei der Erwähnung des Begriffs ›Jugendamt‹ spürt die Erzieherin, welche Filme vor dem inneren Auge der Eltern ablaufen. Stichworte wie ›Angst vor einer Herausnahme der Kinder‹, ›Ver-lust der elterlichen Autonomie‹, ›Einmischung in familiäre Angelegenheiten‹ und ›Scham vor dem elterlichen Versagen‹ schwirren durch den Raum. Die Erzieherin hat jedoch, durch wiederkehrende Erfahrungen, zumindest mit der Mutter einen Weg des Umgangs gefunden, der eine Fortsetzung des Gespräches möglich macht. Sie entscheidet sich, die Sorgen der Eltern ernst zu nehmen. Diese Entscheidung schafft Raum für weitere Informationen darüber, wie tatsächliche Hilfen wirklich ausschauen könnten und verringert damit zudem ein wenig die Sorge über das Handeln des Jugendamts. Gleichzeitig bleibt die Erzieherin klar in ihrer Haltung zur Einschätzung des Kindeswohls von Paul und macht den Eltern deutlich, dass sie Handlungsbedarf sieht. Am Ende erklären sich die Eltern einverstanden, dass zu einem Folgegespräch eine Sozialarbeiterin des Jugendamtes eingeladen wird.

Der ASD wird Teil des Systems und, ähnlich wie am Beispiel Jonas, wird auch hier die Mitarbeiterin des ASD mit den Eltern über eine Einleitung konkreter Hilfemaßnahmen sprechen. Möglicherweise wird die Sozialarbeiterin die Eltern zu einer Beantragung einer sozialpädagogischen Familienhilfe (SPFH) motivie-ren. Damit hätte sie gleich zwei Fliegen mit einer Klappe geschlagen:

Das Hilfeangebot könnte mit den Eltern sehr familiennahe Hilfen entwickeln und Prozesse ›hautnah‹ begleiten und der ASD müsste sich keine Sorgen um das Wächteramt machen, solange Verdachtsmomente nicht ausgeräumt sind.

Die Fallverantwortung in laufenden Prozessen

Aber wie sieht es eigentlich mit der (Fall-)Verantwortung aus? Wer ist zukünf-tig in der Verantwortung für den Kinderschutz, wenn zusätzliche Institutionen und Menschen Aufgaben im Hilfesystem übernehmen? Welche Rolle spielen weiterhin die Erzieherin, die Klassenlehrerin, die Fachkräfte im ASD? Welche Verantwortlichkeiten gehen auf die neuen Helfer über? Die Frage lässt sich nur insofern eindeutig beantworten, als dass es eine Verantwortlichkeit geben muss.

Eine Klärung sollte in keinem Fall versäumt werden, da sonst schnell ein Durcheinander entstehen kann. Eine relativ naheliegende Hilfe ist auch hier wieder die Kommunikation: Zu jeder neuen Aufgabenstellung, Auftragsklärung und Hilfevereinbarung gehören die Fragen: Wer ist wofür verantwortlich? Und wer ist verantwortlich für die Gesamtsteuerung der Prozesse?

Im ersten Teil des Kapitels tauchte im Zusammenhang mit der Nutzung von Kinderschutzbögen zur Risikoeinschätzung der Begriff ›Dokumentation‹ auf. Genauso wie die dort beschriebene Dokumentation von Wahrnehmungen und Einschätzungen, bietet auch eine Dokumentation in der Gestaltung von Aufträgen und Hilfen die Gewähr, dass Klarheit unter den Beteiligten herrscht. Und am Ende jeder Vereinbarung werden immer auch die Verantwortlichkeiten notiert.

Auch hierzu ziehen wir zum besseren Verständnis wieder das Fallbeispiel von Paul heran:

Nachdem **Pauls** Eltern sich auf Anraten des Jugendamtes und der Kita auf eine Sozialpädagogische Familienhilfe (SPFH) als Unterstützung eingelassen haben, empfiehlt es sich, die Fallverantwortlichkeit – nicht die Verantwortung für das Kindeswohl, die liegt weiterhin bei den Sorgeberechtigten – bei der Sozialpädagogin des ASD anzusiedeln. Sie ist schon Kraft ihres Amtes verantwortlich für die Gestaltung der öffentlichen Hilfe. Ihre Aufgabe ist es, eine geeignete Person für die Sozialpädagogische Familienhilfe einzusetzen und mit den Eltern und der SPFH-Kollegin Aufträge und Ziele zu formulieren. Im Rahmen dieser Hilfeplanung sollten auch Aufgaben und Verantwortlichkeiten der Sozialpädagogischen Familienhilfe festgelegt werden. Die Erzieherin bzw. die Kita sollte weiterhin in das Hilfesystem eingebunden werden, da sie sowieso Bestandteil des Systems bleibt, solange Paul die Kita besucht. Um Unklarheiten und nebengleisiges Arbeiten zu vermeiden, sollten auch mit der Kita Aufträge und damit Verantwortlichkeiten festgelegt werden. Teile der Verantwortung sind also an die SPFH und die Kita delegiert – die Steuerung erfolgt über die ASD Fachkraft.

Wenn also die Auftragsklärung lautet, dass die Eltern dafür zu sorgen haben, dass Paul in sicherer Begleitung morgens in der Kita erscheint, wäre es Auftrag der SPFH mit den Eltern Szenarien durchzuspielen, wie dies gelingen kann. Wenn zur Umsetzung des Auftrages die morgendliche Organisationsfähigkeit der Eltern einer Unterstützung bedarf, dann wäre dies ein erster Hilfeansatz für die SPFH-Kraft. Die Aufgabe der Helfer lautet jedoch keinesfalls, die Versorgung der kleinen Jana selbst zu übernehmen, denn die bleibt in der Verantwortung der Eltern. Ein Teil des morgendlichen Szenarios könnte jedoch die persönliche Unterstützung von Organisation und Abläufen durch die Helferin sein, in dem sie z. B. dem Elternpaar behilflich ist, klare Absprachen untereinander zu treffen, Ablaufpläne mit ihnen erarbeitet und diese natürlich auch gemeinsam mit den Eltern reflektiert. Mit der Kita könnte vereinbart werden, dass sie die Erfolge des morgendlichen Starts mit positiven Rückmeldungen unterstützt – aber auch kritisch nachfragt, wenn es mal nicht geklappt hat. Der Verlauf der – hoffentlich positiven – Entwicklung würde unter Federführung der Sozialpädagogin des ASD mit allen Beteiligten regelmäßig reflektiert und damit auch überprüft werden. Durch eine regelmäßige Reflexion entsteht nicht nur Klarheit in der Gestaltung der Hilfe – es entsteht auch Transparenz. Transparenz im Helfernetzwerk und Transparenz gegenüber den Eltern. Die Eltern müssen wissen, wie der Austausch im Helfersystem funktioniert, schließlich findet der Austausch über ihr Tun statt. Und sie müssen wissen, dass sie, selbst in Fällen von berechtigten Vorwürfen, ein Recht auf Schutz ihrer Persönlichkeit haben. Wie sehr jedoch Fragen des Datenschutzes und der Haltung zu den Persönlichkeitsrechten von Betroffenen eine Rolle in Prozessen der Sozialen Arbeit und des Kinderschutzes spielen, wird ausführlicher im Kapitel »Betroffene und der Schutz der Persönlichkeit« erörtert.

Transparenz heißt, dass die Eltern wissen: Trotz SPFH hat auch die Erzieherin nach wie vor ein Auge auf das Geschehen um Paul herum. Die Erzieherin wird auf sie als Eltern zugehen, wenn Dinge nicht klappen – und sie müssen wissen, an welchem Punkt die Erzieherin das Jugendamt erneut einbezieht, weil die Sorge um das Kindeswohl zu groß wird.

 Offenheit der Helfer und Transparenz sind enorm wichtige Aspekte für eine verlässliche Mitwirkung der Eltern: Ohne Transparenz kein Vertrauen, ohne Vertrauen keine Motivation. Ohne Motivation keine Mitwirkung! Es kann und sollte eigentlich nur einen einzigen Grund für die Helfer geben, die Sorgeberechtigten nicht einzubeziehen: die akute Sorge um das Kindeswohl, nicht selten verbunden mit einer sofortigen Herausnahme des Kindes.

Die Kindeswohlgefährdung wird akut

In den bisherigen Szenarien sind wir davon ausgegangen, dass die in der Arbeit zentralen Fragen zur Akzeptanz des Problems und der Hilfe sowie zur Problemkongruenz von den Sorgeberechtigten positiv beantwortet werden. Was aber, wenn dies nicht der Fall ist, oder sich im Verlauf eines Prozesses große Diskrepanzen entwickeln – die Sorge um das Kindeswohl weiterbesteht, oder sogar zunimmt? Am deutlichsten wird ein akuter Handlungsbedarf, wenn Sie als Fachkräfte feststellen, dass die betroffenen Sorgeberechtigten nicht oder nur sehr unzureichend bereit sind, die von Ihnen – den Helfern – gemachten oder gemeinsam erarbeiteten Hilfeangebote anzunehmen und zu nutzen.

In dieser Phase eines Hilfeprozesses werden aus Aufträgen und Vereinbarungen Auflagen. In den Vordergrund rückt oft eine sofortige Umsetzung eines Handlungsbedarfes. Nachweise zur Überprüfung des elterlichen Handelns werden formalistischer eingefordert (→ Abbildung 7). Konsequenzen bei Nichteinhaltung werden offen benannt und sollten so formuliert sein, dass sie bei Bedarf auch wirklich umgesetzt werden. Wenn wir uns → Abbildung 2 in Kapitel 3 noch einmal ansehen, dann ist ersichtlich, dass wir nun im akuten Gefährdungsbereich angekommen sind.

(Kontroll-)Vereinbarung

zwischen Frau/Herrn

und dem/der Mitarbeiterin der Abt. Soziale Dienste (ASD)/der Fachkraft der Kita/...

betreffend der seelischen, körperlichen und geistigen Entwicklung von

Name, Vorname	Geburtsdatum

Am heutigen Tag, dem   , wurde folgende Vereinbarung getroffen:
Ich werde als Mutter/als Vater/Wir werden als Eltern dafür Sorge tragen, dass

Abbildung 7: Muster für eine Kontrollvereinbarung

Auch in unseren Fallbeispielen könnte es durchaus erschreckende Entwicklungen geben:

Die Erzieherin will **Paul** am Montagmorgen zur Begrüßung in den Arm nehmen. Paul zuckt zusammen. Beim Ausziehen von Jacke und Pulli bemerkt die Erzieherin mehrere blaue Flecke an seinen Armen. Sie fragt Paul, wie das passiert sei, aber Paul weicht einer Antwort aus. Die Erzieherin weiß, dass die Gruppe heute noch einen Ausflug ins benachbarte Schwimmbad machen wird und hält sich vorerst zurück. In der Umkleidekabine sieht die Erzieherin zu ihrem Entsetzen, das Pauls Körper an mehreren Stellen mit Blutergüssen versehen ist. Nach der Rückkehr aus dem Schwimmbad bespricht sich die Erzieherin mit ihrer Leitung. Während der Abholsituation bittet die Erzieherin die Mutter in das Mitarbeiterbüro. Als die Mutter sich aus Zeitmangel zu entziehen versucht, besteht die Erzieherin darauf. Paul spielt währenddessen noch in seiner Gruppe. Die Erzieherin berichtet der Mutter von den blauen Flecken und bittet sie um eine Erklärung. Die Mutter beginnt mit Erzählungen über die stürmischen und spielerischen Aktivitäten des Jungen am Wochenende, die immer wieder zu kleinen Stürzen geführt haben. Es sei jedoch nichts Schlimmes passiert. Die Mutter ist dabei bemüht, ihre linke Stirnseite immer wieder mit der Hand und den Haaren bedeckt zu halten. Erzieherin und Kita-Leitung äußern deutlich ihren Verdacht, dass es am Wochenende in der Familie zu häuslicher Gewalt gekommen sei. Um den Verdacht auszuräumen, formulieren sie für die Mutter folgende Auflage:

Bitte stellen Sie ab sofort sicher, dass Paul zuhause nicht geschlagen wird. Sorgen Sie dafür, dass Pauls Verletzungen innerhalb der kommenden zwei Tage ärztlich untersucht werden. Konkret legen Sie bitte der Erzieherin hier in der Kita bis kommenden Mittwochmittag ein ärztliches Attest vor, das die Verletzungen von Paul erklärt. Ich möchte Sie davon in Kenntnis setzen, dass wir noch heute die Familienhelferin von dieser Auflage in Kenntnis setzen werden und dass Sie bei Nichteinhaltung der Auflage mit Konsequenzen zu rechnen haben.

Die Erzieherin ist sich keineswegs sicher, ob die Mutter mit Paul einen Arzt aufsucht. Die Mutter weiß jedoch aus dem letzten Gespräch zur Hilfeplanung, dass auch die Sozialpädagogin des ASD über Besonderheiten im Hilfeverlauf informiert werden möchte. Als die Mutter wider Erwarten am Dienstag gemeinsam mit der Familienhelferin einen Termin beim Arzt macht, entdeckt dieser bei der Untersuchung noch weitere – und auch ältere – Verletzungen, die eindeutig auf körperliche Gewalt hinweisen. Die Hämatome an den Armen sind klar durch Griffe eines Erwachsenen verursacht. Bei der Mutter selber zeigen sich mittlerweile deutliche Hämatome auf der linken Gesichtshälfte. Sie schildert in Andeutungen, als Folge von Alkoholgenuss, eine Eskalation von Gewalt in der Familie und beschreibt den Vater als ursächlich für die Verletzungen von Paul. In der Folge entscheidet die Sozialarbeiterin des ASD eine

Inobhutnahme des Jungen. Die Mutter widerspricht der Entscheidung nicht, sodass eine Einschaltung des Familiengerichtes nicht erforderlich wird. Das gelingt nicht immer. Oft ist am Punkt einer Herausnahme die Kooperationsbereitschaft mit den Eltern ausgereizt, und ein Richter als Entscheidungsträger ist unvermeidbar. Wieso dieser ›letzte Weg‹ in einem Hilfeprozess nicht immer ein hilfreicher ist, darüber erfahren Sie mehr im Kapitel »Kinderschutz im Familiengericht«.

Der Vater ist in dieser Klärungsphase zu keinem Gespräch bereit. Paul wird in einer Bereitschaftspflege untergebracht. Wie der Weg von Paul weitergehen könnte, wird in dem Kapitel »Paul – Ein Kind mit zwei Familien« ausführlicher und beispielhaft beschrieben.

Selbst wenn wir davon ausgehen würden, dass die Hilfegestaltung bei **Jonas** sich durch seinen Einstieg in der Tagesgruppe konstruktiv entwickelt, ist schon in der bisherigen Betrachtung deutlich geworden, dass Jonas, als vermeintlich nicht gewolltes Kind, ein großes Päckchen durch sein Kindheitsleben getragen hat. Als Fachkräfte in der Sozialen Arbeit sollten wir mit Schlagwörtern und Stigmatisierungen sicherlich zurückhaltend umgehen. Jonas aktuelles Verhalten könnte auf eine frühkindliche Traumatisierung hindeuten. Sich näher mit diesem nicht ganz einfachen Thema auseinanderzusetzen, ein Verständnis dafür zu entwickeln, was mit Menschen geschieht, wenn sie ein Trauma durchlebt haben und für die Betroffenen und ihrem Umfeld einen hilfreichen Umgang zu finden – diese Möglichkeit bietet das Kapitel »Jonas – Trauma und Trigger«

Marie hat sich von ihrer Mutter und der Schulsozialarbeiterin die Ideen der Erwachsenen erklären lassen. In der Folge verändert sich für Marie in ihrem Alltag nicht wirklich etwas – außer dass sie sich immer weniger allein fühlt, weil sie durch den Kontakt mit einem Therapeuten eine Begleitung gefunden hat, mit dem sie eine Sprache findet für all das, was in ihrem Kopf herumwirbelt. Wie sehr eine psychische Erkrankung eines Elternteils ein Kind wie Marie beeinträchtigen kann, davon werden Sie in dem Kapitel »Marie – Ein Kind psychisch erkrankter Eltern« mehr erfahren.

Der § 8a SGB VIII und die Realität

Zum Abschluss der Betrachtung von Kinderschutzverfahren wenden wir uns noch einmal kurz dem Spagat zwischen Wunsch und Wirklichkeit zu. Die Absicht des Gesetzgebers bei der Einführung des Verfahrensparagrafen 8a war ganz klar: Der § 8a SGB VIII ist kein Meldeparagraf – jede einzelne Fachkraft der Jugendhilfe ist verantwortlich! Aber in der realen Arbeitswelt werden Sie feststellen, dass die Umsetzung der eigentlichen Absicht nicht etwa scheitert – aber von den bestehenden Systemen doch sehr begrenzt wird. Oft scheitern engagierte Fachkräfte in ihrem Bestreben, den Kinderschutz ernster zu nehmen genau an dem Nebeneinanderher-Arbeiten der einzelnen Systeme, an der Struktur und der Organisationen von Institutionen und – an unserem deutschen Zuständigkeitsdenken und einer scheinbar unentbehrlichen Abgrenzungshaltung.

Darüber, dass die Ressourcen der Systeme oft fehlen, haben wir schon gesprochen. Der Kita-Fachkraft fehlt oft einfach die Zeit für eine intensive Arbeit mit den Eltern, die Fachkraft im ASD erlebt ihr Arbeiten, entgegen den eigenen Ansprüchen, ebenfalls oft reaktiv. Die Lehrkräfte an den Schulen wissen oft gar nicht wirklich Bescheid über ihre Aufgaben und Möglichkeiten nach dem Bundeskinderschutzgesetz – und selbst wenn, hätten sie keine guten Ideen, wie sie eine weitere Aufgabe in ihrem nicht enden wollenden Alltag als Lehrer unterbringen sollten.

Die Idee des Kinderschutzparagrafen, dass jeder, der in seinem Arbeitsumfeld mit Kindern zu tun hat, sich an seinem Ort für das Wohlergehen der Kinder verantwortlich fühlt, scheitert damit nicht an der Realität – aber die Realität hat sich bisher noch zu wenig dafür entschieden, die Wirklichkeit der Idee anzupassen. Ich weiß, jetzt droht ein Abdriften in die Gesellschaftskritik und dabei vermischt sich faktische Realität mit persönlichem Standpunkt. Dennoch sollte jedes Kind uns Erwachsene fragen dürfen: Warum kümmert ihr Euch nicht gemeinsam um mich, wenn ich Hilfe brauche – jeder von seinem Ort aus? Die Bitte des Kindes könnte auch lauten:

Lieber Lehrer, liebe Schulsozialarbeiterin, liebe Erzieherin, liebe Sozialarbeiterin im Jugendamt, lieber Polizist, liebe Therapeutin, lieber Jugendrichter – Sie können die Liste gern anhand ihren eigenen Erfahrungen erweitern – und liebe Eltern: Bitte setzt euch doch zusammen an einen Tisch und sprecht miteinander über eure Verantwortung! Fragt euch gegenseitig nach eurem Tun und Denken, damit ihr euch gegenseitig versteht! Sprecht darüber, was ihr in eurem jeweiligen eigenen Arbeitsbereichen tun könnt, um euch um mein Wohlergehen zu kümmern! Und wenn ihr Antworten gefunden habt, dann geht doch einfach zusammen zu denen, die über Veränderungen entscheiden können – zu den Kämmerern und Politikern! Sagt ihnen, sie sollen sich vorstellen, sie hätten über das Wohl ihrer eigenen Kinder zu entscheiden! Wenn ihr das tut, lasst eine Antwort auf keinen Fall gelten: »Ich bin nicht zuständig!«

Und wenn ihr Hilfe braucht, um zu verstehen, was Kindern gut tut und was nicht, dann kommt und sprecht mit mir!

Auf den Punkt gebracht

Die Jugendhilfe verfügt über *kein* eigenständiges Erziehungsrecht, das die elterliche Sorge überlagert! Solange die Gefährdung nicht eine Herausnahme des Kindes aus der Familie erforderlich macht, bleiben die Eltern die zentralen Akteure im Beschützersystem.

Kinderschutz gelingt nur über den Aufbau von Beziehungen zu den Sorgeberechtigten.

- Sorgen Sie für ein angemessenes Gesprächssetting.
- Kein gutes Gespräch ohne gute Vorbereitung.
- Bereiten Sie sich auf mögliche eigene ›Gefühlswallungen‹ vor.
- Bereiten Sie sich auf Widerstände vor und begegnen Sie ihnen mit Akzeptanz.
- Stellen Sie das Kind in den Mittelpunkt.
- Erwarten Sie nicht zu viel – backen Sie ›kleine Brötchen‹.
- Nutzen Sie Methoden systemischer Gesprächsführung (Aktives Zuhören, Umdeutungen, Perspektivwechsel).
- Holen Sie die Eltern ins Boot.
- Treffen Sie klare Vereinbarungen.
- Zeigen Sie Offenheit und Transparenz.

Handlungsleitend für die Prozessarbeit ist die Kernfrage:
»Was ist dadurch für das Kind gewährleistet?«

5 Betroffene und der Schutz der Persönlichkeit[26]

Das folgende Kapitel beschreibt den Schutz von Persönlichkeitsrechten in der Sozialen Arbeit – eine sehr grundlegende Angelegenheit, die doch eigentlich keines großen Aufhebens bedarf. Vielfach wird auch der Begriff ›Datenschutz‹ verwendet. Es gibt Gesetze, es gibt Regeln zum Umgang mit den Gesetzen – wo ist das Problem? Und was hat das Thema überhaupt mit dem Kinderschutz zu tun?

Um Missverständnisse zu vermeiden: Sie werden hier keine endlose Auflistung von Gesetzen und Kommentaren zum Thema Datenschutz finden. Sie werden auch auf keine umfassende ›Gebrauchsanweisung‹ im Umgang mit den Gesetzesgrundlagen stoßen. Beides ist an anderer Stelle von entsprechenden Fachleuten ausführlich beschrieben[27]. Hier geht es darum, sich mit einer Verknüpfung von formalen Gesetzesanforderungen, dem öffentlichen Verständnis zum Schutz von Persönlichkeitsrechten und einer fachlichen Haltung in der Sozialen Arbeit auseinanderzusetzen.

In der Betrachtung der letzten Jahrzehnte fällt auf, dass eine veränderte Haltung Einzug gehalten hat, wenn es um die Grenzen von Privatem und Öffentlichem geht. Die etwas älteren Jahrgänge unter den Lesern werden sich sicher noch an das Jahr 1983 erinnern, als eine sogenannte allgemeine Volkszählung in Deutschland durchgeführt werden sollte. Innerhalb weniger Wochen bildeten sich über 100 Bürgerinitiativen, das Wort »Überwachungsstaat« machte die Runde. Bürger reichten Klage beim Bundesverfassungsgericht (BVerfG) ein, weil sie davon überzeugt waren, dass eine derartige Datensammlung einen Verstoß gegen das Grundgesetz (GG) darstelle – mit Erfolg. Das Gericht legte in seinem Urteil Grundsätze fest, die auf später folgende Datenschutzgesetze

---

26 Dieses Kapitel enthält, auf den Kontext dieses Buches angepasst, Ausschnitte aus einem früheren Fachartikel: Kasper, B. (2014b): Datenschutz in der Sozialen Arbeit, Pflichtprogramm oder Haltung, Zeitschrift für das Fürsorgewesen (ZfF), Ausgabe 12/2014, Fachbereich Soziales Landeshauptstadt Hannover (Hg.).

27 s. a. Lehmann, M. K.-H./Radewagen, C. (2011): Basiswissen Datenschutz – Ist gute Arbeit trotz Schweigepflicht möglich? Hannover.

des Bundes und der Länder Auswirkungen hatten: »Mit dem Recht auf informationelle Selbstbestimmung wären eine Gesellschaftsordnung und eine diese ermöglichende Rechtsordnung nicht vereinbar, in der Bürger nicht mehr wissen können, wer was wann und bei welcher Gelegenheit über sie weiß.«[28]

Im Zeitalter der Globalisierung und des Internets scheint die eigene Intimsphäre und damit der Schutz der Persönlichkeitsrechte keine so wichtige Rolle mehr zu spielen. Menschen nutzen verstärkt Netzwerke, um sich auszutauschen und ihren Interessen nachzugehen. Sie scheuen sich nicht, auch Persönliches der Öffentlichkeit preiszugeben. Ein Nachdenken über mögliche Folgen und langfristige Auswirkungen scheint in die Hinterstube unserer Gehirne verbannt worden zu sein. Die Sammlung und Weitergabe von persönlichen Daten wird eher nach einem Kosten-Nutzen-Prinzip beurteilt.

Übertragen auf die Soziale Arbeit in der heutigen Zeit wird die Frage nach den Persönlichkeitsrechten und dem Datenschutz von Helfern und Verantwortlichen nicht selten als ähnlich irritierend empfunden. Der Datenschutz wird oft als ein lästiges, den eigentlichen Auftrag erschwerendes Thema angesehen. Manch einer denkt sich vielleicht:»Unsere Aufgabe besteht doch darin, den Menschen zu helfen! Dazu ist es einfach erforderlich, dass wir als Helfer ins Gespräch miteinander gehen und dabei selbstverständlich auch ein Austausch von Informationen über die ›Klienten‹ erfolgt – es ist doch ausdrücklich zu ihrem Vorteil.«

Der eigentliche Auftrag der Sozialen Arbeit besteht sicherlich darin, hilfebedürftigen Menschen Unterstützung anzubieten, damit sie in für sie überfordernden Lebensumständen Ressourcen entwickeln können, die ihnen eine Problembewältigung erleichtern. Ganz besonders auf Hilfe angewiesen sind Menschen, die aufgrund von Alter oder Beeinträchtigungen nur beschränkte Ressourcen haben, den Alltag zu bewältigen oder für ihr eigenes Wohl zu sorgen. Für die Entwicklung eines wirksamen Hilfeprozesses ist es sicherlich nützlich, wenn die sozialen Helfer und Fachkräfte über Informationen verfügen, die eine individuelle Ausgestaltung der Hilfen erleichtern. Und natürlich ist der Nutzen dieser Informationen dann besonders groß, wenn die Weitergabe sowohl von den Betroffenen direkt als auch von Menschen aus ihrem Umfeld erfolgt. Den Helfern wird eine systemische Sicht erleichtert. Die spannende Frage ist, welche Haltung die Helfer und Fachkräfte zu den gewonnenen Erkenntnissen – und damit auch zu den einzelnen Klienten – einnehmen: Wie gehen sie mit den

28 Bundesverfassungsgericht, Urteil vom 15.12.1983 – 1 BvR 209, 269, 362, 420, 440, 484/83; C II 1. a), Verfügbar unter: https://openjur.de/u/268440.html, Zugriff am 31.03.2017.

persönlichen Daten um – in unseren Beispielen den Daten und Informationen aus den Familien von Marie, Jonas und Paul?

Menschen, die sich auf den Weg machen, sich gegenüber (staatlichen) Hilfekonstrukten zu öffnen, vollbringen eine große Leistung und sie verdienen Anerkennung dafür. Sie geben viel Persönliches preis, in dem Wissen, dass sie dabei nicht gerade von ihren Stärken sprechen. Sie haben sich entschieden, Vertrauen in Helfer und Berater zu fassen. Sie gehen davon aus, dass Helfer und Berater sich dieses Vertrauensbeweises bewusst sind und das damit verbundene Vertrauen zu einer gemeinsamen, partnerschaftlichen Problembewältigung führt.

 Welchen Menschen gegenüber öffnen Sie sich und wem vertrauen Sie Ihre ganz persönlichen Defizite an? Wie häufig tun Sie dies? Welche Erwartungen an Ihr Gegenüber verknüpfen Sie damit, wenn Sie es tun? Was müsste ihr Gegenüber tun, damit Sie ihm nie wieder etwas Persönliches anvertrauen?!

Was Hilfesuchende häufig erleben – bzw. sie *erleben* es nicht unbedingt, da sie nur in Ausnahmefällen davon erfahren – ist ein eher lockerer Umgang mit Personendaten: Die Sozialarbeiterin des Jugendamtes spricht mit den Lehrern oder den Erzieherinnen der Kindertagesstätte über die Familie von Jonas, weil sie von den Auffälligkeiten erfahren hat und einen möglichen Hilfebedarf abschätzen möchte. Die Lehrerin ist freudig überrascht, dass jemand sich interessiert, weil sie bei Jonas einen Unterstützungsbedarf sieht, den sie im schulischen Alltag allein nicht erfüllen kann. Sie erzählt sehr offen und ausgiebig von ihren Wahrnehmungen, Beobachtungen und Hypothesen zum Familienhintergrund. In einer Kaffeepause erfährt dann die Sozialarbeiterin womöglich von einer Kollegin aus der Erziehungsberatungsstelle, dass die Mutter von Jonas schon einmal die Beratung aufgesucht hat, weil sie Kindererziehung als echte Herausforderung erlebt. Zusätzlich berichtet eine Familienhelferin in einem anderen Kontext von einer Freundin ihrer ›Klientin‹ die aus Sicht der Helferin in der Erziehung von Jonas überfordert wirkt – und die Sozialarbeiterin stellt fest, dass diese Freundin die Mutter des besagten Jonas ist …

So – und nun schätzen Sie einmal, wie viele Menschen über Jonas' Mutter und natürlich auch über Jonas sprechen, wie viele Informationen ausgetauscht werden, ohne das die Betroffenen davon auch nur das Geringste erfahren.

Wohlgemerkt – als Lösung des Problems sollte jetzt nicht etwa ein Kommunikationsverbot zwischen Fachkräften erlassen werden. Der Austausch von Informationen könnte ja tatsächlich zu einer erfolgreichen Hilfe für die Betroffenen führen – wenn sie denn erforderlich sein sollte und gewünscht ist. Der Lösungsansatz liegt womöglich in der Berücksichtigung zweier Ihnen als Leser nicht ganz unbekannter Worte: ›Augenhöhe‹ und ›Beteiligung‹.

Was sagt das Gesetz zum Persönlichkeitsschutz?

Auch wenn es aus Sicht mancher betroffener Fachkräfte gelegentlich so wirkt, ist der Datenschutz in der Sozialen Arbeit nicht nur als eine Einhaltung von Formalitäten und Vorschriften zu verstehen: Es geht vielmehr um die Beachtung von hohen Rechtsgütern, und deren Beachtung ist – wenn auch nicht auf Anhieb ersichtlich – eng verknüpft mit den eigentlichen Zielen der Sozialen Arbeit. Das Grundgesetz als oberstes Rechtsgut in unserem Land befasst sich gleich in seinem Artikel 2 mit der Frage von Persönlichkeitsrechten. Die Grundrechte sind mit Absicht im Wesentlichen als Abwehrrechte der Bürger gegenüber Handlungen von staatlichen Hoheitsträgern ausgestaltet, besitzen jedoch auch eine Drittwirkung auf das Rechtsverhältnis zwischen Personen. Das dort festgeschriebene Recht auf freie Entfaltung der Persönlichkeit bezieht ausdrücklich die informelle Selbstbestimmung des Einzelnen mit ein. In der nachfolgenden Gesetzgebung muss sich – logischerweise – die gesamte Schaffung weiterer Rechtsnormen auf die Intentionen der grundgesetzlichen Artikel überprüfen lassen.

Der Artikel 2 des GG ist folgerichtig auch Grundlage des Strafgesetzbuches. Im § 203 STGB wird die »Verletzung von Privatgeheimnissen« als strafbare Handlung benannt. Der Gesetzgeber benennt dabei sehr genau, auf welchen Personenkreis die Bürger sich verlassen können sollen, wenn sie sich anderen anvertrauen. Neben Ärzten, Psychologen und Rechtsanwälten sind hier auch Sozialarbeiter und Sozialpädagogen sowie Ehe-, Familien-, Erziehungs- oder Jugendberater aufgeführt. In Kapitel zwei wurde bereits auf eine Verknüpfung von Strafrecht und Kinderschutz hingewiesen. Eine innere Logik der Strafgesetze liegt darin, dass die Verantwortlichkeiten und Verpflichtungen klar auf der persönlichen Ebene benannt werden. Verletzt ein Sozialarbeiter im Rahmen seiner Tätigkeit ein Privatgeheimnis, kann er sich nicht etwa auf eine Institution oder den Arbeitgeber berufen; er macht sich persönlich strafbar.

Das Bundesdatenschutzgesetz[29] beschreibt einen wesentlichen Grundsatz zum Verständnis von Persönlichkeitsrechten: Es erklärt die Erhebung, Verarbeitung und Nutzung von personenbezogenen Daten im Prinzip für verboten. Sie ist nur dann erlaubt, wenn entweder eine klare Rechtsgrundlage gegeben ist – d. h. ein anderes Gesetz erlaubt die Datenverarbeitung in einem bestimmten Fall – oder wenn die betroffene Person ausdrücklich, meist schriftlich, ihre Zustimmung zur Erhebung, Verarbeitung und Nutzung gegeben hat. Schweigepflichtsentbindungen genereller Art sind nicht zulässig nach dem Bundesdaten-

---

29 Bundesdatenschutzgesetz § 4 Abs. 1, § 4a, Verfügbar unter: https://www.gesetze-im-internet.de/bdsg_1990/__4a.html, Zugriff am 21.03.2017.

schutzgesetz. Wenn wir uns an vorangegangene Aussagen von Fachkräften der Sozialen Arbeit erinnern, reicht es also keinesfalls aus, wenn der ›Nutzer‹ ihm bekannt gewordener Daten erklärt, eine Weitergabe geschehe doch schließlich auch ›zum Wohle des Klienten‹. Über ›das Wohl des Klienten‹ entscheidet schlicht der Klient – und sonst niemand.

Der § 65 SGB VIII regelt schließlich den »besonderen Vertrauensschutz« in der Jugendhilfe und beruft sich dabei auf das Strafgesetzbuch: Der Mitarbeiter unterliegt einer persönlichen Schweigepflicht, die auch innerhalb der Institution zu wahren ist: »Sozialdaten [...] dürfen nur weitergegeben werden [...] mit Einwilligung [...] zur Erfüllung von Aufgaben nach § 8a Abs. 2 (Jugendamt, Gericht,) [...] unter den Voraussetzungen des § 203 STGB«.

Dennoch ist es natürlich richtig, dass ohne Nutzung und Weitergabe von Daten und Informationen Soziale Arbeit nur sehr bedingt möglich ist. Im Sozialgesetzbuch stellt der Gesetzgeber deshalb ergänzend klar, was er unter dem Umgang mit ›Privatgeheimnissen‹ verstanden wissen will: Sozialdaten dürfen übermittelt oder genutzt werden, jedoch nur zu dem Zweck zu dem sie erhoben worden sind (SGB VIII, § 64 Abs. 1). Mit dieser Formulierung werden die Verantwortlichen zum regen Nachdenken angeregt, denn die Interpretation des ›Zweckes‹ lässt sich nicht im Allgemeinen, sondern eher im konkreten Einzelfall bestimmen und auch hier ist Eindeutigkeit nicht selbstverständlich und objektiv zu erreichen.

Das SGB gibt jedoch auch hierzu Hilfestellungen im Umgang mit den Verboten und Geboten aus dem Datenschutz, die der Verzweiflung der Praktiker in Institutionen vorbeugen soll: Soweit die Sammlung von Daten aus der Beratung für Planungszwecke erfolgt, sind die Daten zu anonymisieren (SGB VIII, § 64 Abs. 2a). Denn anonymisierte Daten unterliegen nicht den Vorschriften zum Sozialdatenschutz.

Die Weitergabe von Informationen/Daten aus einem Beratungs(leistungs)zusammenhang, ohne Wissen oder Billigung der Betroffenen an eine andere Stelle, ist auch aus einem sehr speziellen Blickwinkel nicht zielführend. Die Weitergabe würde die Leistungs- und Beratungsbeziehung zwischen Fachkräften und Klienten grundlegend beeinträchtigen und in Frage stellen.

Datenschutz und Haltung

Zu den grundlegenden Aufgaben der sozialen Helfer und Berater zählt, neben dem Unterstützungs- und Hilfeaspekt, also der Schutz des allgemeinen Persönlichkeitsrechtes – der Privatsphäre von Hilfesuchenden und Klienten. Es gilt anzuerkennen, dass auch Menschen, die erkennen, dass sie Hilfe benötigen und diese suchen, selber darüber entscheiden, wann, wem gegenüber und im Rahmen welcher Grenzen persönliche Lebenssachverhalte offenbart werden. Diese Grundhaltung sollte unabhängig vom Status, der Rolle und des Alters von Klienten und Hilfesuchenden gelten: für Eltern, Kinder, Kranke und Abhängige, beeinträchtigte und sozial entgleiste Menschen.

Der Datenschutz benennt also mehr als nur eine formale Regelung – er ist Teil einer menschlich-demokratischen Haltung. Ohne es zu beabsichtigen, weist er Helfer und Fachkräfte in der Sozialen Arbeit auf etwas hin, das so ›unfachlich‹ plausibel ist, dass es bei zunehmender Fachkompetenz leicht aus dem Blick gerät. Der Hinweis lautet schlicht und einfach: »Machen Sie sich nicht so viel Gedanken *über* den Menschen, fragen Sie ihn doch einfach selbst!« In der Pädagogik ist es leider immer noch weit verbreitet, dass Fachkräfte – und da unterscheiden Lehrer sich nicht sonderlich von Sozialarbeitern, Erziehern oder Heilpädagogen – sich sehr viel Gedanken *über* Kinder und ihre Entwicklung, *über* Eltern und Familien und *über* andere hilfesuchende Menschen machen. Sie entwickeln Konzepte, starten Projekte und Initiativen und legen Verfahrensabläufe fest. Nur ein kleinerer Teil geht auf die Betroffenen zu und fragt sie direkt und ehrlich interessiert, wie aus ihrer Sicht das mögliche Problem eigentlich ausschaut, welche Lösungsversuche aus ihrer Sicht hilfreich sein könnten, oder welche ersten Schritte sie schon unternommen haben. Interessanterweise stellen derartige Fragen ganz besonders diejenigen Fachkräfte immer wieder, die sich schon häufiger getraut haben, sich in dieser besonderen und direkten Form Klienten zuzuwenden. Sie haben vermutlich festgestellt, wie hilfreich diese Form für den Hilfeprozess sein kann. Denn, wie heißt es doch so schön: »Wenn etwas hilft, tue es wieder – wenn nicht, dann probiere etwas Neues aus.«

Der Nutzen für die Arbeit mit Klienten

Sie erinnern sich vielleicht an zwei Begriffe, die ich im ersten Teil des Kapitels kurz eingeworfen habe: ›Augenhöhe‹ und ›Beteiligung‹. Wenn Sie einem Menschen in der Sozialen Arbeit trotz Einschränkungen und begrenzter Fähigkeiten auf *Augenhöhe* begegnen, wenn sie sich für diesen Menschen interessieren, wird dieser Mensch dies spüren. Er wird Ihnen als Helfer einen Zugang zu seinem ganz persönlichen Bereich ›erlauben‹, der einen Hilfeprozess erst wirklich ermöglicht. Der Klient wird sich ernst genommen fühlen und – *beteiligt* sich am Hilfegeschehen.

Eine entsprechende Haltung liegt auch dem Datenschutz zugrunde: Auch auf
der rechtlichen Ebene geht es in dieser Frage um Respekt und Menschenwürde.
Sie können den Datenschutz als Helfer in der Sozialen Arbeit als eine notwendige Formalität ansehen, damit kommen Sie Ihrer Verantwortung durchaus nach.
Wenn Sie ihn aber in Ihr sozialarbeiterisches Handeln als eine Form von Haltung
selbstverständlich einbauen, dann werden Sie nicht nur Ihrer formalen Verantwortung gerecht – Sie zeigen dem Menschen, dass Sie es ernst meinen mit einer
›Beteiligung auf Augenhöhe‹. Sie zeigen ihm, dass Sie ihn als etwas Wertvolles
ansehen, trotz all seiner Verfehlungen und seines nicht immer verständlichen
Handelns – als einen Menschen, der Respekt verdient und der das Recht hat, über
sich selbst zu bestimmen. Wenn das gelingt, schließt sich quasi ein Kreis: Sie
schenken der formalen und rechtlichen Notwenigkeit Beachtung, und Sie verstärken die Qualität Ihrer Arbeit, weil Sie einen anderen Zugang zu Ihren Klienten bekommen. Lieber Datenschutz – herzlichen Dank für die stete Erinnerung!

Eine Datensammlung und -weitergabe ist somit schlicht und einfach nicht
nur etwas Formelles, das ist nun klargestellt. Und – eine Datensammlung hat
auch Auswirkungen, die nicht unterschätzt werden dürfen. Die Sammlung und
Weitergabe setzt etwas in Gang und sie bewirkt etwas. Sie werden vielleicht
sagen: »Ja natürlich, das ist ja auch die Absicht. Aber das was sie bewirkt, ist ja
etwas Gutes!« Diese Ernsthaftigkeit vorausgesetzt, gebe ich Ihnen recht, wenn
Sie erklären, der Bericht oder die Stellungahme zur Situation des Klienten ist für
die Ausgestaltung, die Genehmigung oder die Fortsetzung einer Hilfe notwendig. Einmal unterstellt, dass Sie Ihr Tun genau darauf abstimmen, die Sammlung und den Austausch von Daten genau daraufhin zu überprüfen, was es dem
Klienten und dem Hilfeprozess nützt: Sie können die Wirkung dennoch nicht
komplett beeinflussen oder festlegen. Die Sammlung von Daten hat Folgen und
diese Folgen könnten Menschen noch zu spüren bekommen, wenn der eigentliche Anlass für die Sammlung längst nicht mehr existiert.

Eine Datensammlung über eine Hilfeleistung zu den Kindern Paul, Jonas
und Marie oder die Unterstützung von in der Erziehung beeinträchtigten Eltern
sollte also dringend darauf abgeklopft werden, welches ausdrückliche Erfordernis darin für die eigentliche Hilfe besteht. Wenn die Rechtsprechung vorsieht,
dass Sozialdaten nur zu dem Zweck übermittelt oder genutzt werden dürfen,
zu dem sie erhoben worden sind, dann ist es erforderlich, sich genau mit diesem ›Zweck‹ näher zu befassen – also den Zweck und die diesbezüglich formulierten Aufgaben näher zu betrachten. Die Erforderlichkeit – also welche
Daten benötigt werden, um die gestellte Aufgabe ordnungsgemäß erfüllen zu
 können – ist aus fachlicher Sicht zu begründen. Eine gängige und in der Praxis
häufig verwendete Kontrollfrage zur Einschätzung der Erforderlichkeit lautet:

»Kann ich meine Aufgabe auch ohne diese Daten ordnungsgemäß erfüllen?«
Wer die Frage mit einem ›Ja‹ oder ›Eigentlich schon‹ beantwortet, sollte seine
Datenerhebung dringend überdenken.

Die Wirkung von Dokumentation

In langfristigen (Kinder- und Jugend-)Hilfen wird nicht selten eine umfang-
reiche – von Herausforderungen begleitete – Entwicklung eines Kindes in den
Akten abgelegt – von Fachleuten verschiedenster Couleur, aus unterschiedlichsten Perspektiven, mit Diagnosen und Stellungnahmen angehäuft, zu Themen,
die durch die Jahre der Entwicklung z. T. längst überholt sind. Die Daten werden
von unzähligen Fachleuten gelesen und nicht selten unterschiedlich interpretiert. Und – die Daten gewinnen durch die Archivierung oft eine Gewichtung,
die den Interessen des Persönlichkeitsschutzes widerspricht. Berichte aus einer
Behördenakte oder Stellungnahmen aus dem therapeutischen Bereich tauchen
oft noch Jahre später in Hilfe- oder Entscheidungsprozessen auf und Sie erhalten einen Stellenwert, der ihnen oft gar nicht zusteht. Sie werden besonders
dann herangezogen, wenn aktuell ein schwieriger Prozess oder eine tiefgrei-
fende Entscheidung ansteht. Mit jeder neuen Heranziehung werden sie auch
wieder ein Stück interpretiert. Es werden besonders die Dinge zusammenge-
fasst, die für den aktuellen Anlass benötigt werden – und jeder Beteiligte wird
Ihnen sagen, das geschehe aus guten fachlichen Gründen. Und dennoch: Es ist
ein extrem subjektiver Vorgang. Er setzt ein hohes Verantwortungsbewusstsein
im Umgang mit den bestehenden Daten voraus und die Nutzung der Daten ist
nicht komplett steuerbar. Sie kennen sicherlich alle das beliebte Kinderspiel
›Stille Post‹. Selbst beim Einsatz aller Energie und höchster Aufmerksamkeit
der Spieler wird es nur selten gelingen, das abgesandte Wort unverändert an
den Empfänger weiterzuleiten. Die Empfängerbotschaft ist nicht selten mehr
als skurril. Und jetzt stellen Sie sich einen langjährigen Hilfeprozess zur Unterstützung des kleinen **Paul** und seiner Familie vor, an dem sich eine Vielzahl von
Begleitern und Fachkräften per Dokumentation beteiligt haben.

Aus dem Umgang mit Personendaten in der Sozialen Arbeit ergibt sich also
auch deshalb eine hohe Verantwortung, weil die Folgen jeder Datensammlung
zu berücksichtigen sind. Das im Kapitel immer wiederkehrend angesprochene
Grundverständnis zum Thema und die damit verbundene, wünschenswerte und
notwendige Haltung auf Seiten der Helfer und Fachkräfte könnte dieser Verantwortung durch eine eindeutige Definition Rechnung tragen: Die Ziele des
Datenschutzes sind nicht die Daten – das Ziel ist der Mensch!

In der praktischen Umsetzung eines entsprechenden Verständnisses ist es Aufgabe in der Sozialen Arbeit, Strukturen und Methoden zu installieren, die dieser grundsätzlichen und wertschätzenden Haltung den Klienten gegenüber im Arbeitsalltag eine zentrale Rolle zukommen lassen: Die soziale Fachkraft deklariert den Persönlichkeitsschutz zu einem zentralen Baustein der Arbeit und trägt immer wieder Sorge dafür, dass dieser fundamentale Baustein nicht durch institutionelle Erfordernisse zur Datenverarbeitung und -nutzung ausgehebelt wird.

Datenschutz contra Beziehungsarbeit?

Wenn Sie diesen Ansatz ernsthaft in Ihren Arbeitsalltag übernehmen wollen, dann brauchen Sie eine Vorstellung davon, wie das funktionieren kann, ohne dass Sie aufhören zu kommunizieren. Denn Kommunikation mit Kollegen und in Netzwerken und der Austausch von Sachverhalten kann selbstverständlich oft sehr zielführend für Ihre Arbeit sein. Die Frage, wie das funktionieren kann, lässt sich häufig am ehesten durch die Betrachtung der Praxis beantworten, dafür zurück zum Beispiel aus dem ersten Teil.

Eine Sozialarbeiterin spricht aus Sorge über die Entwicklung von **Jonas** mit der Lehrerin, der Kollegin und auch noch mit der Erziehungsberaterin über die Familiensituation von Jonas. Andersherum betrachtet: Die Lehrerin, die Kollegin und die Familienberaterin sprechen mit der Sozialarbeiterin über Menschen, die ihnen anvertraut sind. Aus Sicht vieler Betroffener würde es noch anders klingen: »Alle diese Menschen geben Dinge aus meinem persönlichen Bereich an das Jugendamt weiter – und keiner fragt mich, wie ich das finde.«

 Ich gehe an diesem Punkt bewusst nicht darauf ein, mit welcher Wahrscheinlichkeit diese Mutter sich gegenüber Fremden ein nächstes Mal öffnen würde, denn es geht hier darum, eine Frage zu beantworten: Welches Vorgehen wäre angemessener gewesen und damit auch rechtlich korrekt?

Um an erster Stelle die Würdigung unterschiedlicher Rechtsgüter nicht zu vernachlässigen, hätte sich die Sozialarbeiterin bei der Lehrerin erkundigen können, ob Tatbestände einer akuten Kindeswohlgefährdung bestehen würden – falls ihre Sorge in diese Richtung ginge. Bei Vorlage einer Gefährdung hätte sie sicherlich ein Einschreiten prüfen müssen. Läge jedoch keine Gefährdung vor, hätte die Sozialarbeiterin die Lehrerin nicht um Auskunft bitten und die Lehrerin schlicht keine Auskunft geben dürfen. Aber Sie wissen alle – so funktioniert

Sozialarbeit nicht. Zwischen dem klaren ›Schwarz‹ und ›Weiß‹ liegt in der Regel eine ganze Menge ›Grau‹ herum. Zumindest im Bereich der Kinder- und Jugendhilfe stehen Fachkräfte nicht selten vor der Aufgabe, Licht und damit Farbe in das viele Grau zu bringen. Und dazu benötigen sie die Hilfe der Beteiligten. Also besteht ein erster Lösungsansatz darin, diese zu fragen. Die betroffene Mutter des Kindes könnte gebeten werden, ihre Einwilligung zu einem Austausch der Fachleute zu geben. Unterschreibt die Mutter eine entsprechende Erklärung, haben die Fachkräfte ihre formelle Pflicht erfüllt: Sie können in einen Gesprächsaustausch gehen. Am wirksamsten für einen anstehenden Hilfeprozess wäre jedoch die direkte Einbeziehung der Mutter in anstehende Gespräche. Die Fachkräfte könnten dadurch erreichen, dass die Mutter sich beteiligt fühlt und sich keine Sorgen machen muss, was ›hinter ihrem Rücken‹ besprochen wird. Die Fachleute hätten *den* Menschen mit am Tisch sitzen, der ein komplettes Insiderwissen in sich trägt und – der folgende ist fast der entscheidende Punkt: Als Verantwortliche in einem System, das Veränderung bedarf, wird die Mutter alle Ideen, die Sie als Helfer entwickeln, als irgendwie hilfreich und nützlich ansehen müssen. Denn sie sitzt in dem System an dem Ort, von dem eine Umsetzung von Veränderungen ausgehen müsste. Findet die Mutter die Ideen unpassend, wird sie sie nicht anwenden. Ideen, Angebote, Aufgaben und Interventionen sollten also auf die Ressourcen und die Lebenswelt der Mutter abgestimmt sein, sonst wird sie diese nicht wirklich nutzen können. Das ehrliche Bemühen um ein Einverständnis und eine Beteiligung der Mutter ist somit eine hochpädagogische Strategie, die für den Prozess eine bedeutsame Wirkung haben könnte.

An diesem kleinen Praxisbeispiel wird erneut deutlich, dass der konstruktive Umgang mit dem Datenschutz in Bezug auf die Ziele der Sozialen Arbeit durchaus förderlich sein kann.

Der Gesetzgeber benennt sehr deutlich Anforderungen an den Vertraulichkeitscharakter eines Gespräches in einer Beratungsstelle (SGB I, § 35 Abs. 1 S. 2). Verknüpfen wir diese Anforderung mit dem aktuellen Beispiel, so hat es auch bei besagter Mutter ein Beratungsgespräch gegeben: Die Mutter des auffälligen Schulkindes hatte ein Gespräch in der Erziehungsberatungsstelle. Was dort besprochen wurde, ist für Klärungsfragen des Datenschutzes völlig uninteressant, denn schon allein die Tatsache, dass sie die Beratungsstelle aufgesucht hat, ist es wert, vertraulich behandelt zu werden. Ohne klares Einverständnis der Klientin ist schon die Weitergabe des Termins eine Verletzung des Datenschutzes. Und auch an diesem Beispiel wird deutlich, wie sehr der Datenschutz den eigentlichen Zielen der Sozialen Arbeit in die Hände spielt. Das Ziel einer Beratung kann nur sein, dass die Mutter sich in einem Gespräch öffnet, dass sie die Beratung als für sich nützlich erlebt und – dass sie glaubhaft davon ausgehen

kann, dass ihr Hilfeersuchen vertraulich behandelt wird. Nur dann besteht die
Chance, dass die Klientin auch zu einem zweiten Gespräch wiederkommt und
dass sie im Verlauf mehrerer Gespräche entweder neue Lösungswege findet und
ausprobieren kann oder dass sie sich mit Unterstützung traut, weitere Hilfen zu
nutzen. Die Klientin wird sich jedoch mit Sicherheit in der Beratung nicht gut
aufgehoben fühlen, wenn sie erfahren würde, dass ihre Erziehungsberaterin in
der Kaffeepause die Kollegin aus dem ASD über den Kontakt informiert.

Ein letztes Beispiel aus der Praxis betrifft den kollegialen Austausch in der
Sozialen Arbeit. Die Gesetze definieren u. a. den schon benannten Grundsatz »Sozialdaten dürfen nur zu dem Zweck übermittelt oder genutzt werden,
zu dem sie erhoben worden sind«[30]. Als Praktiker bzw. angehende Fachkräfte
wissen Sie jedoch alle, dass ein Arbeiten ohne Austausch und Coaching eine
Zielerreichung eher erschwert. Keine Fachkraft ist in der Lage, ohne kollegiale
Unterstützung, zu jeder Zeit fachlich angemessene Einschätzungen abzugeben.
Zudem müssen sich auch Fachkräfte eingestehen, dass sie, trotz aller Distanzie-
rungsbemühungen, immer ein Teil des Systems werden, in dem sie tätig sind
und insofern immer wieder auf einen Blick aus der Metaebene angewiesen sind.
Das Schlüsselwort in dieser Frage heißt ›Kollegiale Beratung‹. Hierfür ist ein
Datenaustausch erforderlich, der nicht immer in anonymisierter Form erfolgen
kann. Der Umgang mit dem Datenschutz in dieser Frage erfordert Sensibilität. Gesetzestexte sind auslegungsfähig und auch Kommentare erzeugen nicht
immer die notwendige Klarheit. Der Austausch von vertraulichen Informationen im Rahmen von Team – oder Fallbesprechungen und Supervisionen kann
als zulässig angesehen werden, wenn sehr bewusst darauf geachtet wird, dass
vertrauliche Inhalte nicht dokumentiert werden oder alternativ der Zugang zur
Dokumentation auf den Fallverantwortlichen begrenzt wird. Für den Hilfeprozess ist es mit Sicherheit förderlich, dem Klienten gegenüber die Nutzung seiner
Daten im Rahmen derartiger Runden transparent zu machen.

Die Beispiele machen deutlich, dass es eine Menge Gründe gibt, den Datenschutz ernst zu nehmen und gerade in der Sozialen Arbeit als etwas Schutzwür-
diges anzusehen. Sie zeigen auch auf, dass es uns Menschen oft schwer fällt, die
komplexen Zusammenhänge von Datenerhebung, Datensammlung, Datenweitergabe und Datennutzung zu erkennen. Das hängt, nachvollziehbar natürlich,
ganz stark mit den Interessen zusammen, die ein Datennutzer vertritt – und mit
der Tatsache, dass dieser Datennutzer seine ›Kunden‹ über diese weitergehen-
den Interessen nicht gern informiert, weil er natürlich nicht möchte, dass die
Vorsicht im Umgang mit den eigenen Daten zunimmt. Eine freiwillige Daten-

---

30 Verfügbar unter: https://dejure.org/gesetze/SGB_VIII/64.html, Zugriff am 18.03.2017.

weitergabe wird oft nicht automatisch damit in Verbindung gebracht, dass plötzlich der Briefkasten – oder aktueller: der E-mail-Account – von Werbung überquillt. Selten kommt jemand auf die Idee, dass die Folge von Datenweitergabe vielleicht demnächst eine veränderte Kreditwürdigkeit bei der Hausbank nach sich ziehen könnte – weil die Daten ja schließlich nicht zu diesem Zwecke weitergegeben wurden. Ungemütlich wird es für den Konsumenten vielleicht erst, wenn reihenweise nicht nachvollziehbare Zahlungsaufforderungen von Inkassofirmen oder Rechtsanwalts-Kanzleien eingehen, für Dinge, die er nie bestellt oder gekauft hat. Der Umgang mit Daten kann schnell zu einer Grenzenlosigkeit führen, mit der jeder einzelne konfrontiert wird.

Den eigenen Umgang mit persönlichen Daten kann und will selbstverständlich niemand vorschreiben. Jeder entscheidet selber, wie sehr er die im Grundgesetz festgelegten Persönlichkeitsrechte für sich in Anspruch nimmt. Sowie selbstredend jeder Klient und Hilfesuchende in der Sozialen Arbeit selber entscheidet, ob er sich an Unterstützungssysteme wendet. Tut er dies jedoch, dann kann kaum eine Hilfe ohne die Preisgabe persönlicher Daten erfolgen. Der Klient bekommt nichts, ohne dass er dem System einen Dateneinblick gewährt. Und für diese unvermeidbare Öffnung seiner Privatsphäre sind ihm Rechte zugestanden, die diese Preisgabe von Persönlichkeit absichern.

Ohne die Absicht einer Wertschätzung von Klienten in der Sozialen Arbeit in Abrede zu stellen, gilt es für Helfer und Fachkräfte zu beachten, dass die Hilfesuchenden sich in der Regel in komplizierten Kontrakten nicht gut auskennen, dass sie zumindest mit einen Teil ihrer Rechte nicht wirklich vertraut sind. Und was der Klient nicht weiß, das kann er auch nicht einfordern. Die Verantwortung der Fachkräfte und Helfer besteht somit in der Aufklärung des Klienten über seine Rechte – bevor der eigentliche Hilfeprozess überhaupt startet.

Ein letzter Satz für die Skeptiker unter den Fachkräften: Die ernsthafte Anwendung des Datenschutzes in der Sozialen Arbeit hat sicherlich seinen Preis. Sie kostet Zeit, sie kostet Anstrengung und sie erfordert gelegentlich Standfestigkeit gegenüber Institutionen. Haben Sie sich jedoch entschlossen, den Datenschutz über das Formale hinaus als eine wertschätzende Haltung gegenüber ihren Klienten und Hilfesuchenden zu sehen, werden Sie nicht lange auf Rückmeldung im eigentlichen Hilfekontext warten müssen.

Sie werden erleben, dass sich ein offensiver und transparenter Umgang mit den Persönlichkeitsrechten von Betroffenen in der Sozialen (Beziehungs-)Arbeit definitiv ›bezahlt‹ macht. Die Grundlage eines jeden Hilfeangebotes ist Respekt und Transparenz – auch über die eigentlichen gesetzlichen Erfordernisse hinaus. Die Klienten werden diesen Umgang als wertschätzend und stärkend erleben – und sie werden es Ihnen zurückmelden.

Auf den Punkt gebracht

- Der Datenschutz ist im Wesentlichen im Strafgesetzbuch (STGB, § 203) und im Sozialgesetzbuch (SGB VIII, § 61–68) geregelt: Die »Verletzung von Privatgeheimnissen«, die Personen in der Tätigkeit als Sozialarbeiter/Sozialpädagoge »anvertraut oder sonst bekannt« werden, ist strafbar.
- Die Informationen und Daten unterliegen einem besonderen Vertrauensschutz.
- Sozialdaten dürfen nur zu dem Zweck übermittelt oder genutzt werden, zu dem sie erhoben worden sind.
- Die Erforderlichkeit, welche Daten benötigt werden, um die gestellte Aufgabe ordnungsgemäß erfüllen zu können, ist aus fachlicher Sicht zu begründen.
- Ziel des Datenschutzes sind nicht die Daten allein – Ziel ist der Mensch!
- In der Abwägung mehrerer Rechtsgüter steht der Kinderschutz über dem Datenschutz[31].

---

31 SGB X, § 71 Abs. 1, geplante Änderung durch Einfügen des Satzes 5, Verfügbar unter: http://kijup-sgbviii-reform.de/wp-content/uploads/2017/03/RegE-KJSG-12.4.2017.pdf, Zugriff am 21.06.2017.

6 Paul – Ein Kind mit zwei Familien[32]

Das Helfersystem wird ausgetauscht

»Paul wird in einer Bereitschaftspflege untergebracht«. So endete die im Kapitel 4 sehr ausführlich beschriebene Zusammenarbeit von Kita, Familienhilfe und Jugendamt mit der Familie des vierjährigen Paul, nachdem die Fachkräfte eine akute Kindeswohlgefährdung festgestellt haben. In der Folge von Alkoholexzessen der Eltern wurde Paul schließlich selbst Opfer einer Eskalation von Gewalt. Schließlich entschied die Sozialarbeiterin im ASD eine Inobhutnahme des Jungen. Die Mutter widersprach der Entscheidung nicht, sodass eine Einschaltung des Familiengerichtes nicht erforderlich wurde. Der Vater hatte sich einem Klärungsprozess entzogen. Die Gefährdungsprüfung führte u. a. zu einer Prognose von unzureichenden Veränderungsmöglichkeiten hinsichtlich eines Schutzes von Paul in der Familie. In mehreren intensiven Gesprächen überzeugte die Sozialpädagogin des Jugendamtes die Mutter davon, dass eine Fremdunterbringung von Paul als einzig mögliche Hilfe in Frage kommt. Für Paul wurde eine Pflegefamilie gesucht und gefunden, in der er aufwachsen kann.

Um zu verstehen, mit welchen Aufgaben und Veränderungen Paul, seine Familie und zukünftige Pflegeeltern im weiteren Verlauf konfrontiert werden, ist es wichtig, sich ein Bild davon zu machen, was durch die Entscheidung, eine Hilfe zur Erziehung in Vollzeitpflege (SGB VIII, § 33) zu installieren, alles in Bewegung gesetzt wird. Für ein solches Verständnis ist es ungemein hilfreich, sich das Geschehen aus verschiedenen Perspektiven anzuschauen – nämlich aus den Perspektiven der Beteiligten:

---

32 Dieses Kapitel enthält, auf den Kontext dieses Buches angepasst, Ausschnitte aus einem früheren Fachartikel: Kasper, B. (2014a), Ein Kind mit zwei Familien, Identität und Selbstwert von Kindern zweier Welten. Zeitschrift für das Fürsorgewesen, Fachbereich Soziales Landeshauptstadt Hannover (Hg.).

- Paul erfährt, dass er sein Zuhause verlassen und zukünftig in einer Pflegefamilie leben wird. Das Kind wechselt aus einem vertrauten Umfeld in eine unbekannte Welt, deren Regeln es häufig nicht kennt.
- Pauls Eltern erleben die Trennung von ihrem Kind und werden mit der Lebenswelt von Pflegeeltern konfrontiert, die mit der eigenen gelebten Realität wenig gemein hat. Gleichzeitig verabschiedet sich das komplette Hilfesystem (Sozialpädagogin des ASD, Familienhelferin …) aus der Familie.
- Die Pflegeeltern werden durch die Aufnahme von Paul mit der Lebenswelt des Kindes konfrontiert, die ihnen ebenfalls völlig fremd ist. Die Herkunft des Kindes zieht in die Pflegefamilie ein.
- Die Fachkräfte der Jugendhilfe wechseln in der Regel nach Umsetzung der Entscheidung und stehen gleichzeitig vor der Aufgabe, ein kompliziertes Pflegesystem zu installieren und dieses über einen langen Zeitraum fachlich gut zu begleiten.

Obwohl es sich um *einen* Vorgang handelt, an dem unterschiedliche Menschen und Systeme beteiligt sind, erleben die Beteiligten das Geschehen jeder auf seine eigene, subjektive Art. Und da sie unterschiedliche Rollen und Aufgaben in dem Geschehen haben, ist es nicht unwahrscheinlich, dass sich – entsprechend ihrer jeweiligen Rolle – auch unterschiedliche Interessen bemerkbar machen. Aus unterschiedlichen Interessen entwickeln sich nicht selten Konflikte – auch das ist nichts Ungewöhnliches. Das ist im Zusammenwirken von uns Menschen völlig normal und unvermeidlich. Die Frage ist, welche Möglichkeiten und Ressourcen bestehen und genutzt werden, um in Konfliktlagen einen Umgang mit diesen unterschiedlichen Interessen zu finden.

In den folgenden Abschnitten werden Sie mit Realitäten konfrontiert, die auf Sie als (angehende) Fachkraft der Sozialen Arbeit möglicherweise ein wenig abschreckend wirken können. Das System stellt nicht nur die Beteiligten, sondern auch uns Profis vor große Aufgaben. Denn es beschreibt eine Grundproblematik, deren Auflösung nicht allein durch Engagement und Fachlichkeit zu bewältigen ist. In einem Pflegeverhältnis treten Spannungen zwischen den zwei Familiensystemen ›Herkunft‹ und ›Pflege‹ auf, die nicht allein mit den Beteiligten Menschen zu erklären sind – die Spannungen sind Teil der Systemproblematik. Auf diesen Satz werde ich am Ende des Kapitels zurückkommen.

Durch Pauls Wechsel von seinem Zuhause in eine Pflegefamilie bietet sich in diesem Kapitel die Möglichkeit, die Reaktionsmuster von Menschen auf eine grundlegende Veränderung nachvollziehen zu können. Und da wir natürlich das Ganze systemisch betrachten, beginnen wir im ersten Schritt damit, uns in die unterschiedlichen Rollen der Beteiligten zu begeben.

Die Perspektive von Herkunftsfamilien

Über die Leistung von Elternschaft und die Tatsache, dass die Befähigung dazu in vielen Kulturen als eine Selbstverständlichkeit angesehen wird, haben Sie schon im ersten Kapitel gelesen. Dennoch wollen wir uns auch an dieser Stelle mit dem System Familie beschäftigen; mit Familien, die diese selbstverständlichen Erwartungen nicht erfüllen können.

Eltern leiten die Aufgaben, die nach der Geburt eines Kindes auf sie zukommen von ihren eigenen Erlebnissen und Erfahrungen als Kinder ab: Wie sind sie selbst versorgt und erzogen worden? Was haben sie als wichtig, schön und hilfreich in der Erziehung durch die eigenen Eltern erlebt? Welches Verhalten ihrer Eltern haben sie als schädigend, hemmend oder schmerzhaft in Erinnerung? Was möchten sie an ihre eigenen Kinder weitergeben – und was definitiv vermeiden?

Nun wissen wir alle, dass es einfacher ist, Dinge auszuführen oder weiterzugeben, die wir selber erfahren haben, als etwas Neues zu entwickeln. In dem, was wir selber erfahren haben, kennen wir uns aus, manches haben wir sogar regelrecht verinnerlicht. Also handeln wir innerhalb uns bekannter Muster. Wir nutzen die Erfahrungen und lassen sie in handhabbare Strategien münden. Diese Verhaltensmuster sind nicht ungewöhnlich und finden sich in den unterschiedlichsten Lebensbereichen – und häufig sehr beharrlich wirkend – bei fast allen Menschen wieder. Das ist grundsätzlich auch gut und hilfreich für das eigene Vorankommen im Leben. Auch wenn derart bewährte Strategien einmal nicht funktionieren, muss dies nicht unbedingt zum Problem werden. Wir Menschen lernen in der Regel, damit umzugehen, dass nicht alles gelingt, was wir uns vorgenommen haben. Gelegentlich kann jedoch die wiederkehrende Nutzung vertrauter Strategien dazu führen, Pläne und Entwicklungen sowie das Erreichen von Zielen grundsätzlich zu behindern.

Auf die Kindererziehung bezogen, gilt das Beschriebene entsprechend: Es ist prinzipiell in Ordnung, dass Eltern in der Erziehung ihrer Kinder gelegentlich an Grenzen stoßen, und dass sie sich damit anfreunden, dass nicht alles gelingt, was sie sich vielleicht vorgenommen haben. So wird es sicherlich auch Pauls Eltern ergangen sein. Gefährlich wird es, wenn Grenzen zur Kindeswohlgefährdung überschritten werden (→ Kapitel 3, Drei Kinder, drei Geschichten).

Überforderung in der Erziehung und auch Vernachlässigung von Kindern lässt sich nicht auf eine bestimmte gesellschaftliche Schicht reduzieren. Hilfebedarf entsteht, unstrittig, auch in Familien der Mittelschicht oder höher privilegierten Systemen. Möglicherweise verfügen diese Familien jedoch über hilfreiche soziale Netzwerke, die in schwierigen Lebenslagen zur Unterstützung bereitstehen, sodass entstehender Hilfebedarf nicht unbedingt im Rahmen der Jugendhilfe abgedeckt wird.

Auch für Alleinerziehende bzw. ›Ein-Eltern-Familien‹ spielt ein unterstützender Rahmen eine wesentliche Rolle. Dies betrifft sowohl die finanzielle Unterstützung als auch Beratungs- und Qualifizierungsangebote und Maßnahmen, die eine Vereinbarkeit von Familie und Beruf ermöglichen. Alleinerziehende brauchen insbesondere eine verlässliche, flexible und qualitativ hochwertige Kinderbetreuung sowie eine Arbeitsorganisation, die Arbeitnehmer/innen Flexibilität ermöglicht. Ein dementsprechender Rahmen hilft nicht nur dem Elternteil – er dient dem Kindeswohl ungemein.

Familien, in denen ein Hilfebedarf *öffentlich* wahrgenommen wird, leben häufiger in sozial und ökonomisch schwierigen Situationen: Die Eltern verfügen durch eine relativ unzureichende Schul- und Berufsbildung, durch gering entlohnte Tätigkeiten, durch Arbeitslosigkeit und Verschuldungen über ein geringes Einkommen. Die Wohnverhältnisse sind dementsprechend oft unzureichend und beengt. In den Familien finden sich vermehrt gesundheitliche Beeinträchtigungen und ein fehlendes oder problematisches soziales Netz kann selten als Ressource genutzt werden. Im Fall von Pauls Familie trifft eine Mehrzahl der Faktoren zusammen. Die Mutter hat keine abgeschlossene Ausbildung und arbeitet nicht, der Vater findet ab und zu Gelegenheitsjobs. Die Familie wohnt zur Untermiete bei den Großeltern. Sie ist im Dorf bekannt, aber nicht wirklich integriert. Die Beziehungspflege im Dorf findet oft in Verbindung mit einem hohen Alkoholgenuss statt.

Der Biografieverlauf von hilfebedürftigen Familien und die damit einhergehenden Erfahrungen von unzureichender emotionaler Wärme, Verwahrlosung, Gewalt und geringen Bindungen haben nicht selten bereits in der Großelterngeneration dazu geführt, dass Hilfemaßnahmen und staatliche Eingriffe erforderlich wurden (Familienhilfe, Tagesgruppe, Heimunterbringung). Eltern, die unter defizitären Bedingungen aufgewachsen sind, zeigen sich besonders anfällig, den Anforderungen an Versorgung, Erziehung und Förderung ihrer Kinder selbst nicht gerecht werden zu können, weil sie sich hierfür nicht aus einem eigenen Erfahrungs- und Erlebnisschatz bedienen können. Sie bedienen sich natürlich trotzdem, weil sie nicht Nicht-Handeln können – aber das Ergebnis ist oft nicht sehr hilfreich.

Aufgrund ihrer biografischen Erfahrungen haben die Familien Fähigkeiten entwickelt, über einen langen Zeitraum auch mit besonders schwierigen Situationen umzugehen und diese auszuhalten. Das ist auf der einen Seite eine Ressource – auf der anderen ein Dilemma. Eine Ressource, weil sie eine Persönlichkeit entwickelt haben, die Belastungen aushalten und vieles erdulden kann; ein

Dilemma, weil sie diesen Zustand häufig als so normal ansehen, dass sie sich gar nicht auf die Suche nach Auswegen machen. Pauls Mutter hat relativ früh in ihrer Beziehung zu Pauls Vater erfahren, dass Impulsivität und Alkohol keine gute Grundlage für eine harmonische Beziehung sind. Sie hat sich für die Strategie der Anpassung entschieden. Pauls Vater hat den Absprung von zu Hause, insbesondere von dem herrischen Vater nicht geschafft, obwohl dieser ihm immer wieder einen Spiegel des Versagens vorhält. Der Wunsch der Familienmitglieder nach einer intakten Familie, die Sorge, die Elternrolle zu verlieren und das Misstrauen gegenüber Ämtern und sozialen Diensten verhindert häufig eine positive Einstellung gegenüber einer Hilfemaßnahme oder gar einem Pflegeverhältnis für ihr Kind. Die Überlastung der staatlichen Organe führt in der Regel nicht dazu, dass ein Hilfebedarf von Familien frühzeitig erkannt wird und dass Ressourcen in den Aufbau vertrauensvoller Beziehungen investiert werden können bzw. präventive Hilfen ausreichend zur Verfügung gestellt werden. So entwickelt sich oft, fast zwangsläufig, eine Verquickung von Umständen, die ein erfolgreiches Helfen nur schwer zustande kommen lässt: Auf der einen Seite steht die Fähigkeit der Familien, sich mit Gegebenheiten zu arrangieren, verbunden mit einer Verleugnung von bestehenden Problemen. Ihre Erfahrungen mit staatlichen Organen und das daraus resultierende Misstrauen führen zu dem schon anfangs benannten Abwehrverhalten. Auf der anderen Seite stehen die häufig nicht ausreichenden Ressourcen der (Sozial- und Jugend-)Behörden, die eine zufriedenstellende Gestaltung von Prozessen, die für die Sozialarbeit mit Familien erforderlich wären, verhindern.

Der Prozess, der sich stattdessen vielfach entwickelt, wenn Probleme nicht mehr zu übersehen und zu verleugnen sind, erschwert eine notwendige Hilfeleistung nachvollziehbar: Die Bedürftigkeit und die Notlage der betroffenen Kinder fällt dem Umfeld auf, Hinweise von Nachbarn, Kindergärten oder Schulen führen letztendlich zu einem Einschreiten des Jugendamtes und zur Prüfung oder Abwendung einer Kindeswohlgefährdung. Eine für alle Beteiligten möglicherweise hilfreiche und entlastende Fremdunterbringung eines Kindes entwickelt sich selten aus einem konstruktiven Prozess mit den Eltern heraus, sondern wird in der Regel von außen in Gang gesetzt. Nicht selten zwingt die ›Drohung‹ eines Sorgerechtsentzuges von Seiten der Jugendämter die Herkunftseltern dazu, unfreiwillig in eine Fremdunterbringung einzuwilligen. Auch Pauls Mutter hat ihre Zustimmung zur Fremdunterbringung ihres Sohnes nicht allein aus eigener Erkenntnis getroffen. Die Worte ›Familiengericht‹ und ›Sorgerechtsentzug‹ sind in den entscheidenden Gesprächen mit der ASD-Fachkraft schon gefallen.

Ist eine Fremdunterbringung nicht abwendbar, stehen die Eltern vor der Aufgabe, ihr Kind gehen zu lassen und ihm die Erlaubnis zu geben, sich auf neue Bezugspersonen – auch emotional – einzulassen. Demgegenüber steht der Wunsch der Eltern, das Kind nicht loslassen zu wollen und es weiterhin an sich zu binden. Aufgabe und Wunsch passen nicht wirklich zusammen. Eltern, die die Leistung vollbringen, in einer solchen Situation einem Pflegeverhältnis innerlich zuzustimmen, verdienen große Anerkennung. Diesen hohen Anspruch können jedoch viele Eltern gar nicht erfüllen – was bedeutet, dass für die Bearbeitung dieser Problematik im zukünftigen Hilfesystem ausreichend Platz zur Verfügung stehen sollte, wenn ein Aufwachsen des Kindes in einer Pflegefamilie eine ernsthafte Chance erhalten soll.

Die Perspektive des Kindes

Nicht alle Kinder erleben ein kindgerechtes Aufwachsen (→ Kapitel 1). Kinder wie Paul, die in problematischen Familienverhältnissen aufwachsen, benötigen Hilfe – keine Frage. Sie haben einen Anspruch darauf, kindgerecht und gewaltfrei aufzuwachsen.

Die Entscheidung darüber, wie sehr dieser Anspruch durch die eigenen Eltern ausreichend erfüllt werden kann, welche Hilfen gesucht, genutzt und geleistet werden, ob ein Zusammenleben und damit ein Verbleib in der Familie möglich und sinnvoll ist oder eine Fremdunterbringung erforderlich wird – diese Entscheidung treffen, aus gutem Grund, die Erwachsenen. Erfahrungsgemäß entscheiden sich die betroffenen Eltern nicht sehr häufig von sich aus für die Beantragung von Hilfen und selten für eine Trennung von ihren Kindern. In der Regel kommt der Anstoß von außen. Der Prozess zur Einschätzung der Gefährdung von Paul im und durch das Familiensystem hat uns dies im → Kapitel 2 anschaulich vor Augen geführt.

Aus Sicht eines Kindes betrachtet, ist eine Herausnahme aus der eigenen Familie häufig eine Katastrophe. Selbst wenn die Erwachsenen (Fachkräfte!) im Verlauf eines Prozesses zu der klaren Einschätzung gekommen sind, das Kind kann auf gar keinen Fall in der Familie bleiben, so ist die Wahrnehmung des Kindes über seine Lebenssituation eine völlig eigene: Es leidet vielleicht gelegentlich Hunger, fühlt sich oft krank, ist traurig, wenn die Mutter auf das Schreien des Kindes nicht reagiert, ist verwirrt oder fühlt sich unverstanden, wenn der Vater immer wieder mit Schlägen reagiert oder das Kind gar nicht wahrnimmt. Es schämt sich vor den anderen Kindern, wenn es alte oder dreckige Kleidung trägt. Aber wenn wir ein Kind wie Paul fragen, wird es vielleicht sagen:

»Meine Mama ist eine gute Mutter ... sie war immer Zuhause, hat mich in dem Arm genommen, hat mit mir ferngesehen, sie hat geschimpft aber mich nie gehauen ...

mein Vater meint es gar nicht so, hinterher tut es ihm ja auch leid … und ich war ja auch unverschämt zu ihm …«

Kinder erleben ihre schwierige Situation zuhause nicht nur als Leid. Oft sind sie erstaunlich robust und behelfen sich auf anrührende Weise mit kleinsten Mitteln. Und – sie hängen an ihren Eltern, denn sie sind die einzige feste Zugehörigkeit, die sie in ihrer Welt kennen. Nicht selten leben diese Kinder in relativer Abgeschiedenheit mit ihrer Familie, sie werden kaum zu Schulkameraden nach Hause eingeladen, haben also wenige Vergleichsmöglichkeiten. Sie können gar nicht wirklich sagen, was in ihrer Familie so besonders ist, weil sie nicht erleben, wie es woanders zugeht. Und wenn sie beschimpft oder geschlagen werden, dann suchen sie die Schuld schnell bei sich: »Ich war ja auch ganz schön frech zu meinen Eltern …«

Wenn diese Kinder also gefragt würden, wo ihr weiteres Zuhause sein soll – sie würden die Frage gar nicht verstehen und wie selbstverständlich antworten: »Bei meinen Eltern!« Die Überlegung, sie von ihren Eltern und Geschwistern zu trennen, würde sie in höchstem Maße irritieren und ängstigen. Sie hören nur, dass man sie aus ihrem Zuhause herausreißen will: »Wieso Trennung? Was ist denn geschehen? Warum kann ich nicht zuhause bleiben, hier sind doch meine Eltern? Was hab ich gemacht, was bin ich wert?« Nicht selten geben Kinder sich selbst die Schuld am Geschehen, auch lange bevor das Wort ›Trennung‹ im Raum steht. Sie denken traurigerweise, die Not der Eltern habe mit ihnen zu tun, sie seien wertlos und nicht liebenswert genug.

Wenn schließlich die Trennung – Fremdunterbringung – erfolgt, erleben Kinder wie Paul, dass sie als Fremde in eine völlig unbekannte Familie kommen. Menschen, die sie häufig vorher als Helfer kennengelernt haben, kommen zu ihnen nach Hause, packen ihre Sachen und bringen sie zu fremden Menschen. Wenn keine gute Vorbereitung gelingt, müssen die Kinder häufig auch noch mit ansehen, wie ihre Eltern in dieser Situation hochemotional und machtlos reagieren.

Angekommen in der Fremde, erleben sie ein bestehendes soziales System – das der Pflegefamilie – welches sich in der Regel sehr stark von ihrem bisherigen Zuhause und sozialen Umfeld unterscheidet. Das Haus, die Umgebung, die Räumlichkeiten – alles wirkt anders, groß und fremd. Und alle schauen mit großen Augen erwartungsvoll auf den kleinen neuen Paul. Das Kind hört, dass dies nun sein neues Zuhause sein soll, dass es sich wohlfühlen soll, dass alle sich freuen – und spürt, dass die Familie das gleiche (heimlich) auch von ihm erwartet.

Aber Paul kann sich nicht wirklich freuen. Er staunt sicherlich, ist auch neugierig auf das viele Neue, aber wie es ihm wirklich geht, bleibt in der Regel verborgen. Der Beginn eines Pflegeverhältnisses ist aus Sicht des Kindes in der Regel geprägt von Zurückhaltung und Anpassung. Den wahrhaftigen Paul erleben seine Pflegeeltern vielleicht erst Monate später. Häufig hat das Kind aus guten Gründen schon längst Strategien gelernt, seine Gefühle zu verbergen. Es spürt, was von ihm erwartet wird und spielt das ›Spiel‹ der Erwachsenen mit. Aber wie soll so ein Paul auch wissen, wie es ihm geht, wenn er belastet ist mit verwirrenden und widersprüchlichen Gefühlen über die Trennung/Fremdplatzierung und deren Hintergründe, die er ja nicht wirklich versteht. Das Kind ist unsicher, wie es mit ihm selbst weitergeht, was mit den Eltern wird, ob es seine Familie wiedersehen wird, ob die Familie ihn – das Kind – wiedersehen will. Während die Erwachsenen denken, sie haben dem Kind etwas Gutes getan, es geschützt, ihm einen Start in eine bessere Zukunft ermöglicht, ist die Welt des Kindes »aus den Fugen geraten«.

Die Perspektive der Pflegefamilien

Pflegeeltern und Herkunftseltern sind sich ähnlicher, als sie vielleicht denken. Oder andersherum – die Unterschiede zwischen ihnen sind kleiner, als sie vielleicht wahrhaben möchten. Sie handeln, wie alle Menschen, auf der Grundlage ihrer verinnerlichten Erfahrungen und innerhalb ihnen bekannter Muster. Sie bewegen sich in vertrautem Rahmen, haben eine Vorliebe für ein ihnen wohlbekanntes Umfeld und nutzen gut ausgebaute Wege zur Fortbewegung. Sie nehmen sich Dinge vor, die ihnen nicht gelingen, sie kennen die Frustration, wenn sie mit Anforderungen konfrontiert werden, die sie nicht bewältigen können. Sich auf fremde oder neue Wege zu begeben, fällt vielen Menschen schwer – und wenn es nicht notwendig ist im Leben, lässt man vieles auch bleiben. Der Gedanke, dass es nicht nur Unterschiede zwischen Herkunfts- und Pflegeeltern gibt, könnte besonders den Pflegeeltern in manchen schwierigen Situationen helfen, eine Lösung für ein Dilemma zu finden. Aber dazu kommen wir später.

Auf die Kindererziehung bezogen gilt das Beschriebene entsprechend: Auch Pflegeeltern geraten gelegentlich mit der Erziehung ihrer Kinder an Grenzen, denn Konflikte sind in keiner Familie vermeidbar. Auch Pflegeeltern sehen sich in ihrer Elternaufgabe infrage gestellt, wenn sie sich im Umgang mit ihrem Pflegekind als Akteure in einem Drama wiederfinden, dass sie sich nicht erträumt hätten. Und das liegt nicht etwa zwangsläufig an einer unüberlegten Entscheidung oder mangelnden Vorbereitung. Selbst Pflegeeltern, die hauptberuflich pädagogisch mit Kindern arbeiten, stellen manchmal zu Hause fest, dass sie mit ihrem Latein am Ende sind und fangen an, ihre Kompetenz infrage zu stellen.

Und dennoch bestehen zwischen unseren beiden Familien Unterschiede, die sich nicht nur aus verschiedenen Blickwinkeln erklären. Wenn es richtig ist, dass alle Menschen auf der Grundlage ihrer verinnerlichten Erfahrungen und innerhalb ihnen bekannter Muster handeln, gründen sich die Unterschiede genau darauf: Die Erfahrungen und Erlebnisse, die zukünftige Pflegeeltern in ihrer Kindheit gemacht haben, sind in der Regel völlig andere als die von Herkunftseltern. Aufgrund dieser Erfahrungen konnten zukünftige Pflegeeltern Fähigkeiten und Kompetenzen entwickeln, die ihrem Leben einen anderen Verlauf gegeben haben und die ihnen in der Erziehung der eigenen Kinder nutzen. Auch Pflegeeltern haben mit Sicherheit in ihrem bisherigen Leben vor großen Hürden gestanden, aber sie konnten vielleicht auf andere Ressourcen zurückgreifen und ihnen standen möglicherweise hilfreiche soziale Netzwerke zur Verfügung, die ihnen in schwierigen Lebenslagen Unterstützung gewährten.

Mit diesen beschriebenen Unterschieden ist jedoch auch etwas verknüpft: An die Pflegeeltern werden im System Vollzeitpflege andere Erwartungen geknüpft als an die leiblichen Eltern. Und die Grund-Erwartung ist, dass Pflegeeltern diesen Unterschied aushalten (lernen).

Menschen bzw. Familien, die sich entscheiden, ein Pflegekind bei sich aufzunehmen, haben dafür gute, oft auch sehr persönliche Gründe: Sie haben Freude an dem Zusammenleben mit Kindern, haben vielleicht das eigene Aufwachsen mit mehreren Geschwistern genossen oder arbeiten im sozialen Bereich. Sie haben womöglich in ihrem sozialen Umfeld Familien mit Pflegekindern kennengelernt, zeigen grundsätzlich soziales Engagement und möchten ihre Privilegien einem benachteiligten Kind zugutekommen lassen, in dem sie diesem einen Platz in ihrer Familie anbieten. Ist dieser Entscheidungsprozess abgeschlossen, so lernen die Fachkräfte der Jugendhilfe oft Pflegeelternbewerber kennen, die voller Energie und Enthusiasmus ihre Bereitschaft zur Aufnahme eines Pflegekindes bekunden – und am liebsten sofort mit ihrem Vorhaben starten würden.

Die Pflegeelternbewerber erfahren jedoch zuerst einmal, dass sie sich in Qualifizierungs- und Auswahlkurse begeben müssen: Denn mit der Aufnahme eines Pflegekindes übernimmt eine Familie eine hohe Verantwortung und entscheidet sich für eine ungewisse Zukunft. Sofern es in der Familie keine Hellseher gibt, ist die Zukunft natürlich auch ohne die Aufnahme fremder Kinder nicht komplett planbar. Dennoch ist den meisten Bewerbern nicht bewusst, was die Aufnahme eines Pflegekindes für sie als Eltern und für die ganze Familie wirklich bedeutet. Das kann es auch gar nicht – und deshalb werden sie darauf vorbereitet.

Viele zukünftige Pflegeeltern versuchen zwar, sich über die Situation von Kindern aus problematischen Familienverhältnissen zu informieren und sich gedanklich darauf einzustellen, dass ein Kind, das sie in die Familie aufnehmen, auch einen Hilfebedarf mitbringt. Sie sind jedoch grundsätzlich optimistisch, dass sie als Pflegeeltern in der Lage sind, diese Hilfen zu leisten. Dieser Optimismus ist wichtig, weil er im Verlauf der Betreuung dringend gebraucht wird.

Das wirkliche Lernen von Pflegeeltern beginnt eigentlich erst am Aufnahmetag des Kindes: Den Pflegeeltern ist die große Erwartung und die Freude, aber auch ein Stück Unsicherheit deutlich am Gesicht abzulesen. Sie hoffen, sich gut auf den großen Tag eingestellt zu haben, wünschen sich, dass die Freude sich auf das Kind überträgt – was nicht immer gelingt.

Viele zukünftige Pflegeeltern gehen grundsätzlich davon aus, dass ihr Angebot etwas ausschließlich Hilfreiches und Gutes ist, dass der Alltag, den ein Kind in ihrer Familie erleben wird, für die Entwicklung des Kindes durchweg förderlich und erleichternd sein wird. Diese Annahme mag für die eigenen Kinder sicherlich absolut zutreffend sein – für das Pflegekind stimmt sie jedoch keinesfalls. Die Tatsache, dass ein Pflegekind in seiner zukünftigen Familie eine riesengroße Leistung vollbringen muss, um sich in dem neuen System zurechtzufinden und zu behaupten, zeigt sich den Pflegeeltern erst in der eigentlichen Betreuung und wenn im Zusammenleben mit dem Kind die ersten Konflikte auftauchen. Viele Pflegeeltern begeben sich bei Auffälligkeiten des Kindes in eine Falle, die ihnen allein nur schwer bewusst wird: Sie beziehen das besondere Verhalten des Kindes auf sich! Wenn ein Kind in der Pflegefamilie klaut oder in der Schule erklärt, es bekomme zu wenig zu essen, fragen sich Pflegeeltern: »Wieso tut es das? Es bekommt doch alles bei uns …« Welche Herausforderungen und Belastungen die Aufnahme eines Kindes für die Pflegeeltern und die ganze Familie bedeutet, müssen Pflegeeltern leider – trotz kompetenter fachlicher Vorbereitung – am eigenen Leib erfahren. Denn die in der Vorbereitung genutzten Hypothesen und Fallbeispiele können nicht die komplette zukünftige Realität abbilden.

So waren es zukünftige Pflegeeltern bisher gewohnt, ihr Familienleben vollkommen eigenständig zu regeln. Sie haben über Abläufe, Regeln und Freizeitaktivitäten entschieden, darüber, welchen Menschen sie ihr Haus öffnen – und welchen nicht. Mit dem Einzug eines Pflegekindes erleben die Pflegeeltern, wie sehr die private und persönliche Flexibilität häufig eingeschränkt wird. Das persönliche Handeln und der familiäre Alltag muss auf die Erziehungsaufgaben für das Pflegekind abgestimmt werden. Familiäre Umgangsformen und eigene Verhaltensweisen (Interaktionsmuster, Freizügigkeit etc.) werden hinterfragt. Mit den Vorerfahrungen und Bedürfnissen des Pflegekindes findet etwas Fremdes Einzug ins Haus. Verhaltensweisen und Umgangsformen des Kindes wirken nicht selten auch auf die eigenen Kinder, was den Pflegeeltern Sorgen bereitet. Das Pflegekind bringt Freunde mit ins Haus, die die Pflegeeltern von ihren eigenen Kindern nicht gewohnt sind – und die Familie des Pflegekindes ›zieht mit ins Haus‹ ein. Das geschieht zwar nur im übertragenen Sinn, aber die Wirkung von etwas Fremden ist deutlich spürbar.

Wenn es darum geht, Entscheidungen für das Pflegekind zu treffen, stellen Pflegeeltern fest, dass die Eltern – da sie häufig das Sorgerecht behalten – ein Mitspracherecht haben. Das haben die Pflegeeltern alles schon in ihren Vorbereitungskursen erfahren, aber jetzt spüren sie gelegentlich, wie sich das anfühlt, wenn die leiblichen Eltern Dinge hinterfragen (»Wieso haben sie meiner Tochter beim Friseur die Haare abschneiden lassen?«) oder mit Entscheidungen nicht einverstanden sind (»Sie wollen drei Wochen verreisen? Was ist dann mit unserem Besuchskontakt zu Paul?«). So geraten Pflegeeltern, die sich der Kritik ausgesetzt fühlen, nicht selten in eine Abwehr- oder Vorwurfshaltung gegenüber den leiblichen Eltern: »Wir reißen uns den A… auf für ihr Kind und die Eltern kommen mit überzogenen Ansprüchen!«

Auch das Innenleben der Pflegefamilie verändert sich – durch gegenseitige Anpassungsleistungen von Pflegefamilie und Pflegekind. Zwei sich bisher fremde Lebenswelten treffen aufeinander: Die Lebenswelt des Pflegekindes und die der Pflegefamilie. Das Kind bringt Gewohnheiten und Verhaltensweisen mit in den Alltag, die z. T. befremdlich sind, holt sich ungefragt Persönliches aus dem Zimmer des eigenen Kindes oder versteckt seine Unterwäsche. Es reagiert auf Normalitäten des neuen Familienlebens mit Irritationen, ist schon beim Frühstück überfordert, weil zu viele Dinge auf dem Tisch stehen oder schaut zehnmal am Tag in den Kühlschrank. Den Pflegeeltern bleibt nichts anderes übrig, als Wege zu finden, sich im Alltag immer wieder zu sortieren, zu arrangieren und Unterschiedliches aufeinander abzustimmen.

Probleme und Besonderheiten im Leben mit dem Pflegekind berühren auch die Paarbeziehung und haben Auswirkungen auf die leiblichen Kinder der Pflegeeltern wie auch auf den weiteren Verwandtschaftsbereich und das gesamte soziale Umfeld der Pflegeeltern. Die Aufnahme eines Pflegekindes ist nicht selten ein Test für die Belastbarkeit von Familienbeziehungen, Freundschaften und auch Nachbarschaften. So versteht der berufstätige Pflegevater oft die Sorgen der Pflegemutter nicht, die vielleicht den ganzen Tag mit den Widerständen und der Ablehnung des kleinen Paul zu tun hatte und keine Strategie gefunden hat. So verstehen bemühte Großeltern der Pflegefamilie nicht, dass das Pflegekind einen stärker strukturierten Tagesablauf braucht als die anderen Enkelkinder (»Wieso darf denn der Paul das nicht, nun lass ihn doch auch mal …«) und werfen der Pflegemutter zu viel Strenge oder Ungleichbehandlung vor. So stellen die Pflegeeltern von Paul, der sich zunehmend als wild agierend zeigt oder der die Grenze von ›dein‹ und ›mein‹ noch lange nicht verstanden hat, plötzlich fest, dass Freunde der Pflegeeltern mit ihren eigenen Kindern weniger gern zu

Besuch kommen oder die Pflegefamilie nicht mehr zu sich einladen. So verstehen die Nachbarn oft nicht, was Pflegeeltern leisten müssen, es entsteht Gerede über den Umgang der Pflegemutter mit dem Pflegekind, über die Motivation der Familie, ein Kind zu betreuen (»Tun sie es vielleicht nur wegen des Geldes?«).

Gelegentlich erleben Pflegeeltern auch, wie eine Kinderschutzmeldung sich am eigenen Leib anfühlt, weil Nachbarn eine vermeintliche – oder auch ernstzunehmende – Kindeswohlgefährdung wahrgenommen haben. Die Pflegefamilie erlebt somit plötzlich selbst eigene, neue Spannungsfelder, die nicht immer unmittelbar die Pflegschaft betreffen, die jedoch ihre persönliche Haltung und Motivation beeinträchtigen können.

Erfahrungsgemäß ist allein die persönliche oder gar fachliche Kompetenz von Pflegeeltern nicht ausreichend im Umgang mit den benannten Spannungsfeldern. Ratsam ist dagegen in jedem Fall ein Austausch in Netzwerken von Gleichgesinnten. In jeder Region finden Betroffene Gruppen von Pflegeeltern, die sich regelmäßig treffen, sich gegenseitig ihre Lebenssituation und Alltagserfahrungen mitteilen und – auf Verständnis stoßen. Einer anderen Pflegemutter müssen sie nicht lange erklären, wie sie sich fühlen, wenn sie sich in der Nachbarschaft unverstanden sehen oder das Jugendamt wegen einer Beschwerde vor ihrer Tür steht. Die andere Pflegemutter hat aber vielleicht neben ihrem Verständnis sogar noch einen guten Tipp zum Umgang oder weiteren Vorgehen mit Spannungsfeldern. Am Ende dieses Kapitels weise ich zusätzlich und eindringlich auf die Notwendigkeit einer fachlichen Begleitung von Pflegefamilien hin. Beim Weiterlesen werden Sie immer deutlicher merken, aus welchen guten Gründen ich das Wort ›eindringlich‹ benutze.

Eine große Belastung ist der Spagat zwischen dem Privatleben als Familie und den Anforderungen, die im Rahmen einer Jugendhilfemaßnahme an sie als Pflegefamilie gestellt werden: Das Jugendamt, der Vormund, vielleicht auch die leiblichen Eltern kommen zu Besuch – zu ihnen nach Hause! Der Erziehungsalltag in der Familie wird plötzlich regelmäßig »begutachtet«. In wiederkehrenden Hilfeplangesprächen wird im Beisein der leiblichen Eltern über den Alltag in der Pflegefamilie gesprochen. So rückt die Intimsphäre einer privaten Familie deutlich in den Hintergrund; die Familie öffnet sich gegenüber den Jugendämtern, den Eltern und auch anderen Kooperationspartnern (Schule, Kindergarten, Therapeut, einer Fachberatung, wenn sie installiert ist).

Die zunehmenden Erwartungen an eine Rückführung von Pflegekindern in ihre Herkunftsfamilie stellen eine weitere große Herausforderung für die Pflegefamilie dar. Der Wunsch von leiblichen Eltern und auch Pflegekindern, wieder zusammenleben zu können, besteht manchmal über lange Jahre und macht sich immer wieder bemerkbar, indem sich das Kind, z. B. nach Konflikten in der

Pflegefamilie, zurückzieht, Eltern entsprechende Anträge stellen oder wiederholte gerichtliche Überprüfungen einberufen werden. Mit den Pflegekindern werden familienähnliche Bindungen eingegangen, die aber möglicherweise nur eine
begrenzte Zeit andauern können. Aufnahmen und Beendigungen von Pflegeverhältnissen bedeuten stetige Veränderungen im System einer Pflegefamilie und
damit eine zusätzliche physische und psychische Belastung aller Familienmitglieder.

Die Perspektive der öffentlichen Jugendhilfe

Die Aufgaben der öffentlichen Jugendhilfe sind ausführlich im Gesetzestext im
SGB VIII beschrieben. Nach der Erklärung der Rechte auf Erziehung, der Definition von Elternverantwortung werden gleich im ersten Paragraf des Gesetzestextes die grundlegenden Aufgaben der Jugendhilfe benannt:

»Jugendhilfe soll junge Menschen [...] fördern und dazu beitragen, Benachteiligungen zu vermeiden oder abzubauen, [...] Eltern [...] bei der Erziehung beraten und
unterstützen, Kinder und Jugendliche vor Gefahren für ihr Wohl [...] schützen, [...]
dazu beitragen, positive Lebensbedingungen für junge Menschen und ihre Familien
[...] zu erhalten oder zu schaffen.« (SGB VIII, § 1 Abs. 3. Auch hier sind im Zuge
der Reformbestrebungen Änderungen geplant (vgl. DIJUF, Zugriff am 15.06.2017),
demnach SGB VIII, § 1 Abs. 4.)

Die Unterbringung von Kindern in Pflegefamilien erfolgt ebenfalls auf der
Grundlage des Kinder- und Jugendhilfegesetzes. Das Jugendamt überträgt der
Pflegefamilie im Rahmen der Hilfe zur Erziehung, gemäß § 33 SGB VIII, die
Betreuung von Pflegekindern. Ist das Einverständnis der Eltern bzw. Sorgeberechtigten nicht zu erreichen, muss das Familiengericht diese ersetzen.
    Die Zusammenarbeit zwischen Jugendamt, Herkunfts- und Pflegefamilie
orientiert sich formal an dem Ziel, eine Rückkehr des Kindes in seine Herkunftsfamilie zu ermöglichen (SGB VIII, § 37 Abs. 1. Auch hier sind im Zuge der
Reformbestrebungen Änderungen geplant (vgl. DIJUF, Zugriff am 15.06.2017),
demnach SGB VIII, § 36a Abs. 2.). Zur Überprüfung der Hilfeleistungen wird
halbjährlich eine Hilfeplanung durch das Jugendamt einberufen.

Durch gravierende Fälle von Kindesmisshandlungen und Kindestötungen sowie
durch die darüber erfolgte Berichterstattung, konzentrieren sich die immer weiter ausdifferenzierten Konzepte und Arbeitsweisen der Jugendämter vermehrt
auf die Wahrnehmung des Kinderschutzauftrages. Der Bedarf von Jugendämtern,

Kinder und Jugendliche im Rahmen der Jugendhilfe in entsprechend vorberei-
teten und ausgebildeten Pflegefamilien unterzubringen, ist groß.

Diese Fachkräfte stehen vor einem großen Dilemma. Selbst wenn sie mit
einer hochprofessionellen Ausbildung und Einstellung ans Werk gehen wollen,
setzt ihnen die Alltagspraxis massive Grenzen. Durch die vielfältigen Aufgaben, wie beispielsweise den Kinderschutzauftrag zu gewährleisten, die laufen-
den Fälle zu begleiten und gleichzeitig die Kosten der Hilfen zur Erziehung im
Blick zu behalten, kommt es in den Diensten vermehrt zu Überlastungssymp-
tomen. Unzufriedenheit und Überforderung macht sich breit, Motivationsver-
lust führt zu einer auffälligen Personalfluktuation in den Allgemeinen Sozialen
Diensten der Jugendämter. Kurzfristige Personalaufstockungen im Kontext der
Kinderschutzverantwortung alleine haben häufig nicht die gewünschten Entla-
stungs- und Motivationseffekte gebracht, weil sie selten zu einer strategischen
Neuausrichtung der Dienste führen. Eine neue Balance von Prävention und
Intervention zu finden, übersteigt häufig die Spielräume, in denen die Behörden
sich bewegen können (s. a. Handbuch Pflegekinderhilfe 2010, S. 102)[33].

 Die Entscheidung über Hilfen/Kosten wird in Fachgremien getroffen, die Sozialarbeiterinnen vor Ort müssen gut argumentieren, um Leistungen zu rechtfer-
tigen, sie haben keine Entscheidungskompetenz. Die liegt auf der Ebene der
Abteilungsleitungen bzw. der wirtschaftlichen Jugendhilfe.

In der Konsequenz liegt es somit vor allem in der Verantwortung, der Kompetenz und dem Zeitbudget der Fachkräfte, ob und wie intensiv vor Ort, in den
Familien, flexible Hilfe- und Schutzkonzepte gemeinsam mit den Familien entwickelt werden (können). Und es liegt auch an dem sozialen und öffentlichen
Netzwerk der betroffenen Familie, das in seinem Wirken maßgeblich mit darüber entscheidet, zu welchem Zeitpunkt die Fachkraft im Jugendamt um Mitwirkung gebeten wird. Hilfebedürftigkeit fällt naheliegend natürlich am ehesten
den Menschen auf, die direkten Kontakt zur Familie haben: Freunden, Nachbarn, Erzieherinnen, Lehrerinnen und auch Ärzten.

Mit der Überlegung zu einer Fremdunterbringung in einer Pflegefamilie
kommen neue Menschen ins Spiel: Die ASD-Fachkraft, die im Rahmen der
Hilfegestaltung nach der Gefährdungsprüfung in der Familie von Paul tätig
wurde, verabschiedet sich. Sie übergibt die Verantwortung an ihre Mitarbei-

---

33   DJI, Kindler H./Helming E./Meysen T./Jurczyk K. (Hg.) (2010): Handbuch Pflegekinderhilfe.
      München: Deutsches Jugendinstitut e. V., Verfügbar unter: https://www.bmfsfj.de/blob/93988/
      417b6cea8befc4e5df60b8728911fa0e/handbuch-pflegekinderhilfe-dji-data.pdf, Zugriff am
      18.03.2017.

terin des Pflegekinderdienstes, einer Abteilung der Jugendämter, deren Aufgabe es ist, den § 33 SGB VIII in die Praxis umzusetzen. Die Kollegin hat sich ja bereits auf die Suche nach geeigneten Pflegeeltern gemacht. Erst zu diesem Zeitpunkt lernen die Fachkräfte des Pflegekinderdienstes in der Regel das betreffende Kind – in diesem Fall Paul – und deren Eltern kennen. Kommt es zu einer Unterbringung, begleitet der Pflegekinderdienst das System Vollzeitpflege über die gesamte Dauer. Die Fachkräfte des Dienstes sind verantwortlich für einen kindgerechten Betreuungsverlauf. Dementsprechend ist es ihre Aufgabe, den Verlauf – und damit das Kind, die Pflegeeltern und wenn erforderlich auch die leiblichen Eltern – beratend und begleitend zu unterstützen.

Auch diese anspruchsvolle Arbeit gelingt nicht allein dadurch, dass sie von qualifizierten Fachkräften durchgeführt wird – selbst wenn diese Fachkräfte über Erfahrung verfügen, sich in ihrer Arbeit anerkannt und gestärkt fühlen und über ein gewachsenes und fundiertes professionelles Selbstverständnis und Selbstbewusstsein verfügen. Sie kann nicht gelingen, wenn eine Fachkraft für eine Fallzahl – so werden hilfebedürftige ›Klienten‹ in der Jugendhilfesprache genannt – von 40 bis 60 Klienten verantwortlich ist. In dreiviertel der Jugendämter in Deutschland werden von einer Fachkraft mehr als 50 ›Fälle‹ betreut (DJI/DIJuF 2006). Richtwerte aus dem Jahr 2009 sehen folgende Relation vor: Nach Prof. Dr. Reinhard Wiesner » wird eine Richtzahl zu fordern sein, die bei maximal 25 Pflegekindern oder Jugendlichen pro Fachkraft liegt«. Das Institut für Soziale Arbeit (ISA) empfiehlt 25 Familien bzw. 40 Kinder. Das Deutsche Jugendinstitut München (DJI) legt eine Richtzahl von maximal 35 Pflegeverhältnissen (ohne Fallführung) zugrunde.[34]

In der Praxis erleben Pflegefamilien daher nicht selten, dass die Fachkräfte aus den Behörden ihnen nach der Aufnahme eines Pflegekindes nicht wirklich zur Seite stehen. Da wir jedoch aus der anderen Perspektive schauen, werden die Fachkräfte – zu Recht – erwidern, dass sie dafür auch nicht wirklich Gelegenheit haben: Die Fachkraft im Pflegekinderdienst ist häufig lange auf der Suche nach einer geeigneten Pflegefamilie für eine schwierige Betreuungsaufgabe. Sie ist froh, wenn sie eine gefunden hat, die sich die Aufgabe zutraut. Sie ist mit vielen Regelungsaufgaben beschäftigt, die für den Ablauf der Aufnahme notwendig sind – und ist die Aufnahme endlich erfolgt, warten schon die nächsten ›Fälle‹ wieder auf sie. Ach ja – und zwischendurch ist sie auch noch für die Akquise, Ausbildung und Eignungsprüfung von Pflegeeltern verantwortlich.

Eine konstante, intensive Begleitung eines Pflegeverhältnisses kann durch den Pflegekinderdienst in den seltensten Fällen geleistet werden. Die Fachkraft

---

34 Landesjugendamt Rheinland-Pfalz, Rahmenkonzeption im Pflegekinderwesen, Verfügbar unter: http://www.lvr.de/app/resources/rahmenkonzeptionpflegekinder230609.pdf, Zugriff am 19.03.2017.

ist froh, wenn die Pflegeeltern möglichst viele Hürden ohne Hilfe der Behörde nehmen und das Notwendige regeln. Ob diese das wirklich können, erfährt sie manchmal erst, wenn sie zu einer heftigen Krise gerufen wird. Und Hilfen, die in erster Linie im Rahmen von Kriseninterventionen geleistet werden müssen – das hat jede Fachkraft schon erfahren – sind nicht die wirklich wirksamen.

Ein anderer Aspekt, der in den Behörden im Rahmen von Pflegeverhältnissen eine sehr unterschiedliche Priorität erhält, ist die Arbeit mit den leiblichen Eltern. Wie schon angesprochen, sind viele Jugendämter so organisiert, dass sie aufsuchende Familienarbeit bis hin zur Fremdunterbringung eines Kindes im ASD ansiedeln. Steht jedoch der Wechsel eines Kindes in eine Pflegefamilie an, wechselt die Zuständigkeit zu den Kolleginnen in den Pflegekinderdienst (PKD). Die Einbeziehung der und die Arbeit mit den leiblichen Eltern sind in vielen Ämtern jedoch nicht eindeutig geregelt. In den Pflegekinderdiensten wird diese Aufgabe folglich sehr unterschiedlich gehandhabt. So wird die Hilfebedürftigkeit der Eltern – wohlgemerkt, *nach* der Trennung von den Kindern – zwar häufig erkannt, doch kann die notwendige Unterstützung aus Mangel an Ressourcen nicht angeboten werden.

In vielen Pflegekinderdiensten wird eine aktive Kooperation der Herkunftseltern vorausgesetzt und eingefordert, die diese aber ohne entsprechende Unterstützung gar nicht erbringen können. In der Alltagspraxis konzentrieren sich die Fachkräfte im PKD häufig überwiegend auf den aktuellen Lebensmittelpunkt des Kindes. Ressourcen für Herkunftselternarbeit und deren Beratung und Begleitung, zur Vor- und Nachbereitung von Umgangskontakten stehen in der Pflegekinderhilfe in Deutschland kaum zur Verfügung. Selbst die Begleitung von Rückführungen von Kindern in ihr ursprüngliches Zuhause bildet eine Ausnahme.

Die Folge von knappen Zeitbudgets in den öffentlichen Verwaltungen ist eine Schwerpunktsetzung – eine naheliegende Logik. Daraus folgt fast zwangsläufig, dass den Fachkräften aufgrund der alltäglichen Erfordernisse in der Arbeit – Werbung, Schulung von Pflegeeltern, Fallverantwortlichkeit für das Pflegeverhältnis – die Arbeit mit den Pflegeeltern näher liegt als die Arbeit mit dem Herkunftssystem. Die Arbeit mit den oft besser situierten und anders gebildeten Pflegeeltern wird von Fachkräften im Pflegekinderdienst auch eher als wohltuend und angenehm empfunden im Vergleich zu sich *schwierig* verhaltenden, sozial randständig lebenden Herkunftseltern, die oft nichts anderes kennen, als gegen eine Welt zu kämpfen, die sie als äußerst feindselig ihnen gegenüber wahrnehmen.

Was geschieht jedoch, wenn die Strategie der Fachkräfte, sich auf einen Schwerpunkt zu konzentrieren, auch nicht wirklich funktioniert? … wenn die Entscheidung, sich auf eine Seite des Systems zu konzentrieren, keine wirklich effektive Hilfeleistung ermöglicht? ... wenn die Pflegeeltern spüren, dass die Fachdienstressourcen auch für ihre Ansprüche unzureichend sind?

Es ist nun einmal nicht ungewöhnlich, dass sich im Verlauf eines Pflegeverhältnisses immer wieder auch Meinungsverschiedenheiten und Konflikte zwischen Eltern und Pflegeeltern ergeben. Und an dieser Schnittstelle fehlt dann schlicht und einfach ein ›Puffer‹. Von den Pflegeeltern wird erwartet, dass sie mit den Herkunftseltern kooperieren und die Eltern-Kind-Kontakte fördern. Von den leiblichen Eltern wird erwartet, dass sie das Pflegeverhältnis ihres Kindes mittragen und stützen. Beide Seiten brauchen jedoch für die Umsetzung dieser Aufgaben eine unterstützende Begleitung und Beratung, um sich nicht immer wieder als ›Sparringspartner‹ zu erleben. Und ein ›Puffer‹ zeichnet sich dadurch aus, dass er einfach immer da ist – weil man ja nie weiß, wann er gebraucht wird. Eine fachlich-beratende Unterstützung des Pflegesystems kann seine Wirkung folglich auch nur dann entfalten, wenn sie kontinuierlich ›da‹ ist. Für Pflegeeltern und Eltern gleichermaßen erreichbar – weil eine Unterstützung nur dann eine Wirkung erzielen kann, wenn sie nicht nur verfügbar, sondern auch in Beziehung zu *allen* Beteiligten steht. Tut sie dies nicht, wird sie nicht als hilfreich angesehen – und damit auch nicht genutzt.

Selbst wenn die Fachkraft im Pflegekinderdienst all dies sieht und ihren fachlichen Beitrag voller Begeisterung leisten will – es fehlt ihr schlichtweg die Zeit. Möglicherweise hat die zu beobachtende Fluktuation in den Jugendbehörden mit dieser Einsicht bei Fachkräften zu tun.

Die Kooperation von Herkunftsfamilien und Pflegefamilien

Die Lebenswelten und Lebensstandards der beiden Systeme weichen in der Regel deutlich voneinander ab. Pflegeeltern sind überwiegend völlig anders aufgewachsen als Herkunftseltern. Sie haben häufig eine unterschiedliche (Schul-) Bildung, leben in anderen Wohnvierteln, haben ein anderes soziales Netz und gestalten ihr Leben häufig völlig anders als Herkunftsfamilien. Auch sie haben in ihrem Leben nicht selten mit großen Schwierigkeiten zu kämpfen, haben aber in der Regel Lösungswege gefunden, die konstruktiv waren. Und nun möchten sie ihre Kompetenz hilfebedürftigen Kindern zur Verfügung stellen.

Herkunftseltern dagegen empfinden oft Scham gegenüber der eigenen Lebenssituation und fühlen sich unsicher in unbekannten Situationen, besonders im Kontakt mit Schulen, dem Jugendamt und – wenn es zu einer Fremdunterbringung kommt – auch mit Pflegeeltern. Haben familiäre Schwierigkeiten, Hilfen und Eingriffe dazu geführt, dass Kinder von ihren Eltern getrennt

worden sind, fühlen viele Eltern sich innerlich schuldig an der Fremdunterbringung, können eigene Anteile jedoch nach innen und außen selten eingestehen. Sie weisen stattdessen häufig ›Schuld‹ bzw. Verantwortung weit von sich,
um überhaupt einen Umgang mit der Situation zu finden. Hinzu kommt das
Gefühl, versagt zu haben – mit dem Ergebnis, die Einschränkung ihrer Elternrolle als große Demütigung zu erleben. Die Eltern fühlen sich nach der Trennung von ihrem Kind ausgegrenzt, allein gelassen, stigmatisiert und fremdbe-
stimmt. Nachdem sie in ihrem Leben schon häufiger die Erfahrung machen
mussten, dass sie Anforderungen nicht bewältigen konnten, müssen sie nun
mit der Fremdunterbringung ihres Kindes erfahren, dass sie eine Leistung, die
in unserer Gesellschaft als Selbstverständlichkeit betrachtet wird, nicht erbringen konnten: Die Erziehung des eigenen Kindes. Beispiele hierzu haben wir in
Kapitel 3 und 4 ausführlich behandelt.

In dieser Situation treffen Herkunftseltern auf Menschen, die ihnen, mit der
Aufnahme ihres Kindes in die Pflegefamilie, die Erziehung des Kindes abnehmen möchten. Sie treffen auf Menschen, die ihnen – bewusst oder unbewusst –
den Eindruck vermitteln, die ›besseren Eltern‹ zu sein und fühlen sich noch
mehr abgewertet.

Pflegeeltern sind sich dieser schwierigen Situation und Gefühlslage der leiblichen Eltern oft nicht bewusst – sie haben ja auch mit der eigentlichen Herausnahme des Kindes aus der Familie nichts zu tun. Sie haben ein anerkennens-
wertes und gutgemeintes Anliegen und – nachvollziehbar – den Hilfebedarf des
Kindes im Blick. Und sie sind mit den Veränderungsprozessen in ihrer eigenen
Familie beschäftigt. Sie haben – wiederum mit Blick auf das Kind – hohe und,
aus ihrer Sicht selbstverständliche Erwartungen an die leiblichen Eltern: Akzeptanz der Pflegesituation und der neuen Regeln, Zurückhaltung in Besuchskontakten, ›Entlassung‹ des Kindes aus der Herkunftsfamilie.

Politisch unkorrekt formuliert: Die leiblichen Eltern sehen die privilegierten
Pflegeeltern als Handlanger einer ungerechtfertigten Wegnahme ihres Kindes
und lassen Pflegeeltern ihren Frust, ihre Enttäuschung und Trauer mehr oder
weniger deutlich spüren. Pflegeeltern denken – heimlich – die leiblichen Eltern
haben durch ihre Unfähigkeit, sich um ihr Kind richtig zu kümmern, ihre
Elternschaft ›verspielt‹ und täten gut daran, Kind und Pflegefamilie in Ruhe
leben zu lassen. Damit der Trennung jedoch die Elternrechte nicht wirklich
verlorengehen, Pflegeeltern durch den Erziehungsauftrag aber viele Alltags-
Rechte über das Kind erhalten haben, schleicht sich in vielen Fällen unbewusst
ein Machtfaktor in die ›Eltern-Beziehung‹ ein. Schwierig dabei ist nur, dass der
Machtfaktor sich außerordentlich schlecht mit einer angemessenen Form von
Kooperation verträgt.

Für ein gelingendes Pflegeverhältnis – und damit für das Wohlergehen des Kindes – sind zwei Dinge von grundsätzlicher Bedeutung: Das Kind braucht von den eigenen Eltern die Erlaubnis, sich in einer anderen Familie wohlfühlen zu dürfen und es braucht von den Pflegeeltern die Akzeptanz dafür, dass eine Art fortbestehende Elternschaft der abgebenden Eltern von der aufnehmenden Familie akzeptiert wird. Vielen leiblichen Eltern gelingt es nicht oder nur in einem lange währenden Prozess, ihrem Kind innerlich diese Erlaubnis zu geben. Diese Schwierigkeit ist nicht nur vor dem Hintergrund der Geschichte der Eltern zu verstehen. Mit einer solchen Anforderung, sein Kind freiwillig in eine andere Familie in Pflege zu geben, wird sich jede Mutter und jeder Vater schwer tun. Beispiele lassen sich in unsäglich vielen Scheidungsfamilien finden, obwohl man als Beobachter oder auch Kenner der Beteiligten denken könnte, dass dort doch vielfach die Ressourcen vorhanden sein müssten, um mit der Elternverantwortung kindgerechter umzugehen.

Von den Pflegeeltern muss – davon ausgehend, dass die vermeintlichen Ressourcen vorhanden sind – erwartet werden können, dass sie sich bemühen, die Lebensumstände der Herkunftseltern zu verstehen. Wenn es Pflegeeltern gelingt, sich in die Gefühlslage von abgebenden Eltern hineinzuversetzen, haben sie erste Möglichkeiten gefunden, dem entgegengebrachten Misstrauen und den Ängsten der Eltern angemessen zu begegnen und die Herkunftseltern im Umgang mit dem Pflegesystem nicht zu überfordern.

Das konstruktive Zusammenspiel der Systeme – Lösungsansätze

Spannungen sind Teil der Systemproblematik. Es existiert kaum ein Pflegeverhältnis, in dem die Beziehungen auf den Elternebenen – Herkunft und Pflege – spannungsfrei verlaufen. Also: Streit gehört zum Geschäft? Müssen die Beteiligten damit leben? Mitnichten – denn der/die im Mittelpunkt stehende ›Beteiligte‹ ist das Kind. Und dieses Kind hat genug schlimme Erfahrungen damit gemacht, wie es sich anfühlt, wenn ›Eltern‹ sich streiten, abwerten, sich gegenseitig nicht akzeptieren können. Wie oft hat der kleine Paul abends in seinem Bett gelegen und sich die mit zunehmendem Alkoholkonsum lauter werdenden Exzesse seiner Eltern anhören müssen? Wie mag er sich gefühlt haben – und wie wird er sich fühlen, wenn er wieder erleben muss, wie den Erwachsenen die Zügel des hilfreichen Handelns entgleiten? Somit stehen die beteiligten Erwachsenen vor einer großen Aufgabe: Sie müssen sich nicht gern haben – aber sie müssen lernen, mit Meinungsverschiedenheiten umzugehen und zu einer gegenseitigen Akzeptanz finden.

Je früher die Beteiligten im Rahmen eines Pflegeverhältnisses damit beginnen, Verständnis für die Schwierigkeiten und das Verhalten des jeweils anderen zu entwickeln, desto größer sind die Chancen zum Erfolg. Verständnis bedeutet nicht etwa, jedes Verhalten gutzuheißen. Verständnis heißt, einen Sachverhalt, eine Handlung und eine Haltung inhaltlich nachvollziehen zu können. Eine Bewertung ist damit vorerst nicht verbunden.

Zu Beginn eines Pflegeverhältnisses bestehende Spannungen auf der Elternebene haben in der Regel noch sehr wenig mit den beteiligten Personen zu tun, sie müssen auch nicht unbedingt aus dem direkten Kontakt miteinander herrühren. Beginnend mit der Aufnahme, haben sowohl Herkunftsfamilien als auch Pflegefamilien, jede für sich, eigene Spannungsfelder auszuhalten oder zu bewältigen. Dazwischen befindet sich das Kind mit eigenen Loyalitätskonflikten gegenüber den Herkunftseltern und seinen neuen Bezugspersonen. Gelingt es den beteiligten Eltern – Pflegeeltern und leiblichen Eltern – für diese Spannungsfelder nicht den anderen verantwortlich zu machen, so ist dies ein großer Schritt ins Gelingen des gesamten Pflegeverhältnisses.

Das Spannungsfeld aus der Tabuzone holen

Ein erster Schritt besteht jedoch darin, sich diese Spannungsfelder und Konflikte bewusst zu machen. Einen Perspektivwechsel vorzunehmen ist in spannungsgeladenen Beziehungen häufig eine große Hilfe. Und dabei benötigen sowohl Eltern als auch Pflegeeltern gleichermaßen Unterstützung. Die Realität haben wir jedoch schon kennengelernt. Mit der Entscheidung einer Fremdunterbringung ziehen sich die Helfer aus der betroffenen Familie zurück, die Eltern bleiben mit dem Verlust allein zurück. Was folgt, sind halbjährliche Fortschreibungen der Hilfe und, bei Notwendigkeit, eine Krisenintervention. Für eine kontinuierliche Begleitung des Pflegeverhältnisses fehlen den Mitarbeiterinnen in der Behörde schlichtweg die Ressourcen. Die Beteiligten Erwachsenen benötigen jedoch genau diese konstante Begleitung und Beratung als eine Prävention von Krisensituationen. Eltern brauchen Unterstützung, um mit ihrem Dasein nach der Trennung von ihrem Kind zurechtzukommen. Nur dann kann es gelingen, genau diese Eltern darin zu bestärken, das Pflegesystem als neuen Lebensmittelpunkt ihres Kindes anzuerkennen und zu stützen. Wie sollen sie dies tun, wenn sie langfristig in ihrem Scheitern verharren und bei jeder Begegnung merken, die Pflegeeltern können es besser als sie? Auch Pflegeeltern brauchen viel und konstante Begleitung, um zu erkennen, was es heißt, wenn sie hören, dass sie mit der Aufnahme des Kindes auch ein Stück

Herkunft mit in ihr Haus aufgenommen haben. Treffender als die amerikanische Familientherapeutin Carol Gilligan kann man es nicht ausdrücken: »Wir können die Kinder aus ihren Familien nehmen, aber nicht die Familien aus den Kindern.«

Alle Beteiligten – Eltern, Kinder und Pflegeeltern – brauchen Zeit und Raum zur Realisierung der neuen Situation und – sie brauchen fachliche Unterstützung! Auch auf die Gefahr hin, Ihre Geduld auf die Probe zu stellen: Lösungsangebote und Handlungsideen finden Sie erst am Ende dieses Kapitels.

Loyalitäten ohne schlechtes Gewissen

Aber was ist eigentlich mit Paul – was braucht er? Paul braucht Beziehungsangebote, die sich ihm nicht aufdrängen, aber als verlässliche und wohlwollende Option zur Verfügung stehen (Elternpräsenz, Juul 2016). Seine widersprüchlichen Gefühle bezüglich der Fremdunterbringung benötigen Akzeptanz. Wie schon gesagt – Paul wollte mit Sicherheit nicht weg aus seiner Familie. Er wollte sicherlich, dass seine Eltern sich weniger streiten, dass das Schlagen aufhört. Unter Umständen sind eigene Schuldgefühle vorhanden. Einerseits soll und will Paul vielleicht auch positive Zugehörigkeitsgefühle zur neuen Pflegefamilie entwickeln, andererseits werden auch bedeutsame und starke Gefühle zur Herkunftsfamilie bestehen, die Raum und Anerkennung benötigen, damit keine Loyalitätskonflikte vorprogrammiert werden.

Loyalitätsprobleme entstehen nämlich nicht zwangsläufig. Sie entstehen erfahrungsgemäß dann, wenn das Kind sich entweder wegen seiner Herkunft oder wegen seines Lebens in der Pflegefamilie von der jeweils anderen Seite unter psychischen Druck gesetzt fühlt. Loyalitätsprobleme haben ihren Ursprung also in der Regel auf Seiten der Erwachsenen. Als aufmerksame Fachkraft werden Sie erkennen, wenn Loyalitätsfragen zum Problem werden (könnten):

- Die Pflegemutter fragt wiederholt, wieso sie eigentlich immer wieder mit den Eltern telefonieren, den Eltern Fotos schicken, sie über Besonderheiten im Alltag von Paul informieren soll.
- Die Mutter fragt, wieso Paul denn in der Pflegefamilie nicht seinen Lieblingskäse bekommt, der war ihm zuhause immer besonders wichtig.
- Die Pflegemutter verzieht leicht das Gesicht, wenn sie von dem Vater von Paul spricht.
- Die Mutter von Paul erklärt ihrem Sohn beim Besuch jedes Mal, dass er den Pflegeeltern immer sagen soll, was er will. Das sei sein gutes Recht.

- Der Pflegevater betont wiederholt, dass er findet, dass Sie als Fachkraft den Eltern gegenüber mit ganz schön viel Verständnis begegnen.
- Die Mutter fragt beim Besuch, wieso denn Paul nicht die schöne Jacke trage, die sie ihm beim letzten Mal geschenkt habe.
- Der Pflegevater erzählt, dass er Paul gestern mal wieder sagen musste, dass nicht sein Vater die Alltagsregel in der Pflegefamilie bestimmt.
- Der Vater beschwert sich, dass die Pflegeeltern seinem Sohn noch immer nicht beigebracht hätten, wie man isst, ohne sich den ganzen Pulli zu ›versauen‹.
- Die Pflegemutter erzählt, wie sehr sich Paul über das Weihnachtsgeschenk seiner Mutter gefreut habe (dabei war es doch bloß ein Duschgel, während sie als Pflegeeltern ihm eine große Lego-Sammlung geschenkt haben).
- Pauls Eltern bemängeln den neuen Haarschnitt ihres Sohnes. Die längeren Haare hätten ihn früher doch immer besonders gut aussehen lassen.

Und nun versetzen Sie sich als Fachkraft einmal kurz in die Rolle von Paul und hören Sie den Erwachsenen mit seinen Ohren zu: Wie fühlt es sich an, wenn die Erwachsenen doch scheinbar nur von Belanglosigkeiten sprechen. Und – falls Sie jetzt ein Lodern im Bauch spüren, ein Brodeln, dass den Luftweg nach oben sucht und sich Platz verschaffen will: Bitte hauen Sie nicht mit der Faust auf den Tisch! Aber benennen Sie an passender Stelle vielleicht stellvertretend für **Paul** ihre Gefühle:

- Mir ist nicht wohl, wenn ich Euch so höre … Ich bekomme Bauchweh …
- Ich weiß nicht, was ich tun soll, wen ich anschauen soll …
- Ich möchte in den Arm genommen werden, aber trau mich nicht zu einem von Euch zu gehen …

Und nehmen Sie sich Zeit in Gesprächen mit beiden Elternsystemen – getrennt oder zusammen – ein Verstehen zu entwickeln und nach kleinen Lösungen zu suchen:

- Wie wäre es, wenn Sie (als Pflegeeltern) sich einen kindgeschützten Ort suchen, wenn Sie wütend werden auf die Eltern?
- Wo finden Sie einen Ort, der Ihnen (als Pflegeeltern) hilft, Ihren sicheren Boden nicht zu verlieren, wenn Sie den Eltern beim nächsten Mal begegnen?
- Mit wem können Sie (als Eltern) sprechen, wenn Sie wieder einmal beim Besuch erleben, wie gut es Ihrem Sohn in der Pflegefamilie geht?
- Wie kann ich Ihnen helfen, Wünsche an die Pflegeeltern auszusprechen, ohne dass Ihr Sohn dabei steht?

Ohne zu übertreiben, kann festgestellt werden, dass Paul im Grunde mit dem Start der Hilfe/Fremdunterbringung entwurzelt worden und mit großen Unsicherheiten über seine weiteren Zukunftsperspektiven konfrontiert ist. Er ist nun ein Kind mit biologischen und sozialen Eltern geworden, vielleicht auch ein Kind mit leiblichen Geschwistern und Pflegegeschwistern: Ein Kind zweier Welten! Die Erkenntnis, dass es ein Kind mit zwei Familien geworden ist – zu dieser Erkenntnis kann es nur mit viel Unterstützung und viel Zeit gelangen. Aber für die Entwicklung des Kindes wäre es außerordentlich wichtig, wenn Paul zu dieser Erkenntnis findet.

Für Pflegeeltern ist es nicht leicht, zu verstehen, dass sogar ein misshandeltes und vernachlässigtes Kind seine Eltern trotz alledem noch lieb haben kann, sie vermisst, sie vielleicht auch idealisiert und zugleich, oft sogar in verletzender Weise, seinen Pflegeeltern unzutreffende Vorwürfe macht. Dieses Verhalten kann für ein Pflegekind ein Weg sein, sich allmählich mit seinen bedrückenden Beziehungserfahrungen auseinanderzusetzen. Das Kind versucht die emotionale Treue zu seiner Familie, seinen Eltern, trotz aller schlimmen Erlebnisse aufrechtzuerhalten, es achtet auch durch sein Verhalten darauf, dass es nicht zu ›treulos‹ und illoyal wird, weil es seine Eltern nicht im Stich lassen möchte.

Das Kind braucht die Möglichkeit, allmählich Abschied von der immer wieder aufkommenden Vorstellung nehmen zu können, doch noch eine befriedigende Beziehung oder sogar eine Rückkehr zu den Eltern zu erleben – es muss also Trauerarbeit[35] leisten dürfen.

Beratungsbedarf anerkennen

Pflegeeltern spüren all dies und möchten diese ›Treueleinen‹ manchmal am liebsten kappen. Dies gelingt jedoch nicht wirklich. Und so geraten Pflegeeltern unter Druck – es entsteht Ärger, Wut, Angst, Frustration. Diese Gefühle brauchen eigentlich einen Zielort, damit man sie loswird, und zum Zielort werden häufig schnell das Kind und seine Eltern. Ein passenderer Zielort dagegen wäre ein Beratungskontext, der den Pflegeeltern kontinuierlich zur Verfügung steht.

In Konfliktgesprächen, z. B. mit dem Jugendamt, hören die Pflegeeltern dann vielfach, dass es ihre Aufgabe ist, einen wertschätzenden Umgang mit den leiblichen Eltern zu finden. Gerade in konflikthaften Verläufen können Pflegeeltern diese Aufforderung oft nicht mehr hören und wehren sie ab. Das hat zwei Gründe: Zum einen fühlen sich die Pflegeeltern bedrängt und zu

---

35 s. a. Wiemann, I. (2014): Adoptiv- und Pflegekindern ein Zuhause geben, 4. Auflage, Bonn.

Unrecht von den Herkunftseltern kritisiert, zum anderen ist die Kommunikation oft nicht eindeutig. Unter Wertschätzung verstehen viele Menschen in der Regel, sie sollen ihr Gegenüber loben – und so fragen viele Pflegeeltern zu Recht:

»Ich kann doch nicht jemanden dafür loben, dass er sein Kind misshandelt hat! Besonders, wenn Eltern, die ihr Kind so schlecht behandelt haben, mich ständig für mein unermüdliches Tun kritisieren und ihrem Kind seine Zufriedenheit in unserer Familie nicht gönnen – und auch noch ständig darauf aus sind, es zurückhaben zu wollen …«

Durch eine konstante fachliche Begleitung und Beratung können Pflegeeltern erfahren, dass Wertschätzung nicht bedeutet, das Verhalten des anderen in allen Belangen für angemessen zu befinden. Wertschätzung bedeutet Achtung und Respekt. Wertschätzung wird ausgedrückt durch Zugewandtheit, Aufmerksamkeit, Interesse, Freundlichkeit. Und – Wertschätzung schließt klare Rückmeldungen nicht aus.

In einem fortwährenden Beratungskontext würden Kommunikationsfehler und überschwappende Gefühle über kurz oder lang auffallen und könnten thematisiert werden. Beispielhaft könnte eine – auch unbewusste – kindliche Strategie der Gleichsetzung von Pflegeeltern und leiblichen Eltern bearbeitet und damit aufkommende Machtkämpfe im Entstehen zumindest abgemildert werden. Wenn wir das oben genannte Geschehen einmal als Beispiel nehmen, so könnte die Pflegemutter dem Kind die Situation erklären, wie sie ist:

»Du spürst, dass deine Mama nicht froh ist, dass du bei uns bist. Mir fällt es manchmal schwer, dabei zuzusehen. Ich werde dann manchmal auch ärgerlich auf deine Mama, weil ich nicht möchte, dass du traurig bist. Ich kann die Gefühle deiner Mama aber nachvollziehen. An ihrer Stelle würde es mir womöglich auch so gehen. Du darfst dich aber trotzdem bei uns zuhause fühlen. Deiner Mama geht es ja nicht besser, wenn du auch traurig bist.«

Das Kind wäre froh, endlich einmal zu hören, dass jemand wahrnimmt, was es fühlt, dass jemand mit den eigenen Eltern mitfühlt, auch wenn sie riesengroße Fehler im Umgang mit dem Kind begangen haben, dass auch jemand, der es scheinbar viel besser kann, zugibt, dass ihm Dinge schwerfallen und – dass es hört, wie wichtig das Kind den Beteiligten ist.

Und wenn das Kind noch zu klein scheint für eine solche Erklärung: Nehmen Sie es einfach in den Arm und trösten es!

Dies könnte die Pflegemutter jedoch am ehesten leisten, wenn ihr jemand zur Seite steht: Fachlich geeignet und mit Kontinuität – also nicht erst auf Abruf. Jemand, der ihr behilflich ist, auf das Geschehen, das sie als direkte Beteiligte erlebt, eine ›Draufsicht‹ zu erhalten – eine sozialpädagogische Fachkraft der Jugendhilfe. Diese Leistung wird den Pflegesystemen von staatlicher Seite leider nach wie vor versagt. Bleiben also die freien Träger als Alternative – aber dazu kommen wir gleich.

Das Umformen von Reflexen und Mustern

Die Pflegeeltern könnten sich – sicherlich mit Hilfe – auch bewusst entscheiden, sich nicht ihren automatisierten Reflexen auszuliefern. Denn das sind wir Menschen erfahrungsgemäß durchaus gewohnt – auf Einwirkungen unserer Umwelt, auf Verhaltensweisen unserer Mitmenschen mit Mustern zu reagieren, über die wir nicht mehr nachdenken (müssen). Es hilft ja auch in vielen Alltagssituationen, weil man sich nicht ständig über alles und jeden Gedanken machen muss. Aber es kann sich auch destruktiv auswirken, jede ›Einladung‹ anzunehmen, die ausgesprochen wird. Im oben genannten Beispiel könnten die Pflegeeltern sich also auch entscheiden, ihren eigenen Handlungsimpuls zu hinterfragen: »Nehmen wir die Einladung der leiblichen Eltern zum Streit an oder schlagen wir sie aus«?

Wenn sie sich entscheiden, die ›Einladung‹ nicht anzunehmen, sich nicht darauf einzulassen oder das ›Angebot‹ nicht zur Kenntnis zu nehmen, dann kommt es auch nicht zu einem Streit – denn ohne Gegenüber kann man sich nicht wirklich gut streiten.

Da in solchen Einladungssituationen sehr häufig viele Emotionen im Spiel sind, ist es eine hohe Anforderung an die Beteiligten, in solchen eher automatisierten Abläufen eigenständig ein Korrektiv ins Spiel zu bringen. Stellen wir uns jedoch vor, dem System – und damit hier den Pflegeeltern – steht eine beratende Begleitung zur Verfügung. Und in der Beratung würden zwei kurze, aber entscheidende Fragen gestellt:

- »Wie geht es mir gerade, welche Emotionen kommen bei mir in der Situation hoch?«
- »Wenn ich jetzt spontan, sozusagen aus dem Bauch heraus, reagieren würde, was würde ich tun?«

In der ersten Frage ist – möglicherweise – auch die Emotion des Gegenübers enthalten:

»Ich bin ärgerlich darüber, dass mir von der leiblichen Mutter immer wieder meine Kompetenz zur Erziehung ihres Kindes abgesprochen wird, dass die Mutter das Kind für sich beansprucht!«

Die zweite Frage ist bewusst etwas paradox: Das Beantworten der Frage nach einem spontanen Handeln setzt praktisch das spontane Handeln außer Kraft. Die Pflegemutter oder der Pflegevater ist einerseits froh, dass seine Gefühle einmal Platz finden, jemand sich dafür interessiert, sie/er beginnt jedoch auch, über seine Impulse nachzudenken – und das ist gewollt. Denn der Weg vom Fühlen zum Handeln ist normalerweise sehr kurz, sodass wir oft Gefahr laufen, zu schnell zu handeln oder zu reagieren. Das ist in Notfällen absolut nützlich (ein Unfall, das Haus brennt, …) – in Beziehungen oft ärgerlich.

Und jetzt stellen wir uns vor, die Pflegeeltern finden derartige Beratungsgespräche hilfreich, nutzen sie regelmäßig, weil sie Vertrauen zu ihrem Berater gefunden haben und lassen die Ergebnisse – vielleicht auch nur gelegentlich – in den Alltag, zum Beispiel in die Kontakte mit den leiblichen Eltern einfließen.

Und zusätzlich stellen wir uns vor, auch den leiblichen Eltern steht eine beratende Begleitung zur Verfügung. Sie würden in der Beratung erleben, dass sich jemand ernsthaft für ihre Situation, ihr Erleben, ihre Schwierigkeiten interessiert. Die Hypothese, dass sich die Arbeitsbeziehung von Eltern und Pflegeeltern verändern wird, eine Entlastung der Beteiligten wahrnehmbar wird und diese Veränderung dem Wohl des Kindes spürbar zu Gute kommt, scheint nicht allzu weit hergeholt.

Wenn es also gelingt, den Beteiligten für Konflikte, die sich nicht immer vermeiden lassen, eine angemessene Unterstützung zu geben, wird es möglich, dass sich gegenseitiges Verständnis und Wertschätzung entwickeln: Die Pflegeeltern für das Verhalten und die Situation der Herkunftseltern, die leiblichen Eltern für das Verhalten und die Situation der Pflegefamilie. Dieses Bemühen um Verständnis ist eine Grundlage zur Vermeidung von Konkurrenzkämpfen. Und die Vermeidung von Konkurrenzkämpfen ist ein wichtiger Bestandteil für eine gesunde Entwicklung des Kindes.

Herkunft und Identität

Wenn es richtig ist, dass die Entwicklung einer eigenen Identität eng gekoppelt ist mit der Bildung einer stabilen Persönlichkeit, dann kann ein schwaches Identitätsgefühl Kinder im schlimmsten Fall so sehr ›lähmen‹, dass sie allzu viel in der Vergangenheit ›hängen‹ und sich schwer tun, sich auf die Zukunft einzulassen. Der Wunsch mancher Beteiligter des Systems Pflegekinderwesen, das Kind vor seiner Vergangenheit zu schützen, kann also genau das Gegenteil bewirken.

Im Verlauf von 30 Jahren Familienarbeit habe ich immer wieder erfahren, dass eine gelungene Identitätsentwicklung sich in der Fähigkeit eines Menschen, eines (Pflege-)Kindes, zeigt, seine Lebensgeschichte anzunehmen – trotz der Erfahrung von Ambivalentem, Widersprüchlichem und Verschiedenartigem. Durch das Annehmen der Lebensgeschichte verfügen Menschen über Ressourcen und Resilienzen (psychische Widerstandskraft), die es ihnen erlauben, eigenständig zu handeln und zu denken.

Mit dieser Erkenntnis wird eine der zentralen Aufgaben innerhalb eines Pflegesystems noch deutlicher: Es geht darum, dem Kind behilflich zu sein, seine besondere Geschichte zu verstehen, ihm zu erklären, was geschehen ist, ohne zu viel zu bewerten, aber die Dinge auch beim Namen zu nennen, ohne sie zu beschönigen.

Diese Aufgabe sollten die Fachkräfte der Jugendhilfe immer im Kopf haben, wenn sie es mit Menschen – Kindern, Jugendlichen und auch Erwachsenen – zu tun haben, die mit besonderen Lebensgeschichten und Lebensentwürfen kämpfen, die Abbrüche in ihrer Lebensgeschichte erleben mussten. Eine besonders hilfreiche Strategie, Menschen in ihren komplizierten Systemen förderlich zu begleiten, ist eine gute ›fachliche Selbstfürsorge‹. Damit komme ich auf einen Grundsatz dieses Buches zurück: Vor dem Handeln steht das Verständnis. Sicherlich könnte dieses Kapitel vor Handlungsanweisungen nur so strotzen – nur wäre es angebrachter, dem Thema Pflegekinderwesen dann in einem eigenen Buch entsprechend Raum zu verschaffen. Wenn Sie als junge Fachkraft jedoch ernsthaft Interesse verspüren, diese ganze Kompliziertheit des menschlichen Miteinanders verstehen zu wollen, dann kann Ihnen ich nur eine (ergänzende) Ausbildung in Systemischer Beratung empfehlen.[36] Denn genau das wird gebraucht in der Begleitung von komplexen Systemen wie dem Pflegekinderwesen: Eine Fachkraft, die ernsthaft interessiert und einladend auf alle Beteiligten gleichermaßen zugeht, die Neugierde entwickeln kann für die Hintergründe des Tun der Einzelnen, Arbeitszusammenhänge herstellen kann, die Menschen ermutigen und zusammenführen kann, die den Beteiligten behilflich sein kann, sich gegenseitig zu unterstützen und – die es als eine Herausforderung ansehen kann, schwächende (destruktive) Glaubensmuster in stärkende Glaubensmuster umzuwandeln.

---

36 Praxis Institut für systemische Beratung: Aus- und Weiterbildung, Verfügbar unter: https://www.google.de/?gws_rd=ssl#q=praxis+institut&*, Zugriff am 18.03.2017.

Rückblick eines Kindes

Erinnern Sie sich zum Abschluss noch einmal an das Kind, das Mutter und Vater in Schutz nahm bzw. das Verhalten der Eltern auf sein eigenes zurückführte?[37]

Das gleiche Kind erklärte später rückblickend, nachdem es viele Jahre bei einer Pflegemutter aufgewachsen ist:

»… alle anderen Dinge, worauf Eltern sonst riesigen Wert legen, zählten bei uns nicht … ich konnte vor Lärm abends nicht schlafen … musste oft allein aufstehen … der Kühlschrank war oft leer …«

Und über das Leben mit der Pflegemutter, die Gefühle nach der Herausnahme:

»… in der ersten Zeit hab ich Monika (Pflegemutter, Name geändert) für ihre Konse-quenz gehasst … zudem habe ich meine Mutter vermisst … und Monika unbewusst wohl dafür verantwortlich gemacht, nicht bei ihr sein zu können …«

Über die Höhen und Tiefen in all den Jahren in der Pflegefamilie:

»… dreimal standen fast die Koffer vor der Tür … ich wollte nicht mehr … meine Pflegeeltern wollten nicht mehr …«

Und das persönliche Resümee des Jungen, des erwachsenen Mannes:

»… jetzt, als Erwachsener, kann ich sagen, zu meinen Pflegeeltern zu kommen, war das Beste, was mir passieren konnte … ich habe mich das erste Mal in meinem Leben beschützt gefühlt und Regeln und Grenzen erfahren …«

Der junge Mann hat nach wie vor einen engen Kontakt zu seinen Pflegeeltern, obwohl er seit Jahren selbstständig lebt. Und er hat auch nach wie vor einen Kontakt zu seinen leiblichen Eltern. Er hat es geschafft, seine beiden Welten mit-einander in Einklang zu bringen und daraus für sich etwas Eigenständiges zu entwickeln. Das gelingt nicht allen ehemaligen Pflegekindern – aber wie heißt es doch so schön: Die Hoffnung stirbt zuletzt.

---

37 Aussagen basieren abgewandelt auf einem Bericht in fluter, dem Jugendmagazin der Bundes-zentrale für politische Bildung, erschienen am 12.03.2011 (print und online): Leben in einer Pflegefamilie, Verfügbar unter: http://www.fluter.de/leben-in-einer-pflegefamilie, Zugriff am 18.03.2017.

Auf den Punkt gebracht

- Die Installierung eines Pflegeverhältnisses ist eine verantwortungsvolle Aufgabe. Es benötigt Ressourcen, Engagement und klare Ziele. Es benötigt Menschen, die sich ihrer Verantwortung bewusst sind: Der Verantwortung für ein kleines Menschenleben. Die beteiligten Menschen müssen den Wunsch haben, etwas verstehen, gestalten und beeinflussen zu können und sie müssen einen Sinn darin sehen, was sie tun.
- Mit der Aufnahme des Kindes in die eigene Familie nehmen Pflegeeltern auch die Herkunft des Kindes ein Stück weit in die eigene Familie auf. Das Pflegekind steht mit seinen Bindungen zur Herkunftsfamilie in einem Loyalitätskonflikt zwischen den Herkunftseltern und seinen neuen Bezugspersonen. Hierbei ist es auf Unterstützung durch Pflegefamilie und Fachkräfte angewiesen. Das Kind kann die Pflegeeltern nur als unterstützend erleben, wenn diese seine leiblichen Eltern nicht abwerten oder ausgrenzen. Das Kind ist auf Hilfe angewiesen, seine Erfahrungen – die guten und die schlechten – aus seinem Leben im Elternhaus einzuordnen. Es lernt einen Umgang mit diesen Erfahrungen und damit auch mit den eigenen Eltern zu finden. Im Kontakt mit den leiblichen Eltern braucht das Pflegekind die wohlwollende Begleitung seiner Pflegeeltern.
- Pflegeeltern können die Herausforderungen, die auf sie zukommen, nicht wirklich überblicken – nicht weil ihnen die Kompetenzen fehlen, sondern weil es schlicht nicht möglich ist. Sie lernen manches also erst beim Tun (learning by doing). Und bei diesem Tun brauchen sie eine konstante und fachlich kompetente Unterstützung durch Beratung.
- Das Jugendamt ist bekanntermaßen nur ansatzweise in der Lage, diese Leistung dauerhaft zu erbringen, da den Mitarbeiterinnen der Behörde die Ressourcen fehlen. Das Amt ›nutzt‹ seine Ressourcen in der Konsequenz – ungewollt – für ein notwendiges Handeln nach abgebrochenen Pflegeverhältnissen. Abbrüche in Pflegesystemen gibt es nicht selten – und in der Regel aus Gründen von Überforderung.
- Ein offener und ›ehrlicher‹ Umgang der Behörden mit den Beteiligten von Pflegesystemen ist hilfreich: Ein Hinweis an die Betroffenen, dass die Leistungsfähigkeit der Behörde begrenzt ist!
- Die Pflegeeltern brauchen die Empfehlung, sich vor Ort Gruppen, Trägern oder Organisationen anzuschließen, die sie fachlich gut begleiten können – und zwar von Beginn an.
- Da ein solcher Hinweis nicht selbstverständlich ist, sollten Pflegeeltern sich daher bei ihrem Wunsch, ein fremdes Kind in ihre Familie aufzunehmen,

dringend – und von Beginn an – selbstverantwortlich einen entsprechenden Rahmen schaffen. Einen Rahmen, in dem das Pflegesystem durch eine konstante, fachliche Beratung ergänzt und damit gestützt wird.

Die fachliche Begleitung von komplexen Systemen erfordert eine Ausbildung in der Systemischen Beratung:

- Beschäftigen Sie sich immer erst mit dem Verstehen, bevor Sie handeln.
- Zeigen Sie Offenheit und Transparenz.
- Nehmen Sie Perspektivwechsel vor.
- Sorgen Sie für Augenhöhe zwischen den Beteiligten.
- Nutzen Sie Problembeschreibungen nur für mögliche Lösungen.
- Sorgen Sie für ausreichend (zeitliche) Ressourcen.
- Stellen Sie das Kind in den Mittelpunkt.
- Holen Sie beide Elternsysteme ins Boot.
- Treffen Sie klare Vereinbarungen.

Handlungsleitend für die Prozessarbeit mit den Systemen ist die Kernfrage:

»Was kann der Klient/Beteiligte tun, damit förderliche Bedingungen häufiger werden und das Problem/der Konflikt/der Streitpunkt entsprechend seltener auftritt?«

7 Jonas – Trauma und Trigger[38]

Sie erinnern sich sicherlich noch an den 12-jährigen **Jonas**: Jonas ist ein Nachzügler, seine Geschwister bereits erwachsen. Die Familie und Jonas sind im Ort nicht integriert, Jonas hat kaum Spielkameraden, da er im Spiel mit anderen immer in Streit gerät. Jonas hat seit Schulbeginn Schwierigkeiten im Lernen und Sozialverhalten und zieht viel Aufmerksamkeit auf sich. Er verweigert die Mitarbeit, entscheidet nach Lust und Laune und reagiert auf Anforderung mit Abwehr und Aggression. Die Lehrer in der Schule sind an ihm verzweifelt. Jonas kommt seit einem Jahr unregelmäßig zur Schule, begeht Diebstähle, und ist in Prügeleien verwickelt. Die Polizei wurde eingeschaltet, das Jugendamt ist tätig geworden. Nach vielen Gesprächen mit der Familie und der Schule wurde für Jonas eine Art Trainingsfeld für das soziale Lernen gesucht. Jonas besucht aktuell eine Tagesgruppe.

Selbst wenn wir davon ausgehen, dass die Hilfegestaltung bei Jonas sich durch seinen Einstieg in der Tagesgruppe konstruktiv entwickelt, so wird schon in der kurzen Auflistung deutlich, dass Jonas als vermeintlich nicht gewolltes Kind ein großes Paket durch sein Kindheitsleben zu tragen hat. Was das alles mit dem Schlagwort ›Trauma‹ zu tun haben könnte, das schauen wir uns in diesem Kapitel näher an.

Traum und Trauma

Was verbinden wir eigentlich damit, wenn wir den Begriff ›Traum‹ hören? Uns kommen (Zukunfts-)Phantasien in den Sinn, Bilder und Wunschvorstellungen entstehen: Der Traum vom Glück, vom eigenen Haus, von der großen Liebe, der

---

38 Dieses Kapitel enthält, auf den Kontext dieses Buches angepasst, Ausschnitte aus einem früheren Fachartikel. Kasper, B. (2015): Trauma und Trigger – Vor dem Umgang steht das Verständnis, Zeitschrift für das Fürsorgewesen (ZfF), Ausgabe 11/2015, Fachbereich Soziales Landeshauptstadt Hannover (Hg.).

Traum vom Frieden in der Welt … Oder wir erinnern uns an die letzte Nacht, an einen Traum voller lebhafter Szenen, Bilder, Orte, Menschen und Geschehnisse, die wir kennen, jedoch nach dem Aufwachen nicht mehr ganz zusammen kriegen; Bilder, Sätze und Emotionen bleiben hängen, weil sie so intensiv waren, aber sie lassen sich nicht so richtig zuordnen.

Bei dem Begriff ›Traum‹ geht es also um etwas Irreales und doch sehr Persönliches; um Bilder, die nicht selten starke Gefühle auslösen können. Diese Bilder haben aber immer auch einen Bezug zur Realität, selbst wenn uns die Verknüpfung nicht gelingt. Und solange wir es nicht ›Albtraum‹ nennen, verbinden wird damit meist etwas Schönes, Wohliges.

Wenn wir als Pädagogen den Begriff ›Trauma‹ hören oder benutzen, dann kommen uns auch starke Bilder in den Sinn – aber mit etwas Wohligem haben diese Bilder selten zu tun. Die Bilder erschrecken eher, irritieren und verstören, sie machen Angst. Die zugrunde liegenden Erfahrungen oder Erlebnisse sind für uns Menschen oft kaum vorstellbar. Ein zusätzlicher Buchstabe – und aus einem Wort wird etwas völlig Gegensätzliches: Aus etwas Schönem wird etwas Schreckliches. Und dennoch bestehen Ähnlichkeiten: Beide Begriffe sind durch starke Bilder geprägt, beschreiben Intensität, lösen starke Gefühle aus, können wiederholt auftauchen – und hängen nicht selten an der Grenze zwischen Realität und Irrealität fest.

In der aktuellen Pädagogik und Therapie hat der Begriff ›Traumatisierung‹ in den letzten Jahren eine eher alltägliche Handhabung gewonnen: Pädagogen sprechen häufig und selbstverständlich von Traumaerfahrungen, traumatisierten Kindern, traumatisierten Frauen, traumatisierten Flüchtlingen, traumatischen Erlebnissen, traumatischen Gegebenheiten, Traumatherapien. Eine Art Leichtfertigkeit im Umgang mit dem Begriff hat sich in die Pädagogik eingeschlichen. Schnell kommen uns Worte über die Lippen wie »das Kind ist traumatisiert« oder »diese Erfahrungen sind traumatisch«. Will man jedoch der Bedeutung des Begriffes – und damit der dahinterstehenden Erfahrung – Rechnung tragen, hilft es, sich mit den Hintergründen und den Folgen von Traumatisierung ein wenig genauer zu befassen.

Und genau das ist die Absicht und das Ziel dieses Kapitels: Den interessierten Leser zu ermuntern, sich näher mit dem Thema auseinanderzusetzen, ein Verständnis dafür zu entwickeln, was mit Menschen geschieht, wenn sie ein Trauma durchlebt haben und für die Betroffen und ihr Umfeld einen hilfreichen Umgang zu finden. Diesen in der praktischen Arbeit zu finden, scheint eine der größten Herausforderungen für Pädagogen darzustellen.

Was ist das eigentlich – ein Trauma?

Im therapeutischen Setting wird mit den Begriffen ›Trauma‹ und ›Traumatisierung‹ sorgsamer umgegangen als in der Pädagogik. Die Begriffe beziehen sich auf Ereignisse oder Erlebnisse, die so außergewöhnlich auf einen Menschen einwirken, dass die lebensnotwendigen Grundmuster im Gehirn außer Kraft gesetzt werden. Sucht man nach realen, aus dem Leben gegriffenen Beispielen, so werden jedem von uns Situationen einfallen: Der plötzliche Verlust enger Vertrauenspersonen, körperliche Bedrohung, ein Autounfall, Kriegs- oder Bürgerkriegserfahrungen – die Liste ließe sich endlos fortsetzen. Traumatische Ereignisse und Erlebnisse sind Szenarien, die auf den Menschen derart (lebens-) bedrohlich wirken, dass unser Gehirn sein Alarmmechanismus in Gang setzt: Achtung – Gefahr, Autopilot einschalten! Die einzig möglichen Reaktionen, die der Autopilot im Gehirn kennt, heißen Kampf oder Flucht! Diese Ur-Reaktion ist eine geniale Konstruktion unseres Gehirns. Sie bewahrt uns vor Gefahren und hilft uns in vielen kleinen Alltagssituationen. Wenn wir einen lauten Knall hören, zucken wir zusammen – wer weiß, was da angeflogen kommt. Wenn jemand »Feuer« schreit, laufen wir ins Freie, ohne nachzudenken.

Aber was ist, wenn ein kleiner Junge abends in seinem Bett das Türenknallen des alkoholisierten Vaters hört, das laute Klatschen der Schläge, die seine Mutter treffen, die Versuche der Mutter, die Schmerzen zu ertragen, damit der Junge nicht auch noch durch ihre lauten Schreie verschreckt wird. Sicherlich wird **Maik** immer wieder zusammenzucken – und das Gehörte und Unterdrückte wird ihn dennoch mit aller Macht erreichen. Er wird sich wünschen, der Mutter helfen zu können und große Angst haben, dass die Schläge auch ihn treffen.

Und was ist, wenn die kleine **Ayse** in ihrer Kleinstadt im Bürgerkriegsland Syrien nicht flüchten kann, weil sie mit ihrer Familie im Haus festsitzt und direkt vor der Haustür Maschinengewehrsalven ohrenbetäubend hin- und hergehen. An Kampf ist überhaupt nicht zu denken, weil das Kind gleichzeitig das Zittern der Eltern spürt, die es im Arm halten. Sie will weinen und schreien, die Eltern halten ihr jedoch den Mund zu, damit sie die Aufmerksamkeit der Kämpfer nicht auf sich zieht.

Diese Erfahrung – der eigenen Handlungsohnmächtigkeit – wirkt wie eine körperliche Verletzung: Sie tut weh. Weil es sich jedoch um eine psychische Verletzung handelt, sieht man sie nicht. Und wenn man Dinge nicht sieht, weiß manchmal weder der Betroffene noch sein Umfeld, dass sie existieren.

Unser Gehirn – ein soziales Organ[39]

Wenn in einer gefühlten Gefahrensituation weder die eine noch die andere instinktive – zur Rettung führende – Reaktion möglich ist, entsteht eine große Hilflosigkeit. Das menschliche Notfallprogramm funktioniert nicht. Und wenn ein Notfallprogramm nicht funktioniert – was dann? Dafür ist es doch schließlich da: Dass es funktioniert, wenn nichts anderes mehr geht. Im Umgang mit Computern kennen alle so ein Problem. Bei der Anwendung des Rechners verhakt sich etwas – möglicherweise weil der Nutzer zu viel gleichzeitig will – und der Rechner macht nix mehr, wirkt wie eingefroren. Wir können auf der Tastatur herumhacken wie verrückt – keine Reaktion. Das Einzige was hilft, ist ein Neustart. Ähnliches findet auch bei uns Menschen im Gehirn statt. Aus dem Geschehen und dem Erleben entsteht eine derartige Überforderung, dass das Handeln keinen Sinn mehr macht. Und ein Neustart, wie bei dem beschriebenen Rechner, scheitert leider am fehlenden Knopf.

Bei den Betroffenen entsteht ein Gefühl von ohnmächtiger Erstarrung: Wenn weder Widerstand noch Flucht möglich ist, lässt man die Dinge über sich ergehen. Diese immense Hilflosigkeit ist ein emotionaler Ausnahmezustand, der die Bewältigungsmechanismen eines Menschen derart überfordern kann, dass das Erleben nicht durch Verarbeitung im Gehirn integriert werden kann – und sich somit als traumatische Erfahrung festsetzt und nachhaltig wirkt. Im Gehirn ist keine Zuordnung mehr möglich – alles Wahrgenommene aus diesem Ausnahmezustand ist miteinander verknüpft: Gerüche, Geräusche, das Sehen, Gefühle. Diese Vermischung kann zukünftig zu sehr irrationalem und damit schwer zu verstehendem Verhalten führen – zu Flashbacks.

Wenn wir uns, zum Verständnis der Problematik, an den Erfahrungen und Erlebnissen von Maik und Ayse orientieren, ist es hilfreich, eine weitere Erkenntnis aus der Hirnforschung zu nutzen: Das menschliche Gehirn ist ein soziales Organ und ein wahrer Entwicklungskünstler. Der Mensch lernt aus Erfahrungen und diese Erfahrungen bilden in unserem Gehirn mit der Zeit miteinander verknüpfte Netzwerke – kleine Wege entstehen. Nutzen wir diese Wege häufig, werden sie zu Straßen und schließlich zu Autobahnen, auf denen wir uns immer sicherer und selbstverständlicher hin und her bewegen. Kindergehirne sind aufgrund ihrer Entwicklung besonders mit dem Wachsen beschäftigt und auf ihren höheren Verarbeitungsebenen noch nicht gut vernetzt. Viele Struk-

---

39 vgl. Hüther, G. (2009): Ohne Gefühl geht gar nichts, Vortrag als Videodownload, Verfügbar unter: http://www.gerald-huether.de/content/mediathek/populaerwissenschaftliche-beitrae-ge/inhaltliche-uebersicht/lernen/, Zugriff am 18.03.2017.

turen müssen sich noch aufbauen und erfahrungsbedingt stabilisiert werden – statt auf Autobahnen bewegt sich das Kind noch viel auf Nebenstraßen. Zur Ausbildung hochkomplexer Verschaltungsmuster im Gehirn braucht ein Kind u. a. Zeit zum ›Üben‹. Maik und Ayse bewegen sich also in vielen Bereichen noch auf holperigen Nebenstraßen. Dabei treffen sie auf Erfahrungsräume – und auch immer wieder neue Pfade, die sie mit viel Neugier erforschen und kennenlernen können. Damit ihnen dies gelingt, bedarf es eines entsprechenden Rahmens. Kinder brauchen Sicherheit und Halt bietende Bindungen, von denen aus sie sich auf den Weg machen, die Welt neugierig zu erkunden, die sie aber immer wieder vertrauensvoll als Schutz bietende Andock-Stellen nutzen können. Sie brauchen positive Beziehungserfahrungen, die ihnen Anerkennung und Zugehörigkeit vermitteln, ohne sie verbiegen zu wollen. Und sie brauchen nicht zuletzt viele Anregungen und zu bewältigende Herausforderungen und – Orientierung bietende Vorbilder. Je mehr es ihnen gelingt, Schwieriges gut zu meistern, desto vielfältiger werden die Verschaltungsmuster in ihrem Gehirn. Hier bekommen Sie vielleicht schon eine Ahnung davon, was das Aufwachsen von Jonas mit Traumatisierung zu tun haben könnte.

Neben der Neugier gibt es noch etwas, das Kinder brauchen: Begeisterung – oder ein besonderes Wohlgefühl! Für ein erfolgreiches Lernen ist es ungemein wichtig, dass die emotionalen Areale im Gehirn aktiviert werden. Wir Menschen lernen besonders dann unglaublich gern und nachhaltig, wenn wir ein ganz eigenes Interesse spüren, etwas Neues kennenzulernen, etwas zu entdecken oder zu enträtseln. Lernen erfolgt durch Motivation – und Motivation entsteht, weil wir Lust auf etwas Neues bekommen. Im Gehirn werden umgehend entsprechende Botenstoffe freigesetzt und diese sorgen für Wachstum. Im Gehirn wächst folglich besonders das heran, wofür Menschen sich begeistern können – idealerweise.

Ayse, Maik und auch Jonas haben leider nicht nur Erfahrungen in einem schutz- und haltgebenden Rahmen machen können:

Ayse ist als Kind in einem Bürgerkriegsland aufgewachsen. Auf einem gefährlichen und beschwerlichen Weg ist es ihrer Familie gelungen, Schutz in einem europäischen Land zu finden.

Maik hat seine frühen Kindheitserfahrungen in einem gewalttätigen familiären Rahmen gemacht. Als Schulkind fand Maik ein neues Zuhause in einer Pflegefamilie.

Niemand wird **Jonas** gesagt haben, dass er ein ungewolltes Kind ist. Das war auch nicht nötig – Jonas wird es besonders in den ersten Kindheitsjahren erfahren und im Laufe seines Lebens verinnerlicht haben.

Mit Blick auf die Hirnforschung haben Maik, Ayse und Jonas mit hoher Wahrscheinlichkeit ganz besondere Lernprozesse zu bewältigen. Das Fundament in ihrem kindlichen Gehirn ist in seinen Strukturen und Netzwerken einfach noch nicht ausreichend gefestigt. Frühkindliche Trauma-Erfahrungen treffen somit auf nur wenig stabil vernetzte Strukturen. Die irritierenden und angstvollen Erfahrungen von Ayse und Maik werden ergänzend zu bereits bestehenden Erfahrungen abgespeichert – sie bilden quasi eine weitere ›neue‹ Grundlage, ein paralleles Fundament. In dieses Fundament werden auch die im Ausnahmezustand entstandenen Verknüpfungen aufgenommen. Traumatische Erfahrungen haben folgerichtig bei Kindern einen tiefer wirkenden Einfluss auf die Funktionen des Gehirns als bei Erwachsenen. Stellen Sie sich vor, ein Bauarbeiter legt beim Hausbau die erste Reihe Steine auf ein Betonfundament. Das Fundament ist an der Giebelfront jedoch noch nicht gut ausgehärtet. Der Fehler wird dem Hausbau noch lange zu schaffen machen.

Für Ayse, Maik und Jonas könnte dies bedeuten, dass spezifische traumagekoppelte Netzwerke im Gehirn, aufgrund ihrer Erfahrungen und Erlebnisse, zu einer von vielen Grundlagen für ihre weitere Entwicklung werden. Die Traumaerfahrung fügt sich quasi als Baustein in das noch wachsende Fundament des kindlichen Gehirns ein. Die weitere Nutzung, Strukturierung, Ausbildung und Ausformung von Verschaltungsmustern baut somit, neben anderen durch Erfahrung entwickelten Strukturen, auch auf ›traumatische‹ Strukturen im Gehirn auf – und das wiederum könnte Maik, Ayse und Jonas noch lange zu schaffen machen.

Maik wird möglicherweise, aufgrund seiner Erfahrungen als Kind einer Familie, in der elterliche Gewalt zum Alltag gehörte, große Schwierigkeiten haben, vertrauensvolle Beziehungen zu anderen Menschen aufzubauen. Er wird vielleicht auch immer wieder feststellen, dass es ihm schwerfällt, Vertrauen in die eigene Kompetenz zu gewinnen. Er wird zu besonderen Impulsausbrüchen neigen und damit auf Ablehnung stoßen. Möglicherweise wird Maik Schulprobleme bekommen, weil er nur schwer in der Lage ist, sich auf den Unterricht zu konzentrieren.

Ayse wird mutmaßlich eher eine gesteigerte Empfindlichkeit gegenüber Sinneswahrnehmungen erleben. Sie wird in ihrem aktuell gefahrlosen Alltagsleben möglicherweise mit großen Ängsten zu kämpfen haben. Sie wird Zustände von Erstarrung erleben, unter Schlafstörungen leiden, vielleicht als Mutter ihre Kinder überbehüten.

Von **Jonas** wissen wir, dass er die Wertigkeit eines ungewollten Kindes innerlich abgespeichert hat. Sein Verhalten gegenüber der Umwelt ist deutlich geprägt von der Erwartung, ich gehöre nicht dazu, ich genüge den anderen nicht – also schütz ich mich selber, die anderen werden schon sehen, was sie davon haben.

Auf den Bauarbeiter und sein Hausbau übertragen, wird der Hausbesitzer nach dem Einzug mit hoher Wahrscheinlichkeit wiederholt mit unerklärlichen Rissen im Mauerwerk und mit Statik-Problemen zu tun haben. Besonders problematisch – weil irritierend – wird die Lösungssuche, wenn der Hausbesitzer die Ursache nicht kennt.

Eine kleine Anmerkung zwischendurch. Wenn ich hier über Ayse, Maik und Jonas berichte, dann geschieht dies ausdrücklich beispielhaft. Immer wenn es um eine konkrete Verknüpfung von Trauma und Erfahrung geht, ist Vorsicht geboten: Menschen reagieren auf Erfahrungen höchst unterschiedlich und die entstandenen Verletzungen sind nicht wirklich sichtbar. Auch ein Autounfall, bei dem ein Kind unverletzt bleibt, kann irritierende Folgen für die Zukunft des Kindes haben. Erforderlich ist also ein sehr sorgsamer Umgang mit Menschen, die Gefahr und Bedrohung erlebt haben.[40] Es gilt eine Vermeidung von Automatismen: Nicht jedes Kind aus einem Bürgerkriegsland ist traumatisiert; nicht jedes Kind aus einem Autounfall hat Glück gehabt, weil man keine Verletzungen sieht.

Was hat das ›Früher‹ mit dem ›Heute‹ zu tun?

Wenn wir uns nun dem aktuellen Umgang mit frühkindlichen Traumaerfahrungen nähern, stoßen wir als Erstes auf die Problematik – scheinbar – fehlender Verknüpfungen. Weder die Eltern noch **Maiks** Lehrer werden Maiks Schulproblematik mit häuslicher Gewalt zwischen den Eltern in Verbindung bringen – und Maik wird schon gar nicht auf einen solchen Gedanken kommen. Und dass **Ayses** Überbehütung ihrer Kinder mit den Zuständen im syrischen Bürgerkrieg zu tun haben soll, ist auch nicht selbsterklärend. Die Verknüpfung ist den Beteiligten nicht ersichtlich – weder dem beteiligten Netzwerk, den Helfern noch den direkt Betroffenen.

Zum Verständnis hilft es, sich erneut den Verarbeitungsmechanismen traumatischer Erfahrungen im Gehirn zuzuwenden. Im Gehirn ist keine zeitliche und sachliche Zuordnung mehr möglich – alles wird miteinander verknüpft: Gerüche, Geräusche, visuelle Eindrücke, Gefühle. Eine solche Vermischung kann noch lange nach den eigentlichen Erlebnissen zu sehr irrationalem und damit schwer

---

40　s. a. Korittko, A./Pleyer, K. H. (2010): Traumatischer Stress in der Familie. Systemtherapeutische Lösungswege. Göttingen.

zu verstehendem Verhalten führen – zu Flashbacks.[41] Dieser Satz wird dem
Leser aus den vorigen Absätzen bekannt vorkommen. Wenn wir ihn *ergänzen*
durch die Erkenntnis der Neurobiologen, dass Trauma-gekoppelte-Netzwerke
im Gehirn zu einer von vielen Grundlagen für die weitere Entwicklung werden,
kommen wir der Verknüpfung ein Stück näher: Die Trauma-Erfahrung war im
Gehirn nicht bearbeitbar, weil sie so bedrohlich war. Das Notfallprogramm des
Gehirns schaltete sich ein – Kampf oder Flucht. Weder die eine noch die andere
Handlung aber war möglich. Das Notfallprogramm funktioniert also nicht. Das
Gehirn sucht dennoch nach einer Lösung für das Problem. Erst wenn es sie
gefunden hat, entsteht ein Zustand von Ausgewogenheit, von Kohärenz[42]. Die
Trauma Erfahrung ist somit im Gehirn gemeinsam mit in der lebensbedrohli-
chen Situation, nützlichen Umgang- und Verhaltensstrategien gespeichert.

Das konkrete Verhalten, das den für das Gehirn wichtigen Zustand von
Kohärenz bewirkt, wird als Lösung für ein Problem im Gehirn verankert:

In ohnmächtiger Erstarrung lässt **Ayse** das Geschrei und die Gewehrsalven über
sich ergehen, sie beamt sich weg, um die eigene Angst und die Machtlosigkeit der
Eltern auszuhalten. Sie begibt sich sozusagen auf einen inneren Weg der Flucht.

Maik liegt in seinem Bett, während der Gewaltausbrüche seines Vaters, reißt immer
wieder an den Armen seines Teddybären, schreit und tobt innerlich, sucht in seiner
Fantasie nach einem Schläger, um der Mutter beizustehen. Alle diese beispielhaften Verhaltensweisen hat das kindliche Gehirn als nützlich und damit als Problem-
lösung abgespeichert.

Und Jahre später erlebt der Lehrer Maik nun auf dem Schulhof laut schreiend
auf einen Mitschüler einprügelnd; im Unterricht dagegen kann Maik sich kaum
konzentrieren. Ayse wird zuhause oft als nicht ansprechbar erlebt; wenn die Mutter
sie anfasst, zuckt Ayse zusammen ohne ein Wort zu sagen. Auf dem Schulhof steht
sie oft allein in einer Ecke und spielt vor sich hin.

Wie würden wir als Pädagogen, als Eltern, als Mitschüler – ohne Kenntnis der
Hintergründe – über dieses Verhalten denken? Vielleicht wie folgt: Die Ayse ist
ziemlich komisch, träumt viel, ist schräg, spinnt – Maik dagegen ist ganz schön
störrisch, durchgeknallt, brutal, verweigert sich.

---

41 vgl. Hüther, G./Korittko, A./Wolfrum, G./Besser, L.: Neurobiologische Grundlagen der He-
    rausbildung Psychotrauma bedingter Symptomatiken, Verfügbar unter: http://www.adelante-
    beratungsstelle.de/bilder/huether.pdf, Zugriff am 18.03.2017.
42 Angelehnt an Forschungen und Ausführungen von Prof. Gerald Hüther, Neurobiologe, Göt-
    tingen.

Retraumatisierung und Flashbacks

Weder Maik, noch Ayse, noch deren Umfeld können die Verknüpfungen erkennen, die das Verhalten der beiden Kinder erklärlich machen würden. Für **Maik** reichen möglicherweise kleinste Anlässe von Gefahr und Bedrohung, um ihn auf dem Schulhof zum Ausrasten zu bringen. Nicht selten besteht die – vermeintliche – Gefahr ausschließlich in seiner besonderen Wahrnehmung, ist also gar nicht wirklich real. Schon ein versehentlicher Anrempler beim Spiel kann dazu führen, dass bei ihm die Sicherungen durchbrennen. Im Unterricht wirkt Maik oft abwesend, zuckt merklich zusammen, wenn der Lehrer in die Hände klatscht. **Ayses** Zurückgezogenheit hat nichts mit einem Desinteresse an ihrem Umfeld zu tun. Das Geschrei der spielenden Kinder auf dem Schulhof sorgt bei ihr immer wieder für einen inneren Rückzug. Sie kann die Lautstärke auf dem Schulhof kaum ertragen. Zuhause wirkt Ayse zwar oft still; innerlich jedoch ist sie wachsam, registriert konzentriert alle Außengeräusche. Auf Umarmungen der Mutter reagiert sie mit leichter Erstarrung.

Und **Jonas?** Wir vermuten ja, Jonas' innerer Speicher ist gefüllt mit einer Riesendatei »Ich bin nichts wert«! Diese Datei scheint immer wieder angeklickt, wenn eine aktuelle Begegnung auch nur im Entferntesten kompatibel wirkt: Der fehlende Blick der Mutter, das Stirnrunzeln des Lehrers, das Lachen eines Mitschülers – und Jonas macht dicht.

Das Phänomen, das Ayse, Maik und Jonas zu schaffen macht, wird als Flashback bezeichnet und seine Kompliziertheit wird in → Abbildung 8 verdeutlicht: Etwas taucht aus der Erinnerung wieder auf, machtvoll, nimmt Besitz von den Gefühlen, wird aber nicht als Erinnerung erlebt. Dieser Flashback-Zustand ist nicht aushaltbar, weil er für die Betroffenen vom Erleben her identisch ist mit der ursprünglich traumatischen Erfahrung. Der Zustand existiert subjektiv erlebt im Jetzt. Ein Ausweg muss her. Jonas, Maik und Ayse reagieren auf die vermeintliche Gefahrensituation mit bewährten, in ihren Gehirnen abgespeicherten Verarbeitungsstrategien. Diese Strategien haben ihnen früher geholfen, zu überleben. Die ›Lösungen‹ aus der Vergangenheit erweisen sich nun zwar als hinderlich, sind aber nicht ohne weiteres veränderbar.

Sogenannte Trigger oder Schlüsselreize machen den Dreien besonders zu schaffen: Der Lärm auf dem Schulhof lässt den Bürgerkriegsalltag wieder aufleben, das Klatschen des Lehrers erinnert an den prügelnden Vater, der Rempler des Schulfreundes löst den Prügelimpuls aus, das Umarmen der Mutter führt zu tiefem Erschrecken. All das passiert nicht bewusst oder gesteuert, es läuft quasi automatisiert ab – wie ein Reflex: Das Notfallprogramm ist wieder aktiviert, wirkt jedoch sowohl auf die Betroffenen als auch auf die Umwelt erschre-

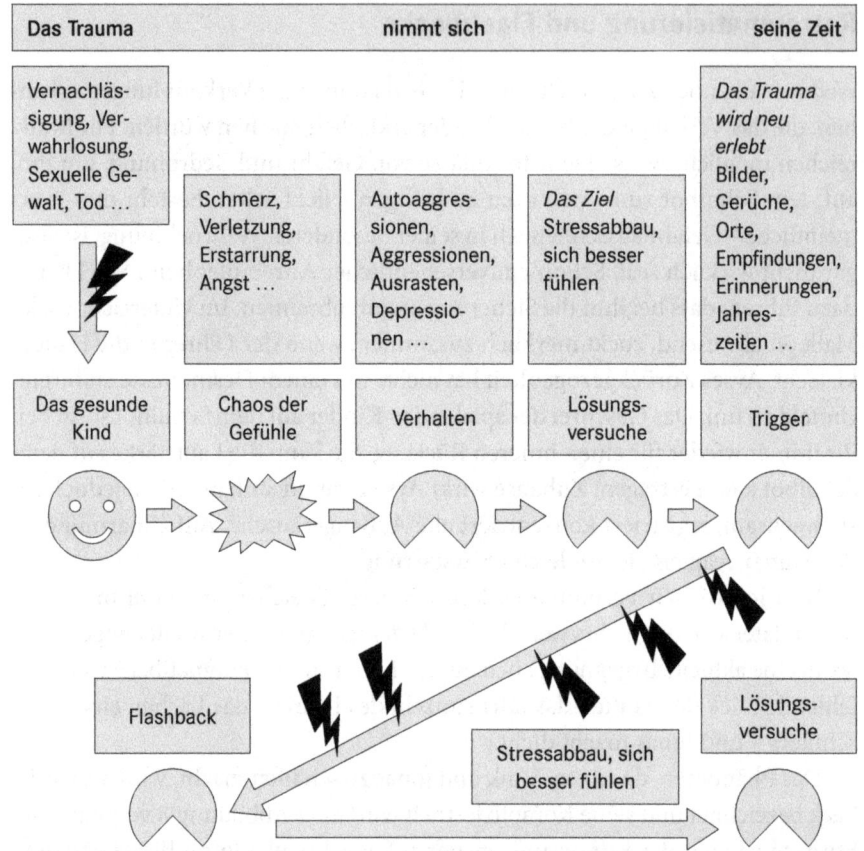

Abbildung 8: Trauma und Zeit

ckend und unverständlich. Jonas, Maik und Ayse können es selber nicht erklären und sind ebenso irritiert von ihrem Verhalten wie ihr Umfeld. Auch auf Nachfrage finden sie keine Erklärung und geraten durch die Fragen eher noch mehr in Not. Sie sind irritiert, weil sie immer wieder etwas tun, was sie eigentlich gar nicht wollen.

Ayse möchte nicht abseits stehen, sie möchte mitspielen und Freundinnen finden. Durch ihr Verhalten kommt sie jedoch nicht wirklich gut in Kontakt zu ihren Schulkameradinnen. **Maik** möchte seinen Mitschüler nicht schlagen, dennoch passiert es immer wieder, dass er förmlich ausrastet. Während dies geschieht steht er fast neben sich – und kann es nicht verhindern. Hinterher ist er total verwirrt von seinem eigenen Verhalten. Dass der Lehrer immer wieder in die Hände klatscht, macht Maik verrückt. Er soll das lassen, aber wie soll er ihm das sagen. Sein Erschrecken über das Klatschen versteht er ja selber nicht; es ist ihm peinlich, er ist doch kein Baby mehr. Und **Jonas** möchte einfach nur dazu gehören.

Reaktionen der Umwelt

Nicht selten erfahren Kinder wie Maik und Ayse von den Menschen aus ihrem Umfeld genau das, was ihnen am wenigstens behilflich ist: Sie sollen Erklärungen abgeben und sie sollen Verhaltensänderungen zeigen. Die Frage nach einer Erklärung ist aus Sicht der Erwachsenen erst einmal verständlich.

Wenn der Lehrer den Hintergrund für **Maiks** Gewaltausbrüche kennt, könnte er mit Maik vielleicht Strategien entwickeln, wie sie zu vermeiden wären. Wenn er wüsste, wie sehr Maik sich bei seinem ›in die Hände klatschen‹ erschreckt, würde der Lehrer sicherlich eine andere Methode wählen, um Maik im Unterricht aus seinen Träumereien zu holen. Wenn **Ayses** Schulkameradinnen wüssten, das Ayses Abseitsstehen nichts mit ihnen zu tun hat, würden sie sich vielleicht gelegentlich nachmittags mit ihr verabreden. Und Ayses Mutter würde sie bestimmt gern viel häufiger in den Arm nehmen, wenn sie nicht immer das Gefühl bekäme, Ayse würde Angst vor ihr haben.

Aber wie sollen die beiden Kinder etwas erklären, das sie selber nicht verstehen, wie sollen sie etwas ändern, das sie nicht bewusst tun – also auch nicht beeinflussen können? Manchmal denken Maik und Ayse selber, dass sie ›komisch‹ oder ›durchgeknallt‹ sind.

Die Erwachsenen, deren Aufgabe es eigentlich ist, für den Schutz und die Entwicklung von Maik und Ayse zu sorgen, bleiben gleichfalls irritiert. Aus dem Unverständnis heraus machen sie sich auf die Suche nach eigenen Lösungswegen: Maßnahmen wie eine Schulbeurlaubung, ein Anti-Gewalt-Training, Konzentrations- und Wahrnehmungstrainings sind nachvollziehbar und vielleicht auch wohlmeinend. Sie können den Druck auf die beiden jedoch schlimmstenfalls erhöhen. Nicht selten schalten die Erwachsenen Ärzte ein, weil sie nicht weiter wissen; und Diagnosen führen zu einem ›Titel‹ oder zu einer Medikation.

Für **Jonas** wurde das Konstrukt ›Tagesgruppe‹ als Hilfe installiert. **Maik** erfährt womöglich, dass er eine Lernbeeinträchtigung hat, **Ayse** eine Störung des Sozialverhaltens. **Maik** und **Ayse** bekommen ergänzende Hilfen und – die Erwachsenen sind vorerst erleichtert, weil sie eine Einsortierung gefunden haben, die sie weniger hilflos macht.

Die klammheimliche Erwartung von Jonas, Maik und Ayse – ohne dass sie diese benennen könnten – ist jedoch eine andere: Sie wollen nicht mehr nach dem ›Warum‹ gefragt werden. Diese Fragen bringen sie eher noch mehr in Not. Sie wünschen sich eine Erklärung für das Geschehen, sie sehnen sich nach Verständnis und nach haltgebenden Erwachsenen. Wer jedoch das Verhalten nicht versteht – kann auch keine Erklärungen geben, keinen Halt. An diesem Punkt besteht die große Gefahr eines destruktiven Kreislaufes. Die Eltern und Pädagogen erleben ihre Suche nach hilfreichen Strategien und Angeboten als nicht wirksam, sie verlieren das Vertrauen als beschützende Helfer gesehen zu werden und damit das eigene Vertrauen in ihre erzieherische Intuition. Sie erleben sich nicht wirksam in der Beziehungsgestaltung. Die betroffenen Kinder nehmen ihre engsten Bezugspersonen dagegen als immer weniger präsent wahr und antworten in ihrer Hilflosigkeit mit Überreaktion, erhöhter Wachsamkeit und Reaktanz. Die scheinbare Hilflosigkeit der Erwachsenen erhöht den psychischen Druck bei Jonas, Maik und Ayse. Sie wollen beschützt und aus ihrer Not befreit werden. Sie fordern die Eltern und Pädagogen zum Handeln und Entscheiden heraus. Die bestehenden und nicht hilfreichen Muster auf beiden Seiten verfestigen sich. Das Verhalten der Betroffenen wird zunehmend als unerwünschtes Verhalten erlebt. Pädagogen und Eltern verstärken ihr Bemühen durch ein ›mehr Desselben‹ – ein Teufelskreis entsteht. (Co-traumatische Prozesse). [43]

Erste Lösungsideen

 Spätestens an diesem Punkt wird jemand gebraucht, der den Teufelskreis wahrnimmt und ›Stopp‹ sagt: Alle beteiligten Erwachsenen halten einmal kurz inne und entscheiden sich bewusst, nicht weiter ›dasselbe‹ zu tun. Eltern und Pädagogen hören auf, die Kinder nach dem ›Warum‹ zu fragen – sie beginnen über den Sinn des Verhaltens nachzudenken: Wenn Maik immer wieder seine Prügelattacken startet, dann muss dieses Verhalten für Maik eine hohe Wichtigkeit haben. Sonst hätte er auf die unzähligen Interventionen der Erwachsenen längst reagiert, denn er erlebt sie zunehmend als Belastung. Welches Interesse sollte Maik haben, sich selbst schaden zu wollen? Und wenn Ayse sich auf dem Schulhof immer wieder von ihren Mitschülerinnen abwendet … Sie wissen wie der Satz weitergehen wird.

---

43 s. a. Korittko, A./Pleyer, K.-H. (2012): Traumatischer Stress in der Familie: Systemtherapeutische Lösungswege, Göttingen.

Nach dem oben erwähnten ›Stopp‹ könnte nun die zweite ›nicht-selbe‹ Intervention gefunden sein: Maik und Ayse hören von ihren Bezugspersonen, dass es eine Wichtigkeit hat, was sie tun. Sie sind nicht verrückt, komisch oder durchgeknallt – ihr Verhalten ist ok! Alle Beteiligten entscheiden sich, das Verhalten als etwas für das Kind Sinnhaftes anzuerkennen.

Bevor jetzt die ersten Aufschreie aus der Leserschaft kommen »Wie können wir **Maik** sagen, es sei ok, dass er sich täglich auf dem Schulhof prügelt?«: Das Verhalten ist ok, es hat für Maik einen Wert, weil es eine normale Reaktion auf eine abnormale Belastung ist. Die Belastung kennen die Helfer womöglich immer noch nicht und werden sie vielleicht auch nie gänzlich erfahren. Aber dieses Verhalten macht für Maik einen Sinn: Es wird von ihm gebraucht, selbst wenn er es nicht erklären kann – und damit wird es ab sofort als Stärke formuliert. Maiks Prügelaffekt wird somit, den pädagogischen Umgang betreffend, aus der Spalte ›Kritik‹ entfernt und der Spalte ›Selbstorganisation‹ zugeordnet. Das Ziel dieser Entscheidung ist keineswegs die Fortsetzung der Prügelattacken gutzuheißen. Selbstverständlich wird es auf das eigentliche Handeln von Maik auch zukünftig eine Reaktion geben. Eine wirkliche Veränderung wird jedoch nur möglich werden, wenn Maik in die Lage gerät, sich selber (neu) zu organisieren. Als Voraussetzung für einen solchen Veränderungsprozess benötigen Maik und Ayse ein eindeutiges Ok: »Wir verstehen alle noch nicht, welche Bedeutung euer Verhalten hat, aber ihr habt dieses Verhalten in der Vergangenheit zum Überleben gebraucht. Was auch immer geschehen ist, das Verhalten war euch behilflich, mit etwas sehr Bedrohlichem umgehen zu können. Was geschehen ist, können wir nicht rückgängig machen, aber jetzt braucht ihr nicht Kritik, sondern Hilfestellung, um neue günstige Erfahrungen machen zu können: Wir laden euch ein, wir möchten euch ermutigen und inspirieren, euch auf neue Erfahrungen einzulassen.«

Unterstützung in der Selbstorganisation statt Heilung

Und damit ist der Ansatz für eine traumaorientierte systemische Pädagogik und Therapie gefunden. Das Ziel ist nicht die Heilung des Traumas, sondern die Anregung und Unterstützung konstruktiver Bewältigungsprozesse und Selbstorganisation – die Beseitigung von Blockaden. Die Erfahrungen und Erlebnisse der drei Kinder können nicht rückgängig gemacht werden. Anders formuliert: Wie schaffen Jonas, Ayse und Maik es, neue Beziehungserfahrungen zu machen, wie gelingen ihnen angenehme Erlebnisse im sozialen Miteinander, wie erfahren sie ein gemeinsames Erleben von Freude und Spaß und wie gelingt es, allen Beteiligten einen Kontext zu schaffen, der Veränderungen anregt.

Lösungsorientierte Strategien

An dieser Stelle würde ich als Leser neugierig werden: Wie könnte es denn ganz
konkret funktionieren, dass Ayse und Maik lernen, ihre eigenen Gefühle und ihr
eigenes merkwürdiges Verhalten besser zu verstehen? Welche konkreten Strategien könnten den beiden helfen, aus dem immer wiederkehrenden Dilemma
herauszukommen, von etwas angetriggert zu werden und damit andere vor den
Kopf zu stoßen? Und – wie gelingt es den Helfern, einen auch für sie gesunden Umgang mit den Folgen der Traumatisierung zu finden: Wie schaffen es
die engagierten Lehrer und Lehrerinnen von Ayse und Maik, die ausgebildeten
Sozialpädagogen in der Tagesgrupppe von Jonas, die engagierten Pflegeeltern
von Maik, gleichzeitig zu helfen und auf ihre eigene emotionale Betroffenheit
aufzupassen? Die Gefahr ist groß, sich in dem Hin und Her von Vertrauen und
Misstrauen in den Beziehungen zu den Betroffenen verstricken zu lassen, sich
im wiederkehrenden Erleben von Versuch und Irrtum, in den Hilfeangeboten
 zu verzetteln und den Mut zu verlieren. Und am Anfang einer jeder Strategie,
einer jeder Intervention steht – wieder einmal das Verständnis des Besonderen.
Wenn Sie dieses Verständnis noch vermengen mit einer großen Prise Geduld
sind sie in dem fachlichen Umgang mit den Folgen einer Traumatisierung schon
sehr nahe gekommen.

Maik wird sich nicht plötzlich von seinen Prügelattacken verabschieden können,
weil er seine Helfer anders erlebt. Mit diesem Wissen und unter Einbeziehung von
Maik und seinen Mitschülern wird daher gemeinsam nach Strategien für die Sicherheit und den Schutz auf dem Schulhof gesucht werden müssen. Diese Strategien
sollen für Entlastung sorgen und gleichzeitig Spielräume schaffen für die Arbeit
mit Maik an einem Verständnis seines Handelns, an der vertrauensvollen Arbeit
zu einer bewussten Selbstorganisation. **Ayse** wird ihre Angst in der Öffentlichkeit
nicht einfach ablegen können. Aber auch sie wird mit entsprechender Hilfe ihre
Ängste verstehen lernen. Sie wird damit umgehen lernen und in diesem Prozess
vieles ausprobieren. **Jonas** wird sich nicht plötzlich entspannt und selbstbewusst
in Beziehung begeben. Es wird ein langer Weg werden, bevor er versteht, dass auf
dem Boden seines Riesenrucksacks ein Problem seiner Eltern liegt, für das er gar
nicht verantwortlich ist. Allen drei Kindern sollten Strategien angeboten werden,
mit dem Merkwürdigen einen Umgang zu finden.

Die wichtigen Fragen in aller Tiefe zu beantworten, sprengt den Rahmen des
Kapitels. Die Lust und Neugierde darauf, mehr über betroffene Kinder wie
Maik und Ayse zu erfahren – die kann dagegen sehr wohl befriedigt werden.

Der Hamburger Kinderpsychologe Andres Krüger hat hierzu ein wunderbares Buch geschrieben, das ich allen neugierigen Lesern wärmstens empfehlen kann. In seinem »Powerbook« (2013) stellt der Autor anschaulich und detailliert seine Arbeit mit ähnlich Betroffenen wie Jonas, Ayse und Maik dar.

Auf den Punkt gebracht

Ein paar Regeln für die Arbeit mit traumatisierten Kindern sollten von Beginn an Grundlage eines jeden Helfersystems werden (die Klammern beziehen sich auf den beispielhaft beschriebenen Alltag von Jonas, Maik und Ayse). Es gilt

* Schutz und Sicherheit zu organisieren (z. B. auf dem Schulhof),
* Misstrauen (z. B. der Betroffenen) zu akzeptieren, um Vertrauen schaffen zu können,
* ›schräges‹ Verhalten als normale Reaktion auf abnormale Belastung anzuerkennen,
* die Symptome/das Verhalten als Stärke und Lösungsstrategie zu akzeptieren sowie
* das Verhalten deuten zu lernen: eine immer wiederkehrende Herausforderung.
* Die Beschäftigung mit von Traumatisierung betroffenen Menschen erfordert viel Geduld und auch Beharrlichkeit aller Beteiligten. Denn Menschen schützen sich, sie gehen nicht dorthin, wo es gefährlich ist. Ayse und Maik müssen also mühsam lernen, neues Vertrauen zu fassen und dieses als etwas Positives zu erleben.
* Das Helfersystem muss häufig ebenfalls mühsam lernen, mit der eigenen Betroffenheit und Verletzlichkeit umzugehen. Dies als Gemeinsamkeit zu sehen, könnte Betroffene und Helfer näher bringen.
* Das Helfersystem wird ein Arbeiten mit Höhen und Tiefen erleben, sich immer wieder angetriggert fühlen, mit Frustrationen und wiederholter Ratlosigkeit zu kämpfen haben und auch mit widerstrebenden Gefühlen den Betroffenen gegenüber.
* Helfer brauchen eine Bereitschaft und Sensibilität zur Selbstwahrnehmung und Reflexion: »Was geschieht mit *mir,* wenn die Betroffenen sich irrational verhalten? Wieso macht mich das Verhalten von Ayse/Maik gerade wieder so sauer, wieso frustriert es mich immer wieder?«
* Engagierte Helfer brauchen in diesen Prozessen Berater als kontinuierliche Begleiter (→ Kapitel 3, Die kollegiale Beratung).

8 Marie – Ein Kind psychisch erkrankter Eltern

Immer wenn ich in meinen Seminaren zum Kinderschutz vor Studenten von Kindern wie Marie erzähle, dann entstehen lebhafte Diskussionen. Die Besonderheiten, die das Mädchen zeigt, und das Erleben der Mutter, machen sicherlich nachdenklich, aber was hat das denn mit Kindeswohlgefährdung zu tun? Die Mutter ist zwar krank, aber sie ist doch in Behandlung, und dass sie sich nicht immer so um Marie kümmern kann wie eine gesunde Mutter, dafür kann sie doch schließlich nichts – sie macht es doch nicht mit Absicht.

Schauen wir uns Mutter und Tochter noch einmal an:

Marie ist 9 Jahre, besucht die 4. Klasse einer Grundschule. Sie wirkt gesund und angemessen versorgt und verhält sich nett und freundlich. Sie reagiert stark auf Außenreize, ist immer in ›Habachtstellung‹, ihre Konzentrationsleistung wirkt hoch angestrengt. Sie achtet sehr auf die Regeln und ›Gepflogenheiten‹ in ihrer näheren Umgebung und versucht sich ihnen anzupassen. Marie hat kleine Tics, die aber nur jenen auffallen, die sie näher beobachten. Sie blinzelt oft wiederholt in einer schnellen Taktung mit den Augen und erstarrt manchmal für einen sehr kurzen Moment in ihren Bewegungen. Würde Marie darauf angesprochen werden, könnte sie diese kleinen Tics nicht erklären, weil sie sie gar nicht wahrnimmt. Marie ist intelligent, im Schulunterricht zeigt sie eine hohe Aufmerksamkeit. Sie kommt mit ihren Mitschülern in der Klasse gut zurecht, pflegt aber keine Freundschaften. Marie erzählt wenig von Zuhause. Sie lebt mit ihrer Mutter zusammen. Ihren Vater kennt Marie kaum.

Maries Mutter ist alleinerziehend und seit langem psychisch erkrankt; sie hat eine Borderline Störung. Sie ist überwiegend nicht berufstätig. Die Mutter wirkt auf andere irritierend und extrem wechselhaft in ihrem Verhalten. Mal zeigt sie sich kommunikativ und empathisch, freundlich und hilfsbereit mitwirkend; dann wieder reagiert sie fordernd und ablehnend, aggressiv und kämpferisch. Maries Mutter weiß, dass sie krank ist. Sie ist seit vielen Jahren in ärztlicher Behandlung und hat bereits mehrere Klinikaufenthalte hinter sich.

Sicherlich werden alle, die Marie kennen, ihr wünschen, dass ihre Mutter gesund ist und sie ein Familienleben frei von Ärzten und Krankenhäusern führen könnten – aber was hat das mit Kinderschutz zu tun? Zeit für einen Perspektivwechsel. Wir fragen Kinder und anschließend Ärzte und hören einmal, welche unterschiedlichen Worte diese zur Beschreibung des Besonderen nutzen.

Die Perspektive der Kinder und Ärzte

Wenn Marie sich trauen würde, und eine richtig enge Freundin hätte, dann würde sie dieser womöglich folgendes erzählen:

»Mama liegt manchmal den ganzen Tag im Bett. Ich räume immer auf und koche manchmal auch was. Papa ist ja weg, der kann nichts für uns tun. Mama hat dann Kopfschmerzen und sie weint oft – worüber, weiß ich nicht. Früher hab ich sie gefragt, was mit ihr ist, aber sie konnte mir gar nicht antworten. Oder sie wurde böse und schubste mich weg und das wollte ich ja nicht. Sie hat dann noch mehr geweint. Damals war Papa noch da, er hat dann gesagt, ich solle sie in Ruhe lassen. Mama macht eigentlich nie was mit mir zusammen, sie sagt, sie kann nicht. Wenn sie es dann doch mal versucht, dann wird sie ganz aufgeregt und hektisch – so als wenn sie sich total anstrengt. Dann strahlt sie und lacht ganz laut – und am Ende weint sie oder schimpft mit mir. Ich versuche Mama zu trösten, aber das hilft nicht …«

Und das sagt der Arzt dazu:
Diagnose: Borderline-Störung, Klassifizierung nach ICD-10-GM, Version 2017[44]: emotionale Instabilität, mangelnde Impulskontrolle; Störungen des Selbstbildes, der Ziele und der inneren Präferenzen, durch ein chronisches Gefühl von Leere, durch intensive, aber unbeständige Beziehungen und eine Neigung zu selbstdestruktivem Verhalten mit parasuizidalen Handlungen und Suizidversuchen.

---

44 Die Internationale statistische Klassifikation von Krankheiten und verwandter Gesundheitsprobleme, herausgegeben von der Weltgesundheitsorganisation. ICD: International Statistical Classification of Diseases and Related Health Problems, Verfügbar unter: https://www.dimdi.de/static/de/klassi/icd-10-gm/kodesuche/onlinefassungen/htmlgm2017/, Zugriff am 17.03.2017.

Erzählungen eines 10-jährigen Jungen:
»Papa fühlt sich immer schlecht, warum, das weiß ich nicht. Er sitzt oft einfach nur in seinem Zimmer und starrt vor sich hin. Manchmal wird er auch richtig wütend, wenn jemand zu Besuch kommt, oder wenn man ihn einfach nur anspricht. Er geht gar nicht mehr raus, auch nicht zur Arbeit. Wir Kinder kaufen dann ein und bringen die kleineren Geschwister zum Kindergarten. Mama hilft manchmal, aber sie muss ja arbeiten. Sie schimpft auch ganz viel mit Papa, aber Papa reagiert oft gar nicht ...«

Und das sagt der Arzt dazu:
Diagnose: Angststörung, Phobie, Klassifizierung nach ICD-10-GM: Furcht vor einem Objekt oder einer Situation oder unspezifische Ängste.

Erzählungen eines 5-jährigen Jungen:
»Mama ist oft gar nicht anwesend. Also sie ist da, aber wenn wir Kinder sie rufen, hört sie uns oft gar nicht. Manchmal müssen wir sie dreimal fragen, bis sie eine Antwort gibt. Wir versuchen dann ganz leise zu sein, um sie nicht zu stören. Meistens ist Mama aber ganz lieb zu uns ...«

Und das sagt der Arzt dazu:
Diagnose: Posttraumatische Belastungsstörung, Klassifizierung nach ICD-10-GM: Gefühl von Hilflosigkeit sowie durch das traumatische Erleben, Erschütterung des Selbst- und Weltverständnisses.

Erzählungen eines 13-jährigen Mädchens:
»Mama ist ganz anders, gar nicht so wie früher. Sie redet und macht so komische Sachen. Manchmal wird sie ganz wütend, und dann schreit sie auch rum oder rennt weg. Wir Kinder suchen sie dann, damit nichts passiert. Wir gehen manchmal zu den Nachbarn essen, weil Mama nicht kocht, sondern die Wohnung umräumt ...«

Und das sagt der Arzt dazu:
Diagnose: Schizophrene Psychose, Klassifizierung nach ICD-10-GM: Gedankenlautwerden, Gedankeneingebung oder Gedankenentzug, Gedankenausbreitung, Wahnwahrnehmung, Kontrollwahn, Beeinflussungswahn oder das Gefühl des Gemachten, Stimmen, die in der dritten Person den Patienten kommentieren oder über ihn sprechen, Denkstörungen und Negativsymptome.

Der Switch zum Kinderschutz

Aus den Beschreibungen wird hoffentlich deutlich, weshalb es für eine gesunde Entwicklung von Kindern nicht nur hilfreich, sondern auch notwendig sein kann, sich mit der Gesundheit der sorgeberechtigten Eltern zu befassen. Niemand kann und sollte den Eltern ihre Erkrankung vorwerfen. Selbst eine Krankheits*einsicht* kann nicht immer erwartet werden, da ihr Fehlen oft Teil des Krankheitsbildes selber ist. Die Erzählungen der Kinder zeigen jedoch die Wirkungen auf, die eine psychische Erkrankung auf ihre Umwelt hat – und damit auf bedürftige und von ihren Eltern abhängige Kinder.

Wie schon in vielen Beispielen aufgezeigt, versuchen die meisten Familien mit einer solchen Problematik allein fertig zu werden. Eine psychische Erkrankung wird nach wie vor tabuisiert. In der Familie bestehen oft große Sorgen vor Eingriffen von außen: »Wird erst einmal klar, dass wir Hilfe brauchen, wird man uns nur auseinanderreißen!«

Die Folge: Betroffene Eltern(-teile) gehen nicht – rechtzeitig – zum Arzt und suchen keine Unterstützung für sich und ihre Kinder. Die Kinder wenden sich mit ihren Sorgen *nicht* an Außenstehende, aus Angst, die Familie zu verraten. Auch wenn Kinder an ihrer Verantwortung wachsen (können), so entsteht doch ein großes Gefühl von Einsamkeit.

Eine länger bestehende seelische Erkrankung eines Elternteils führt häufig zu einer Verschlechterung der allgemeinen Lebensbedingungen der Familie: Arbeitslosigkeit, finanzielle Probleme, Isolation, belastete Beziehungen innerhalb der Familie.

Kinder erleben ihre Eltern über längere Zeit oder immer wiederkehrend in für sie unverständlichen, extremen Gefühlszuständen. Kinder können einem häufig unvernünftigen Umgang mit Zeit, Geld, Ernährung ... ausgesetzt sein. Sie erleben Trennungen durch Krankenhausaufenthalte und oft wechselnde Betreuungen.

Kinder sind besonders direkt von einer psychischen Krise der Eltern betroffen: Sie sind es, die am meisten Zeit mit einer kranken Mutter verbringen und sie müssen allzu oft Aufgaben und Verantwortung von und für diese übernehmen. Diese Lebenssituation kann bei kleinen Kindern Angst erzeugen, bei den Größeren oft Wut, und diese dann ihrerseits wieder Schuldgefühle.

Kinder psychisch erkrankter Eltern verhalten sich oft lange Zeit unauffällig und angepasst, sodass die Hilfebedürftigkeit und Not von außen lange nicht gesehen wird. Sie sind bemüht, sich loyal zu verhalten und schweigen oft aus Scham.

Die Kinder verstehen oftmals nicht, warum ihre Mutter tagsüber in abgedunkelter Wohnung auf dem Sofa liegt und zu nichts Lust hat. Sie begreifen nicht, warum ihr Vater sonderbare Stimmen hört, merkwürdige Dinge tut oder ohne Vorwarnung einen jähzornigen Wutanfall bekommt, obwohl er doch vorher noch mit ihnen gespielt hat.

Wie es sich für ein betroffenes Kind anfühlen kann, wenn die Mutter durch eine psychische Erkrankung als Versorgerin ausfällt, zeigt der beeindruckend authentische Film »Lilli«. »Der mehrfach ausgezeichnete Kurzfilm von Regisseur Jan Buttler LILLI erzählt seine Geschichte aus der Perspektive des Kindes: Immer wenn Mama krank ist – und das geschieht immer häufiger in letzter Zeit – muss Lilli (9) auf ihren Bruder Paul (6) aufpassen und dafür Sorge tragen, dass niemand mitbekommt, dass zuhause gar nicht alles stimmt.«[45] Die psychische Erkrankung der Eltern[46] bedeutet eine Belastung für die Kinder, ist aber auch ein Risikofaktor für die eigene seelische Gesundheit. Häufig geraten die Kinder jedoch erst ins Blickfeld, wenn es um die Frage geht, ob sie bei den Eltern bleiben können oder eine Unterbringung in Pflegefamilien oder Heimen notwendig wird. Manche solcher Entwicklungen könnten vermieden werden, wenn den Kindern und ihren Eltern frühzeitig Hilfen angeboten werden würde, denn: Kinder brauchen ihre Eltern, auch wenn sie psychisch erkrankt sind.

Die Folgen psychischer Erkrankungen können folglich gravierend in Fragen der elterlichen Sorge und das elterliche Erziehungsverhalten hineinwirken – weil die Erkrankung bei dem erkrankten Elternteil oft zu massiven Beeinträchtigungen führen.

Häufige Beeinträchtigungen bei depressiver Erkrankung eines Elternteils

- Empathie und emotionale Verfügbarkeit sind durch die Erkrankung reduziert.
- Feinfühligkeit ist eingeschränkt, d. h. die Fähigkeit kindliche Signale wahrzunehmen, sie richtig zu interpretieren sowie prompt und angemessen darauf zu reagieren, ist beschränkt.
- Blickkontakt, Lächeln, Sprechen, Imitieren, Streicheln und Interaktionsspiele sind reduziert.

---

45 Bundesarbeitsgemeinschaft Kinder psychisch erkrankter Eltern, Verfügbar unter: http://bag-kipe.de/lilli-der-film/, Zugriff am 18.03.2017.
46 s. a. Familienselbsthilfe Psychiatrie, Psychiatrienetz, Verfügbar unter: http://www.psychiatrie.de/familienselbsthilfe, Zugriff am 18.03.2017.

Empathiefähigkeit und emotionale Verfügbarkeit der Eltern – bzw. der direkten Versorger des Kindes – sind Grundvoraussetzungen für die Gesundheit und die Entwicklung einer sicheren Bindung eines Kindes. Für jeden einzelnen Impuls, den ein Neugeborenes von sich gibt, benötigt es eine unmittelbare Rückmeldung seiner direkten Umwelt. Ohne diese Rückmeldungen können keine gesunde Entwicklung und kein konstruktives Lernen entstehen. Es liegt daher in der Verantwortung des direkten Gegenübers – und das sind in den ersten Lebensjahren die Eltern – die Impulse des Kindes wahrzunehmen und zu deuten: Wenn der kleine Paul schreit, könnte es sein, dass er Hunger hat; das strampeln und quieken der kleinen Marie ist vielleicht eher ein Ausdruck von Freude. Für die Entwicklung von Paul und Marie ist es außerordentlich wichtig, dass ihre Eltern diese Signale deuten können – oder zumindest in der Lage sind, es zu lernen – und entsprechend darauf zu reagieren.

Häufige Merkmale bei Schizophrenie, bipolaren Störungen, emotional instabiler Persönlichkeitsstörung eines Elternteils

- Die Eltern reagieren nicht auf die kindlichen Signale,
- ihr Verhalten wird vielmehr durch ihre eigenen Bedürfnisse gesteuert,
- und sie äußern sich den Kindern gegenüber vermehrt negativ.

Wenn die Deutung von Signalen bereits in der frühkindlichen Entwicklung eine so wichtige Rolle spielt, welche Wirkung hat dann erst das Ausbleiben einer Reaktion? Natürlich wird **Paul** sich nicht wünschen, dass seine Mutter auf seine lautstarke Artikulation allzu häufig erst durch ein Handeln reagiert, das geprägt ist von Versuch und Irrtum. Seine Mutter wird diese Form des Miteinanders ebenso wenig erfreulich finden, denn Paul kann sich sehr lautstark äußern. Aber was wäre es für eine Erfahrung, wenn die Mutter gar nicht reagiert? Oder wenn die Mutter zu ihrem Partner sagt: »Das kenn ich schon von Paul. Der jammert immer so schnell. Die Windel kann noch gar nicht wieder voll sein. Außerdem brauch ich jetzt auch mal Ruhe, bring ihn bitte rüber ins Bett.« Es könnte sein, dass Paul irgendwann aufhört zu schreien – aber am nächsten Morgen mit hoch entzündetem Po aufwacht. Ohne eine Reaktion auf sein kindliches Bedürfnis, ohne den Blickkontakt zu seiner engsten Bezugsperson, ohne ein Lächeln, ohne das Klangbild einer Stimme und ohne wärmenden Körperkontakt würde Paul verkümmern.

Auswirkungen auf Kinder

Ein wenig haben wir durch die Erzählungen der Kinder erfahren, wie das All-
tagserleben im Zusammenleben mit einem psychisch erkrankten Elternteil aussehen kann. Wenn wir uns die Auswirkungen dieses Erlebens anschauen, wird
deutlich, wie sehr psychische Erkrankungen und Kindeswohl miteinander ver-
woben sein können. Die kleinen Beispiel-Erzählungen aus dem ersten Teil des
Artikels werden die Menschen aus dem Umfeld der betroffenen Familien mit
hoher Wahrscheinlichkeit gar nicht kennenlernen – weil Marie, Maik, Paul, …
nicht darüber sprechen. Ihnen fehlen schlicht die Worte für das Erleben! Sie
schweigen aus Scham und aus Angst um den betroffenen Elternteil, und im
weiteren Verlauf aus der Sorge heraus, dass ihnen das Gleiche passiert wie ihrer
Mutter oder ihrem Vater. Also wird es einfach negiert – was ich nicht ausspre-
che, existiert auch nicht. Aber es existiert eben doch und es löst in hohem Maße
Verwirrung und Ängste aus bei dem betroffenen Kind. Es lernt mit zunehmender Dauer zwar mit dem Seltsamen zu leben und entwickelt darüber hinaus
Strategien für den Schutz der Familie – und damit vermeintlich auch für die
eigene Sicherheit. Es übernimmt damit jedoch quasi ein großes Stück Elternverantwortung und es wird große Mühe haben, sich gesund zu entwickeln. All
seine Strategien können am Ende genau zu dem führen, vor dem dieses Kind
so große Angst hat – es wird selber krank.

Das Erleben des Kindes

- Niemand spricht darüber.
- Ich schäme mich.
- Ich fühle mich allein.
- Ich übernehme viel Verantwortung.
- Ich bin ungenügend und ich weiß nicht mehr weiter.

Den krankheitsbedingten elterlichen Verhaltensweisen oftmals über einen langen Zeitraum ausgesetzt zu sein, löst eine Hilflosigkeit aus, die für die Umwelt
des Kindes kaum wahrnehmbar ist. Verhaltensweisen, die es weder verstehen noch verarbeiten kann, führen zu einer Verunsicherung in der eigenen
Wahrnehmung. Das Kind kann manchmal selbst nicht mehr zwischen dem
unterscheiden, was ›normal‹ ist und dem, was besonders ist. Eine nicht seltene
Tabuisierung der psychischen Erkrankung erschwert den offenen Umgang mit
derselben und verstärkt die soziale Isolierung des Kindes. Ausgeprägte Schuld-

und Verantwortungsgefühle gegenüber dem erkrankten Elternteil belasten den Alltag des Kindes zusätzlich. Hinzu kommen Störungen im Bindungsverhalten und im Ablöseprozess. Das Kind findet keinen äußerlichen Halt, keine Orientierung und erlebt das Unkalkulierbare als Allgemeingültigkeit. Es ist kein Verlass darauf, dass die Mutter morgens aufsteht. Das Kind weiß nicht, wie die Mutter reagiert, wenn es sie um Hilfe bei den Hausaufgaben bittet. Der Rückgriff auf eine emotional sichere und kontinuierliche Eltern-Basis ist nicht gegeben. Eine spätere Ablösung in der Adoleszenz wird erschwert durch eine moralische Verantwortung des Kindes gegenüber dem erkrankten Elternteil.

Ein Blick auf das Kind als Betroffener wurde in der Erwachsenenpsychiatrie in der Vergangenheit schlicht vernachlässigt. Eine Erweiterung der Blickwinkel wurde in den letzten Jahren auch der psychiatrischen Fachwelt für notwendig befunden. Erst der 13. Kinder- und Jugendbericht der Bundesregierung griff das Thema 2009 auf und forderte, dass in der Behandlung und Beratung von psychisch- oder suchtkranken Eltern regelhaft die Frage gestellt werden soll, ob sie Kinder haben und ob diese ggf. Beratung, Unterstützung oder Förderung benötigen (Bundesministerium für Familie, Senioren, Frauen und Jugend 2009). In der Alltagspraxis sind diese Veränderungen nicht wirklich überall angekommen. Noch immer erleben Fachkräfte aus der Kinder- und Jugendhilfe, dass Behandler in der Erwachsenenpsychiatrie gelegentlich gar nicht wissen, dass ihr Patient/ihre Patientin Kinder hat. Sind die Familienverhältnisse der Patienten bekannt, so wird in der Behandlung nicht selten die Elternschaft als Motivator für Gesundungsprozesse eingesetzt – wohlgemerkt: für die Gesundungsprozesse der Erwachsenen. Eine Strategie, die sicherlich den betroffenen Patienten helfen kann, zusätzliche Energien zu mobilisieren – die Rolle der Kinder und die Auswirkungen auf die Kinder werden dabei nicht selten sträflich vernachlässigt. Eine ergänzende und eigenständige Behandlung oder gar regelhafte Einbeziehung des Systems Kinder- und Jugendhilfe erfolgt nicht verlässlich.

Statistik

Um dem Verdacht von Übertreibungen vorzubeugen, sei an dieser Stelle ein ganz kleiner Ausflug in die Statistik erlaubt. Kinder psychisch erkrankter Eltern sind eine Hoch-Risiko-Gruppe. Wieso? Das lässt sich schlicht aus der Statistik ablesen. Diese geht bei konservativer Schätzung davon aus, dass ca. drei Millionen Kinder und Jugendliche von einer psychischen Erkrankung und/oder Suchterkrankung ihrer Eltern oder eines Elternteils gesundheitlich direkt

betroffen sind (AGJ 2010; Lenz 2013; Deutsches Ärzteblatt 2014). Zur Einordnung der Zahl: In Deutschland lebten 2013 ca. 13 Millionen Kinder und Jugendliche (Destatis 2015).

 Was hilft Kindern? Dies ist eine von zwei wichtigen Fragen, ohne deren Antwort dieser Artikel nicht enden darf.

> Die Antwort an das betroffene Kind würde lauten:
> - Du bist als Kind nicht verantwortlich dafür, dass es deinen Eltern gut geht!
> - Es ist schön, wenn du deinen Eltern hilfst, aber du kannst nicht alles allein schaffen!
> - Deine Mutter freut sich bestimmt, wenn du zuhause Verantwortung über-nimmst – aber dadurch geht die Krankheit nicht weg!
> - Du hast ein Recht darauf, dich mit Freunden zu treffen und Spaß zu haben, auch wenn deine Eltern krank sind!

 Kinder psychisch erkrankter Eltern brauchen ein Gegenüber, dass ihren Wahrnehmungen und Irritationen einen Raum und Worte gibt! Vielleicht existiert
kein wirkliches Heilmittel für die Krankheit ihres Elternteils, aber ein erster
Schritt aus der Ausweglosigkeit für ein Kind wie Marie wäre: GESEHEN zu
werden! Marie braucht eine Lehrerin oder eine Schulsozialarbeiterin, die sich
nicht nur nach ihrer Mutter erkundigt, sondern sich um sie – die neunjäh-
rige Marie – kümmert. Sie braucht jemanden, der ihr die Krankheit der Mutter erklärt. Sie braucht einen Erwachsenen, der ihre Mutter in die (elterliche)
Verantwortung nimmt und ihr die Erlaubnis abverlangt, dem Kind eine Hilfe
zukommen zu lassen. Aber was daran soll eigentlich so schwer sein – klingt
doch gar nicht kompliziert.

Die ›Not‹ der Helfer

Was es oft so schwer macht, ist die Irritation – gelegentlich auch Scheu – selbst
erfahrener Fachkräfte im Umgang mit psychisch erkrankten Eltern. Je ausgeprägter die jeweilige Erkrankung ist, desto stärker ist auch für den angeblich
versierten erwachsenen Helfer die Gefahr, hineingezogen zu werden in das
Denken und Handeln eines psychisch erkrankten Menschen. Denn es ist nun
mal ein Bestandteil dieses Denkens und Handelns, dass es das direkte System,
und damit auch das fachliche Netzwerk, aktiv zum Teil der Erkrankung macht –
wenn keine Abgrenzung gelingt. Um Marie helfen zu können, ist eine Beziehungsarbeit mit der psychisch erkrankten Mutter nun mal unerlässlich – womit

wir wieder einen Bogen zum Kinderschutz und der Arbeit mit den Systemen geschlagen haben. Ob gesund oder erkrankt – Maries Mutter ist die zentrale Bezugsperson des neunjährigen Mädchens. Ohne sie, ohne ihre Mitwirkung und ihre Bereitschaft wird eine Hilfe für das Kind nur schwer möglich sein. Schwierig wird es für die Fachkräfte immer dann,

- wenn sie die *Orientierung* und *Bodenhaftung* verlieren,
- wenn sie *verunsichert* und *hilflos* agieren,
- wenn sie sich nichts zu fragen *trauen,*
- wenn sie *in Ambivalenz verharren* und nicht mehr entscheiden können,
- wenn auch sie grundsätzlich *misstrauisch* werden,
- wenn sie den psychisch erkrankten Elternteil nicht ernst nehmen bzw. *ablehnen* oder
- wenn auch sie *unbeweglich* werden.

Die Punkte machen ein wenig deutlicher, was ich meine, wenn ich von einem ›Hineingezogen-Werden in das Erkrankte‹ spreche. Schauen Sie sich einmal in Ruhe die kursiv gedruckten Stichworte an, diskutieren Sie diese einmal im kollegialen Kreis.

Es bleibt die Antwort auf die Frage: »Was macht die Arbeit mit psychisch erkrankten Menschen schwer?«

Hilfe braucht Sicherheit.
- Problematik: Psychischer Störung fehlt es an einem inneren Bild für (Selbst-) Sicherheit.

Hilfe braucht Kontinuität.
- Problematik: Psychische Erkrankung ist gerade auch Ausdruck fehlender ›Haltbarkeit‹ in der Seele.

Hilfe braucht klare, verlässliche Strukturen.
- Problematik: Psychische Krankheit geht einher mit strukturellen Störungen im Ich und in der Persönlichkeit.

Hilfe braucht Orientierung an Bedürfnissen der Beteiligten.
- Problematik: Es fehlt an Klarheit in den Bedürfnissen und an Bedürfniswahrnehmung.

Hilfe braucht Perspektiven.
- Problematik: In psychischer Erkrankung ist wenig Platz für perspektivisches Denken, Fühlen und Handeln.

Das Schaubild zeigt deutlich, dass grundlegende Bestandteile einer lösungsorientierten und funktionierenden Hilfegestaltung mit Kernbestandteilen von psychischer Erkrankung kollidieren – und genau das macht es den Helfern, neben dem ständigen Bemühen um Abgrenzung und Verständnis, oft so schwer.

Was können Sie tun?

In der Hilfegestaltung kommt es darauf an,
- über Tabus, eigene Vorbehalte und Ängste zu sprechen,
- sich um ein gemeinsames Verstehen der Krankheit und der Situation zu bemühen,
- Nähe zur Familie und zur Erkrankung bei sich zuzulassen,
- Mitgefühl und Wertschätzung zu behalten,
- niemanden auf seine Erkrankung festzuschreiben,
- sich für vielfältige Blickwinkel zu öffnen,
- den eigenen Boden zu spüren,
- die eigene Fähigkeit zum Vertrauen nicht zu verlieren,
- mit sich und anderen gut im Kontakt zu sein,
- beweglich zu bleiben und immer mal
- zu kooperieren, sich nicht (zu) isolieren (zu lassen) und Kooperation auf Spaltung, Realitätsverluste, Misstrauen und andere Fallen zu prüfen.

Diese kleine Auflistung führt in Seminaren mit Studierenden in der Regel zu langen und intensiven Gesprächen. Wir Menschen erwarten als Antwort auf die Frage »Was können wir tun?« gern auch eine Art Handlungsleitfaden. Das ist verständlich und sicherlich an vielen Stellen auch im Kinderschutz wichtig und hilfreich. Im Umgang mit psychischen Erkrankungen von Eltern und einer damit verbundenen Sorge um das Kindeswohl können – und sollten – grundsätzlich alle funktionierenden Ideen, Empfehlungen und auch Verfahrensweisen bedacht und genutzt werden.

An dieser Stelle soll jedoch bewusst der Blick auf die Helfer selbst gelenkt werden. Ein Blick auf das, was mit uns Helfern geschieht in der Arbeit mit psychisch Erkrankten und auf die Notwendigkeit einer Auseinandersetzung mit diesem inneren Geschehen: »Welche inneren Vorbehalte spüre ich, wenn ich auf eine Mutter wie die von Marie treffe? Welche Empfindungen entstehen bei mir, wenn ich immer wieder nicht verstehe, wie diese Mutter gerade ›tickt‹? Wieso fühle ich mich schon wieder ›angetriggert‹ und muss höllisch aufpassen, dass ich den Boden unter den Füßen nicht verliere? Wieso wünsche ich die Mutter manchmal weit weg, obwohl ich sie doch brauche, wenn ich Marie helfen will?« – So viele Fragen!

Die größte Gefahr im Umgang mit derartigen Wahrnehmungen ist die eigene innere Wertung und der daraus folgende Anspruch: »Mit meiner eigenen Verunsicherung kann ich doch niemanden ›belästigen‹. Als Fachkraft muss ich doch damit klar kommen.« Nun ja, es wäre schön, wenn Ihnen das so selbstverständlich gelänge – aber was wenn nicht?

An einem solchen Punkt brauchen Sie Ihre Kollegen und Kolleginnen. Trauen Sie ihnen zu Ihre innere Verunsicherung ernst zu nehmen und sie nicht abzuwerten. Nutzen Sie eine kollegiale Beratung oder eine Supervision, um wieder festen Boden unter sich zu spüren. Es ist keine Schande, sich antriggern zu lassen in der Arbeit mit psychisch Erkrankten. Die Fachlichkeit besteht darin, dieses wahrzunehmen, ernst zu nehmen und um Unterstützung zu bitten.

Zum Abschluss wechseln wir die Perspektive noch einmal und erfüllen offen im Raum stehende Erwartungen mit einem kleinen Handlungsleitfaden. Die zehn praktischen Tipps richten sich scheinbar direkt an die betroffenen Familien-Systeme. Beim genaueren Hinschauen werden Sie jedoch auch für sich als Helfer jede Menge praktische und konkrete Tipps entdecken können.

Auf den Punkt gebracht

10 praktische Tipps – für Eltern und Helfer

- Erklären, was los ist ...
  Ein Kind merkt, dass etwas nicht stimmt. Es kann dies aber nicht einordnen. Dazu braucht es einfache Erklärungen. Sie können selbst mit dem Erklären beginnen oder warten, bis das Kind fragt. Manche Kinder möchten keine ernsthaften Gespräche. Sie reden lieber beim Tischdecken oder Abwaschen oder beim Schlafengehen, dann fühlen sie sich wohler.
- Ehrlich sein ...
  Erklären Sie mit eigenen Worten, was ›die Mama‹ beschäftigt. Fragen Sie nach, was das Kind verstanden hat. Vielleicht stellt es Fragen, auf die Sie keine Antwort haben. Bleiben Sie ehrlich: »Ich weiß es auch nicht ...!«
- Zuhören ...
  Fragen Sie das Kind nach seinen Eindrücken, seinem Erleben und seinen Gefühlen. Und hören Sie dann genau hin! Kinder fühlen sich wohler, wenn man ihnen gut zuhört und versteht, was sie sagen wollen. Mit Kindern sprechen, heißt vor allem: Ihnen zuhören!

- Beobachten …
  Kinder zeigen oft durch ihr Verhalten, wie es ihnen geht. Wenn sie sich auffällig benehmen, kann dies ein Zeichen dafür sein, dass sie sich durch etwas
  belastet fühlen: z. B. wieder einnässen, die Schule schwänzen, aggressiv
  werden, weglaufen – das sind deutliche Signale. Manche Signale sind jedoch
  weniger deutlich. Achten Sie also auch auf unscheinbare Veränderungen.
  Und wieder gilt: Fragen Sie nach und hören Sie gut zu!
- An Vertrautem festhalten …
  Regelmäßigkeit bedeutet für Kinder Entspanntheit und Sicherheit. Wenn in
  der Familie Probleme auftauchen, kann dem Kind ein Gefühl von Sicherheit
  vermittelt werden, wenn gewisse Dinge wie gewohnt weitergehen: Hausauf-
  gabenzeit, das Fußballtraining, die Verabredung mit dem Freund, …
- Hilfe annehmen …
  Verlangen Sie nicht von sich, alles allein bewältigen zu müssen. Beziehen Sie
  andere Menschen mit ein: Nachbarn, Lehrer, Erzieher oder andere Eltern.
- Die Schule informieren …
  Wenn ein Kind mit besonderen Veränderungen/Belastungen zu tun hat,
  sollte die Schule darüber informiert sein (Bitte den Datenschutz beachten,
  → Kapitel 8): »Die Mutter wird in die Klinik eingeliefert, der Vater hat sich
  getrennt.« Wenn der Lehrer weiß, was los ist, kann er das Kind besser unter-
  stützen. Sagen Sie dem Kind, dass Sie mit dem Lehrer gesprochen haben!
- Offenheit zulassen …
  Viele Kinder haben das Bedürfnis, mit jemand Außenstehendem zu sprechen:
  Akzeptieren Sie, wenn das Kind sich jemand anderem anvertraut. Es geht
  nicht darum, etwas auszuplaudern – das Kind möchte vielleicht nur die Eltern
  nicht mit seinen Sorgen noch zusätzlich belasten. Versuchen Sie möglichst
  nicht, eifersüchtig oder misstrauisch zu reagieren.
- Professionelle Hilfe suchen …
  Für manche Kinder wird die Belastung trotz allem zu groß: Sie sprechen mit
  niemandem oder die Gespräche scheinen nicht zu helfen. Dann sollten Sie
  professionelle Unterstützung einholen.
- Das Wichtigste für ein Kind …
  Gesehen werden – ein Lächeln – eine Umarmung: Welche Probleme auch
  immer belasten, für das Kind ist es das Wichtigste, dass es ehrliche Zuneigung
  erfährt. Drücken Sie es auf Ihre eigene Art aus: Mit freundlichen Worten,
  einem aufmunterndem Lächeln, einer Umarmung, indem Sie sich Zeit nehmen … auch die kleinen und scheinbar unscheinbaren Dinge helfen über
  vieles hinweg.

9 Kinderschutz im Familiengericht

Kinderschutz im Familiengericht[47] – das ist eine Verknüpfung wie ›Sonnenschein und gute Laune‹ oder ›Demokratie und Freiheit‹. Alle drei Verknüpfungen lassen sofort an Selbstverständlichkeiten denken: Natürlich ist Demokratie eine unerlässliche Grundlage für ein Leben in Freiheit; gute Laune im Novemberwetter ist dagegen nicht unbedingt selbstverständlich – und wo, wenn nicht im familiengerichtlichen Verfahren, wird das Kindeswohl *letztendlich* geschützt.

Das Kapitel wird sich jedoch nicht nur mit Selbstverständlichkeiten befassen. Rechtliche Grundlagen und Verfahrensregeln werden sicherlich eine Rolle spielen; sie lassen sich in juristischen Abhandlungen aber sehr viel besser nachlesen. In diesem Kapitel wird das Kind – in diesem Fall Tim – im Mittelpunkt stehen. Es wird deutlich werden, mit welchen Schwierigkeiten das Kindeswohl in gerichtlichen Verfahren konfrontiert ist. Ich werde den Versuch unternehmen, Lösungswege aufzuzeigen, die der Selbstverständlichkeit der Verknüpfung ›Kinderschutz und Familiengericht‹ zu mehr Alltagsnähe verhelfen könnten. Und der Fokus wird auf *den* Kindern liegen, deren besondere Geschichte und Situation in der Gesetzgebung, der Rechtsprechung und damit auch in familiengerichtlichen Verfahren immer wieder wenig Berücksichtigung findet: Kinder in Fremdunterbringung, Kinder in Pflegefamilien.

An alle Leser, die sich in diesem Kapitel angesprochen fühlen, weil sie sich als Teil familiengerichtlicher Systeme sehen, eine persönliche Bemerkung: Alle kritischen Beschreibungen haben ausschließlich zum Ziel, den Blick auf zum Teil wenig Bekanntes, in der Gesetzgebung wenig Berücksichtigtes, und in der Folge Problematisches zu lenken. Schuld, Vorwürfe und Konfrontation führen insbesondere bei der diesbezüglichen Thematik nicht weiter – Nachdenklichkeit könnte jedoch als Appell in diesem Kapitel durchgehend mitschwingen.

---

47 Dieses Kapitel enthält, auf den Kontext dieses Buches angepasst, Ausschnitte aus einem früheren Artikel. Kasper, B. (2016). Kinderschutz im Familiengericht. Zeitschrift für das Fürsorgewesen, Fachbereich Soziales Landeshauptstadt Hannover (Hg.).

Die juristische Betrachtung

Wenn ich in der Einleitung betone, mich nicht auf eine juristische Betrachtung
zu konzentrieren, sondern das Kind in den Mittelpunkt zu rücken, dann gibt
es hierfür eine ganz simple Erklärung: Gesetze, Verfahrensregeln und Entscheidungen sind in keinem Fall losgelöst von dahinter stehenden Zielen und Grund-
sätzen zu betrachten. Das Ziel des Gesetzgebers, ausgehend vom GG, fortge-
führt im BGB und in vielen Bereichen konkretisiert im SGB VIII, war und ist,
Grundsätze, Rechte und Pflichten zu formulieren, die den Schutz von Menschen-
und Persönlichkeitsrechten gewährleisten und das menschliche Miteinander
regeln. Bezogen auf das System Familie regelt er im BGB das menschliche Miteinander, indem er Rechte und Pflichten beschreibt. Im SGB wird der Schwerpunkt dagegen stärker auf die Ausgestaltung von Hilfen gelegt. Die Stärkung
des Systems Familie steht dabei auf allen Ebenen im Mittelpunkt. Der Gesetzgeber ging und geht davon aus, dass sich unsere Gesellschaft und das soziale
Miteinander auf das Leitbild Familie stützen. Die Grundwerte unserer Gesellschaft werden dort von Generation zu Generation weitergegeben. In Familien
werden grundlegende Kompetenzen erlernt und gepflegt. Das System Familie
ist also aus unterschiedlichen Gründen schützenswert.

Für notwendige Entscheidungen von Gerichten hat der Gesetzgeber im
4. Buch des BGB (Familienrecht) klare Festlegungen gemacht. Bezogen auf die
elterliche Sorge hat er zu vielen Detailfragen sehr ausführlich Stellung bezogen und entsprechende Vorgaben gemacht. Grundlage dieses Regelungsberei-
ches sind die Pflicht, das Recht und das Verständnis von elterlicher Sorge. Die
überwiegende Anzahl der Paragrafen zur elterlichen Sorge (Anzahl 57, Stand
12/2016) beschäftigt sich mit einem Regelungsbedarf bzw. Konflikten im Rahmen *bestehender* Familiensysteme.

Bei der Reform des Kindschaftsrechts wurde jedoch versäumt, die Gestaltung des Umgangs zwischen fremdplatzierten Kindern und Eltern gesetzlich
zu regeln. Möglicherweise hat der Gesetzgeber zu sehr den ›Normal‹fall im
Auge gehabt: Ein sich streitendes Ehepaar vergisst in gefühlsbeladenen Tren-
nungssituationen seine Verantwortung gegenüber dem Kind und alle Beteiligten benötigen – u. a. rechtliche – Unterstützung, damit das getrennte Paar seine
Elternrollen verantwortlich wahrnehmen kann. Vergessen wurde aber scheinbar
ein grundlegender Aspekt, der Trennungs- und Scheidungssituationen komplett unvergleichbar mit einem Regelungsbedarf bei fremdplatzierten Kindern
macht: Sich trennende Eltern haben in der Regel – zumindest bis zum Zeitpunkt
der Trennung – ihre Elternverantwortung wahrgenommen; das Kind hat unter
dem Schutz der Eltern in Sicherheit gelebt und zu beiden Elternteilen eine Bin-

dung aufbauen können. Ein Kind, das aus seiner Familie herausgenommen und fremduntergebracht wird, hat diesen Schutz nicht erlebt.

Ein Grundsatz der elterlichen Sorge benennt den zum Kindeswohl gehörenden Umgang des Kindes mit beiden Elternteilen (BGB, § 1626 Abs. 3). In gerichtlichen Auseinandersetzungen bezüglich des Umgangs zwischen Eltern und Kind wird am Ende nicht selten eine klare Regelung getroffen: Die Sicherstellung des Umgangsrechts und damit der Eltern-Kind-Beziehung nach Trennung von Eltern orientiert sich an der Richtschnur 14-tägiger Kontakte zwischen dem Kind und dem getrennt lebenden Elternteil. Dem Kind und dem Elternteil wird ermöglicht, ihre Beziehung trotz Trennung aufrechtzuerhalten; Bindungsabbrüche sollen vermieden werden. Dieser Grundsatz entspricht sowohl den Elternrechten als auch dem Kindeswohl: »Das Kind hat das Recht auf Umgang mit jedem Elternteil; jeder Elternteil ist zum Umgang mit dem Kind verpflichtet und berechtigt« (BGB, § 1684). Funktioniert die Umsetzung der Vereinbarungen in der Praxis, so steht einer langfristig gesunden Eltern-Kind-Beziehung auch nach Trennung der Eltern wenig im Wege. Gerät das System Familie aus den Fugen, sind sowohl staatliche Hilfe als auch staatliche Kontrolle gegeben und gefragt.

Ein typisches Bild von Familie

Bevor ich mich dem Faktor Trennung näher zuwende, möchte ich jedoch die Frage stellen, welche Bilder im Kopf entstehen, wenn wir an Familien denken? Diese Frage ist deshalb von Bedeutung, weil sie auch im familiengerichtlichen Verfahren eine große Rolle spielt: Vater, Mutter, zwei Kinder, vielleicht noch ein Hund – und alle spielen im Garten des neu gebauten Einfamilienhauses? Ja, es gibt sie noch diese Familienform, aber ihr Anteil an der Gesamtgesellschaft wird geringer. Wenn wir uns umschauen, blicken wir eher auf Patchwork-Familien, Alleinerziehende, kinderreiche Familien oft mit Zuwanderungsgeschichte und viele Senioren. Auch wenn das Bild von Familie sich verändert hat, bezieht sich der Gesetzgeber auch heute noch sehr klar auf dieses klassische System – und reagiert auf die gesellschaftlichen Entwicklungen mit entsprechenden Änderungen bzw. Ergänzungen.

Schauen wir uns das Ganze aus der Perspektive von Kindern an, wird deutlich, wie viel Sinn es macht, das System Familie zu schützen. In der Familie suchen und finden Menschen Liebe, Sicherheit und gegenseitige Hilfe. Die Familie dient selbst erwachsenen Menschen oft als Rückzugsort und Rückenstärkung, um zu entspannen oder auch seinen Platz in der Gesellschaft zu behaupten. Und was den Erwachsenen gut tut, benötigt ein Kind ganz besonders: Schutz, Sicherheit und Geborgenheit – aber auch Spielräume, die es gestalten kann, damit es lernen und sich entwickeln kann. Ein Kind braucht eine Gemeinschaft, in der es dazugehören darf und sich zurechtfindet, in der es Aufgaben erhält, an denen es wachsen kann; eine Gemeinschaft, die dem Kind sagt: »Du bist uns etwas wert!« Ein Kind benötigt für sein Heranwachsen einen zentralen und verlässlichen Rahmen. Und diesen Rahmen bietet eine Familie. Dass ein solch verlässlicher Rahmen nicht unbedingt von den erwähnten Äußerlichkeiten wie dem Hund und dem großen Garten abhängig ist, wird im Verlauf des Artikels deutlich werden.

Das Familiengericht erfährt von einem aus den Fugen geratenen Familiensystem in der Regel im Scheidungsfall. Der eigentlich stabile Faktor des Systems Familie, die Elternbeziehung, ist aus dem Gleichgewicht geraten. Eine zur Trennung führende Beziehungsproblematik lässt eine konstruktive Kommunikation der Beteiligten kaum zu. Zu klärende Fragen führen zu Konflikten, eine hohe Emotionalität ist im Spiel. Und wenn Emotionen im Spiel sind, leidet der Verstand.

Sind Kinder im Spiel, werden in der Folge nicht selten Sorgerechtsstreitigkeiten vor Gericht ausgetragen. Denn vielen Eltern gelingt es nicht, in einer emotionsgeladenen Trennungssituation, die Partner-Rolle von der Elternrolle zu trennen. Auch wenn der menschliche Verstand es als eine Selbstverständlichkeit ansehen wird, dass die Elternverantwortung mit einer Trennung als Paar nicht endet, so ist damit doch eine Leistung verbunden, die vielen Menschen erst bewusst wird, wenn sie davon betroffen sind. Gefühle wie Wut und Enttäuschung, Verletzungen, Kränkungen und Trauer über das Handeln und Verhalten des Partners übernehmen am Ende einer Partnerschaft die Führung. Wenn es ›neben‹ der Trennung jedoch auch um wichtige Entscheidungen für die gemeinsamen Kinder geht, geraten die Bedürfnisse des Kindes nicht selten aus dem Blick. Die beschriebenen Gefühle führen zu Aktionen und Reaktionen, die einvernehmliches Elternhandeln nicht möglich macht: Die Bedürftigkeit der Erwachsenen scheint so groß, dass das Kind durchaus auch zur Befriedigung dieser Bedürfnisse instrumentalisiert wird. Eltern, die ihr Kind bisher durchaus angemessen versorgt und beschützt haben, wirken dieser Kompetenz plötzlich beraubt.

In der Folge sucht das Gericht auf Antrag der Beteiligten im Rahmen von Anhörungen nach Konsensmöglichkeiten. Letztendlich trifft es Entscheidungen, die die Rechte von Eltern(-teilen) mit den Bedürfnissen der Kinder in Einklang bringen (sollen). Die Sorgerechtsfrage wird entschieden, der Lebensmittelpunkt des Kindes geregelt und Umgangsregelungen getroffen. Ist die Umsetzung problematisch, kann das Gericht Hilfen und Auflagen benennen. Das hier Beschriebene sind die sogenannten Standardaufgaben im Familiengericht: Scheidung, Unterhalt, Sorgerecht.

Struktur der Gerichtsbarkeit

Aber wer oder was ist das eigentlich – das Familiengericht? Wo ist es zu finden?
Wer sitzt dort eigentlich und was für Menschen treffen dort zusammen? Eine
erste vereinfachte Übersicht verschafft → Abbildung 9.

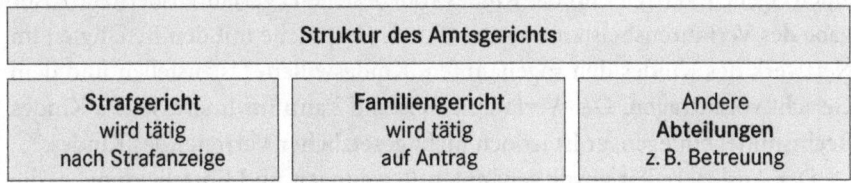

Abbildung 9: Struktur des Amtsgerichts

Das Amtsgericht ist in Deutschland in der Regel die erste Instanz, die auf der
Suche nach einer gerichtlichen Klärung angerufen wird. In den ortsnah ange-
siedelten Amtsgerichten werden Alltagsstreitigkeiten (bürgerliche Rechtsstrei-
tigkeiten), Strafsachen und die für uns interessanten Familiensachen behandelt.[48] Während ein Strafgericht nach einer Strafanzeige tätig wird, reagiert das
Familiengericht auf eine Antragstellung (→ Abbildung 10).

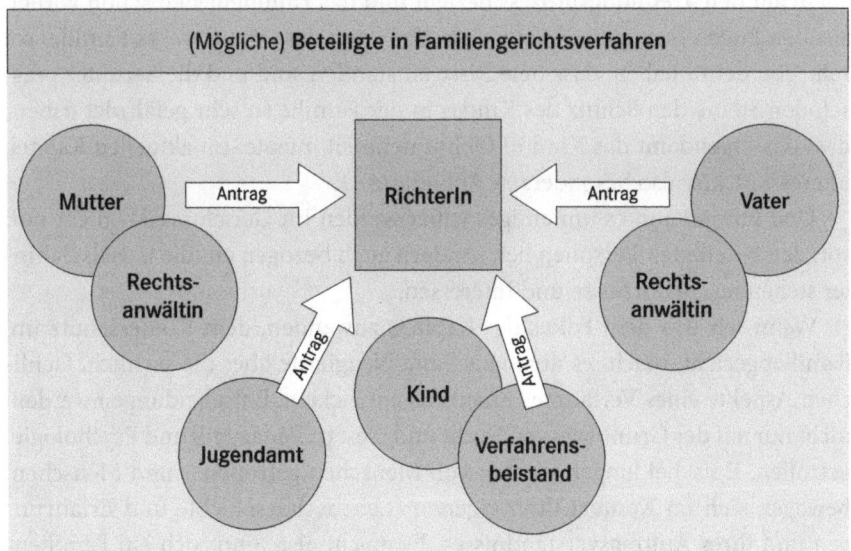

Abbildung 10: Mögliche Beteiligte in Familiengerichtsverfahren

---

48 s. Gerichtsverfassungsgesetz, Verfügbar unter: http://www.juraforum.de/gesetze/gvg/13, Zugriff am 21.03.2017.

In strittigen Familiensachen kann also jeder Beteiligte – in der Regel über einen Rechtsanwalt – einen Antrag vor dem Familiengericht stellen. Häufig sind es eheliche Streitigkeiten, die zu verhandeln sind. Sofern im Rahmen der Antragstellung Kinder mit ins Spiel kommen, wird das örtlich zuständige Jugendamt vom Gericht um eine Stellungnahme gebeten. Darüber hinaus kann das Gericht einen eigenen Vertreter für das Kindeswohl bestellen (Verfahrensbeistand). Aufgabe des Verfahrensbeistandes ist es, durch Gespräche mit den Beteiligten im Netzwerk des Kindes den sogenannten ›Kindeswillen‹ festzustellen und dem Gericht vorzutragen. Der Verfahrensbeistand kann im Interesse des Kindes Rechtsmittel einlegen, er ist jedoch nicht gesetzlicher Vertreter des Kindes.[49]

Der Auslöser aller zuvor genannten Regelungen und Entscheidungen, die vom Familiengericht getroffen werden, ist allein die Trennung von Eltern! Und das einzig Problematische ist eine im Verlauf des Trennungsprozesses entstandene ›Inkompetenz‹ auf der Erwachsenenebene. Und allein diese zeitweise fehlende Kompetenz bringt das Gericht überhaupt erst ins Spiel. Auf das Kindeswohl bezogen heißt dies: Die im Kontext von Trennung und Scheidung auftretenden Fragen von Sorge- und Umgangsrechten/-pflichten zu klären, ist auch und gerade für die betroffenen Kinder richtig und wichtig. Aber was ist, wenn das Problem – und damit die Aufgabe des Familiengerichts – sich nicht allein auf den Trennungsprozess bezieht und das Familienleben schon vorher aus den Fugen geraten ist. Wenn sich die Fugen des ›Mauerwerks Familie‹ so sehr überdehnt haben, dass tiefe Risse entstanden sind und die herunter prasselnden Steine den Schutz des Kindes in der Familie so sehr gefährdet haben, dass das Jugendamt das Kind in Obhut nehmen musste. Im aktuellen Kapitel interessiert uns also besonders → Abbildung 11.

Und schon kann es um einiges voller werden im Gerichtssaal – nicht nur von den beteiligten Personen her, sondern auch bezogen auf die jeweils dahinter stehenden Bedürfnisse und Interessen.

Wenn wir uns dem Fokus des Kapitels zuwenden, dem Kinderschutz im Familiengericht, macht es durchaus Sinn, Neugierde über die sachlich, fachlichen Aspekte eines Verfahrens hinaus zu entwickeln. Entscheidungen werden nicht nur auf der Grundlage von Recht und Gesetz, Pädagogik und Psychologie getroffen. Entscheidungen werden von Menschen getroffen – und Menschen bewegen sich im Kontext ihrer eigenen (Lebens-)Geschichte und Erfahrungen und ihres Auftragsverständnisses. Es macht also Sinn, sich ein Familiengerichtsverfahren aus der Sicht der Beteiligten anzuschauen: der Eltern, der

---

49 s. a. Gesetz über das Verfahren in Familiensachen, Verfügbar unter: https://dejure.org/gesetze/FamFG/158.html, Zugriff am 21.03.2017.

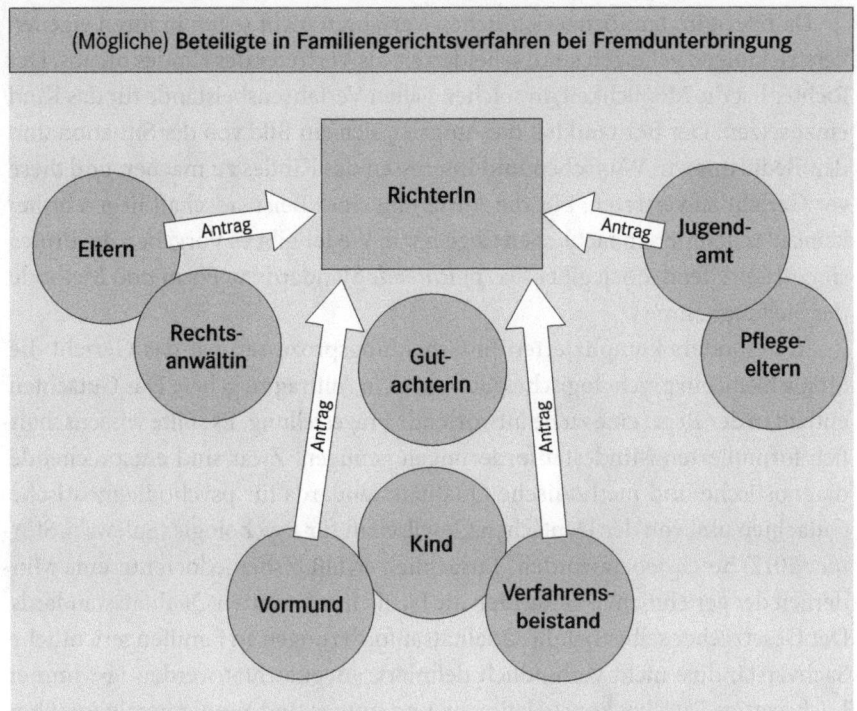

Abbildung 11: Mögliche Beteiligte in Familiengerichtsverfahren bei Fremdunterbringung

Rechtsanwältin, eines möglichen Verfahrensbeistandes, einer Gutachterin und des Richters/der Richterin – und am Ende werden wir natürlich auch Tim zu Worte kommen lassen.

Ein Familiengerichtsverfahren aus der Sicht der Beteiligten

Die Eltern treten in einem familiengerichtlichen Verfahren in der Regel als Antragsteller auf – sofern das Verfahren sich nicht mit akuter Kindeswohlgefährdung beschäftigt. Sie sehen ihre Elternrechte in Gefahr und wünschen sich deren Sicherstellung. Sie haben einen sehr individuellen Blick auf das Geschehen und ihre eigene Rolle in der familiären Geschichte.

Die Rechtsanwältin ist Auftragnehmerin der Eltern und damit klare Interessensvertreterin ihrer Klienten/Kunden. Ihre Aufgabe ist es, ausschließlich die Anliegen ihrer Klienten vor Gericht zu vertreten. Dazu nutzt sie die Beschreibungen des Geschehens aus der Perspektive ihrer Klienten und gleicht deren Anliegen mit den rechtlichen Grundlagen und Spielräumen ab.

Da Eltern im familiengerichtlichen Verfahren nicht selten in ihren eigenen Verstrickungen gefangen sind, scheiden sie als Vertreter des Kindes oft aus. Der Richter hat die Möglichkeit, in solchen Fällen Verfahrensbeistände für das Kind einzusetzen. Der Beistand hat die Aufgabe, sich ein Bild von der Situation und den Bedürfnissen, Wünschen und Interessen des Kindes zu machen und diese vor Gericht zu vertreten. Für die Ausübung einer Beistandschaft liegen bisher keine klar definierten fachlichen Regeln vor. Weder gibt es Vorgaben die Professionen betreffend, noch gibt es *verpflichtende* Standards zu Form und Methode der Stellungnahme.

In besonders komplizierten Entscheidungsprozessen hat das Gericht die Möglichkeit, ein psychologisches Gutachten in Auftrag zu geben. Das Gutachten enthält in der Regel eine zu beantwortende Fragestellung. Es sollte wissenschaftlich formulierten Mindestanforderungen genügen. Zwar sind entsprechende diagnostische und methodische Qualitätsstandards für psychodiagnostische Gutachten u. a. von der Deutschen Gesellschaft für Psychologie (Salewski/Stürmer 2012) beschrieben worden. Tatsächlich erfüllt bisher jedoch nur eine Minderheit der gerichtlichen Gutachten die fachlich geforderten Qualitätsstandards. Der Gesetzgeber selber hat die Qualitätsanforderungen an familiengerichtliche Sachverständige nicht verbindlich definiert. »Begutachtet werden fast immer hochstrittige Familienkonstellationen, und immer sind Kinder involviert, über deren weiteres Leben gerichtliche Entscheidungen gefällt werden, an deren Zustandekommen die familienrechtspsychologischen Gutachten im Regelfall einen wesentlichen Anteil haben« (Salewski/Stürmer 2012, S. 30).

Der Richter schließlich hat die Aufgabe, die Beteiligten des Verfahrens entweder zu einer gemeinsamen Lösung zu führen oder am Ende eine Entscheidung zu treffen. Dabei wird von ihm erwartet, dass er auf der einen Seite die rechtlichen Grundlagen und Möglichkeiten prüft und gleichzeitig die möglichen Auswirkungen auf die beteiligten Menschen ausreichend einbezieht. Der erste Teil dieser Aufgabe wird ihm nicht schwerfallen – dafür ist er ausgebildet. Wenn es jedoch darum geht, Aspekte einer Kindeswohlgefährdung fachlich angemessen zu bewerten und/oder Einschätzungen abzugeben über mögliche Auswirkungen auf die Risiko- oder Schutzbedingungen des Kindes nach Umsetzung einer gerichtlichen Entscheidung, dann stellt sich schnell die Frage, in welchen Bereich der Ausbildung ein Richter die hierfür notwendigen Kompetenzen erwerben kann. Im Gespräch mit Richtern wird genau diese Problematik häufig von den Betroffenen selbst genannt. In der logischen Folge – und weil der Richter all dies natürlich selber am besten weiß – nutzt das Gericht die fachliche Kompetenz von Sachverständigen. Nur schließt sich hier leider ein Kreis: Nicht wenigen Richtern am Familiengericht fehlt schlicht die psychologische Kompetenz, mögliche Mängel in einem Gutachten zu erkennen. Das Gericht verlässt sich allzu häufig auf die Empfehlungen von Gutachten, deren Qualität nicht nachprüfbar ist.

Bei der Auflistung wird deutlich, dass in einem Familiengerichtsverfahren unterschiedliche Sichtweisen, Perspektiven und Aufträge aufeinandertreffen. Die Aufgabe der Beteiligten wird darin bestehen, neben einer Bewertung von Recht, Pädagogik und Psychologie die genannten begleitenden Faktoren wahrzunehmen und ihren Einfluss auf das Verfahren zu berücksichtigen.

Entscheidungen werden von Menschen getroffen

Wenn ich nun auf den einleitenden Satz dieses Kapitels zu sprechen komme, dann gibt es trotz aller Unterschiedlichkeiten eine Gemeinsamkeit zwischen allen Prozessbeteiligten – nur leider besteht die Gemeinsamkeit in einem Kernproblem: In allem, was die Beteiligten tun, vertreten und kritisieren, spielt die persönliche Haltung und Erfahrung eine wichtige Rolle. Die Beteiligten sind nun einmal Menschen. Nicht selten spielen die eigene Geschichte, das eigene Familienbild, besondere Beziehungserfahrungen, die aktuelle Lebenssituation, eine Milieuferne und die eigene Haltung dazu unwissend und unreflektiert eine wichtige Rolle im Prozess. In der Praxis fällt auf, dass z. B. eine Richterin besonders elternfreundliche Entscheidungen trifft, nachdem sie selber gerade Mutter geworden ist; eine Gutachterin neigt tendenziell zu Unterstellungen gegenüber Pflegesystemen, ohne diese professionell erhärten zu können; ein Richter vergleicht einen problematischen Elternkontakt mit dem regelmäßigen Kontakt seines eigenen Kindes zu einer Tante der Familie, in der Absicht, Kontakte grundsätzlich als positiv zu bewerten. Allen Beispielen gemein ist die Verstrickung der eigenen Lebenswelt mit der Lebenswelt der vom Verfahren betroffenen Menschen – und damit auch mit der anstehenden Entscheidung. Für eine ›sach‹gerechte Entscheidung ist jedoch eine gesunde Distanz zwischen dem eigenen Hintergrund und den wirklichen Entscheidungshintergründen unabdingbar.

Als Fachkraft der Jugendhilfe sind Sie leider nicht in der Position, die fachliche Haltung und evtl. persönliche Anteile der Verfahrensbeteiligten zu verändern. Was Sie tun können, ist, ihre eigene Haltung zu beleuchten und fachliche Empfehlungen oder Stellungnahmen der Jugendhilfe mittels Selbstreflexion auf Professionalität zu überprüfen:

- Bin ich auf die oben benannten Einflussfaktoren in einem anstehenden Verfahren gut vorbereitet?

- Habe ich in allen anstehenden Fragen des Verfahrens immer das Kindeswohl im Blick?
- Kann ich trotz aufkommendem Ärger auf die Rechtsanwältin oder den Richter mein – fachliches – Ziel einer Überzeugungsarbeit durch wertschätzenden Umgang weiter verfolgen?
- Welche Möglichkeiten habe ich, die Bedürfnisse des Kindes einem Zweifler oder Nichtwissenden zu vermitteln?

Familie und Kindeswohlgefährdung

Der Gesetzgeber befasst sich im Rahmen der 57 Paragrafen zur elterlichen Sorge im BGB auch mit Fragen begrenzter elterlicher Kompetenzen, fehlender Bereitschaft zu grundlegenden elterlichen Pflichten und dem elterlichen Unvermögen. Gemeint sind hier besonders die §§ 1666 und 1667 BGB. »Wird das körperliche, geistige oder seelische Wohl des Kindes […] gefährdet […] so hat das Familiengericht die Maßnahmen zu treffen, die zur Abwendung der Gefahr erforderlich sind« (BGB, § 1666 Abs. 1). Diese Maßnahmen können aus Geboten bestehen (Hilfe anzunehmen), aus Verboten (Kontakt aufzunehmen) und letztendlich auch aus dem Entzug der elterlichen Sorge. Die Entscheidung eines Sorgerechtsentzugs ist in der praktischen Umsetzung nicht gleichzusetzen mit einer Trennung von Eltern und Kind. Im Umkehrschluss ist die Herausnahme bzw. Fremdunterbringung eines Kindes nicht zwangsläufig mit dem Entzug des Sorgerechts verknüpft: »Die gesamte Personensorge darf nur entzogen werden, wenn andere Maßnahmen erfolglos geblieben sind oder wenn anzunehmen ist, dass sie zur Abwendung der Gefahr nicht ausreichen« (BGB, § 1666a Abs. 2). Eine mangelnde Erziehungskompetenz oder ein Fehlverhalten von Eltern darf nicht ›automatisch‹ zum Entzug elterlicher Rechte führen. Selbst in Fällen von Kindeswohlgefährdung werden Entscheidungen zum Schutz des Kindes getrennt von Entscheidungen über das Sorgerecht behandelt. Ist das Kindeswohl gewährleistet – z. B. durch die Unterbringung des Kindes in einer Pflegefamilie – und tragen die Eltern diese Entscheidung mit, darf das Gericht ihnen nicht das Recht zur elterlichen Sorge absprechen – weil »andere Maßnahmen (nicht) erfolglos geblieben sind«. Eltern dürfen für vergangenes Verhalten nicht mit dem Sorgerechtsentzug ›bestraft‹ werden.

An diesem Punkt komme ich auf die Kernfrage des Kapitels zurück: Welche Berücksichtigung findet die besondere Situation von Kindern nach der Trennung von ihrer Familie im familiengerichtlichen Verfahren?

Die Trennung von Eltern und Kind ist vollzogen

Aus den bisherigen Ausführungen wird deutlich, dass der Gesetzgeber sich in den BGB-Paragrafen fast ausschließlich auf Familien in Trennungs- und Scheidungssituationen konzentriert. Zur Bedeutung von Eltern-Kind-Beziehungen *nach* einer Herausnahme von Kindern aus der Familie aus Gründen des Kindeswohls hat der Gesetzgeber bis dato keine Stellung bezogen.

Schauen wir noch einmal genauer auf den bereits erwähnten § 1684 BGB, so taucht dort zwar die Umgangsfrage auf – jedoch wiederum im Kontext einer Problemlage in der Herkunftsfamilie (Abs. 1). Auch im ersten Teil des Abs. 2 werden die Eltern aufgefordert, den *jeweils anderen Elternteil* gegenüber dem Kind nicht »schlecht zu machen«, also – gedanklich naheliegend – als Folge eines Trennungs- bzw. Scheidungsfolgekonfliktes. Im zweiten Teil des Abs. 2 bezieht der Gesetzgeber – möglicherweise ohne klare Absicht – die Fremdunterbringung als besondere Lebenswelt eines Kindes ein: »Die Eltern haben alles zu unterlassen, was […] die Erziehung erschwert« (BGB, § 1684 Abs. 2 S. 2). Allein diese Anforderung lässt sich sowohl auf eine Trennungs- und Scheidungssituation als auch auf die Situation einer Fremdunterbringung beziehen. Im nächsten Satz erweitert der Gesetzgeber den Blickwinkel noch deutlicher, indem er hinzufügt, dies gelte auch, »wenn sich das Kind in der Obhut einer anderen Person befindet«. Konstruktiv ausgedrückt: Lebt das Kind außerhalb der eigenen Familie, hat es Anspruch darauf, dass eine entwicklungsfördernde Erziehung von seinen Eltern unterstützt wird. Der Begriff ›Obhut‹ wiederum sorgt für wenig Präzisierung. Kinder können sich in der Obhut von Freunden oder Verwandten befinden, weil vielleicht die Eltern oder ein Elternteil durch Krankheit oder Unfall zeitweise nicht zur Verfügung stehen/steht. Ein Kind kann aufgrund einer befristeten Krisensituation in der Familie durch die Jugendhilfe in Obhut genommen werden. Die Inobhutnahme kann jedoch schon nach wenigen Tagen wieder beendet werden. Das Kind könnte aber auch aus Gründen von Gefährdung fremd untergebracht oder in eine Pflegefamilie gewechselt sein – möglicherweise sogar für eine sehr lange Zeit. Die Bedeutung, die diese unterschiedlichen Ausprägungen von ›Obhut‹ für das jeweilige Kind hat, spielt in diesem Kontext eine große Rolle – aber dazu später mehr.

Sollten die Eltern ›Schwierigkeiten‹ haben, die Anforderungen, die das Recht zum Umgang mit dem eigenen Kind mit sich bringt, zu erfüllen, kann das Gericht Anordnungen aussprechen (z. B. Umgangspflegschaften) und auch das Umgangsrecht einschränken oder ausschließen »soweit dies zum Wohl des Kindes erforderlich ist« (BGB, § 1684 Abs. 4). Der Gesetzgeber empfiehlt jedoch eindeutig eine Befristung derartiger Anordnungen. Der Hintergrund ist klar und nachvollziehbar: Menschen und Verhalten können sich ändern und Befristungen gewährleisten, dass jemand erneut hinschaut und bestehende Regelungen überprüft.

Bei dem Versuch herauszufinden, welche Kinder der Gesetzgeber im Blick hat, wenn er sich mit Fragen des Sorge- und des Umgangsrechts befasst, fällt auf, dass es scheinbar wichtig sein kann, über Differenzierungen nachzudenken: Differenzierungen zwischen Kindern in Scheidungssituationen und Kindern in Fremdunterbringung. Aber wieso eigentlich? Um diese Frage näher zu beleuchten, erzähle ich ein wenig aus dem Leben von Tim.

Aus dem Leben von Tim

Tim habe ich ausgewählt, weil seine sehr besondere Geschichte die Notwendigkeit zur Differenzierung am deutlichsten beschreibt.

Tim wurde direkt nach der Entlassung aus der Geburtsklinik im Dezember 2010 gemeinsam mit seiner Mutter im Rahmen einer Mutter-Kind-Maßnahme untergebracht. Im direkten Anschluss an die Maßnahme wurde Tim ab Mai 2011 in einer Bereitschaftspflege betreut. Nach einer Klärungsphase wird Tim seit Juni 2013 in einer Dauerpflege in der Familie M. betreut. Das Aufenthaltsbestimmungsrecht liegt nach einer Entscheidung des zuständigen Oberlandesgerichts (OLG) beim Jugendamt. Hintergrund für die sofortige Einleitung einer stationären Hilfe für Mutter und Kind direkt aus der Geburtsklinik heraus, waren Auffälligkeiten des Kindes und große Sorgen hinsichtlich des Verhaltens und der Beeinträchtigungen der Mutter. Die Kindesmutter ist in einem familiären Klima von Alkohol und Gewalt aufgewachsen und leidet deutlich unter kognitiven Einschränkungen aufgrund eines mutmaßlichen Fetalen Alkoholsyndroms. Sie sei »in großem Umfang auf äußere Stabilisierung angewiesen; beide Eltern sind mit Erziehungsaufgaben überfordert« (aus der Entscheidung des OLG). Der Kindesvater leide unter einer mangelnden Impulskontrolle und aggressiven Ausbrüchen, »sodass Gefahr für das Kindeswohl bestehe [...] eine unreife Persönlichkeit mit dissozialen Verhaltensweisen« liege vor (aus der Entscheidung des OLG). Bei beiden Elternteilen liegt eine Alkohol- und Drogenproblematik vor.

Tim litt bereits als Baby unter Schlafstörungen und Schreiattacken. Die Mutter war schon mit der Grundversorgung des Babys überfordert. Ihr fehlte die Fähigkeit, alltägliche Bedürfnisse des Kindes wahrzunehmen, einzuschätzen und angemessen zu befriedigen. Schon im Verlauf der Mutter-Kind-Maßnahme zeigte Tim eine deutlich mangelhafte Impulssteuerung und eine fehlende Gefahreneinschätzung.

Große Teile der Beeinträchtigungen lassen auf Vernachlässigung und traumatische Erfahrungen im frühkindlichen Bereich schließen. Bei Tim besteht folgerichtig ein hoher pädagogischer Förderbedarf in der alltäglichen Erziehung. Die Betreuung in der Mutter-Kind-Einrichtung wurde zeitnah beendet, da das Wohl des Kindes selbst in einer solchen Einrichtung nicht sichergestellt werden konnte (aus der Entscheidung des OLG).

Tim und sein Hilfesystem

Die Entscheidung zur Fremdunterbringung wurde zu Beginn ohne das Einverständnis der Eltern getroffen. Die Eltern teilten die Einschätzung des Gutachtens nicht und forderten die Herausgabe des Kindes. Das OLG übertrug daraufhin das Aufenthalts-bestimmungsrecht dem Jugendamt. Die anschließende Dauerperspektive wurde als Ergebnis einer richterlichen Anhörung jedoch im Einverständnis mit den Herkunftseltern getroffen. Das Dauerpflegeverhältnis wird im Rahmen einer fachlichen Kooperation von einem freien Träger begleitet. Aufgaben des freien Trägers sind die Beratung der Pflegefamilie in der Betreuung des Pflegekindes, die Unterstützung der Jugendämter in der Hilfeplanung, die Begleitung von Eltern-Kind-Kontakten bei Erfordernis sowie die Beratung der leiblichen Eltern. Ziel der Elternarbeit ist, die Herkunftseltern in die Entwicklung ihres Kindes einzubeziehen und sie – sofern es um Dauerpflege des Kindes geht – zu unterstützen, mit der besonderen Situation als abgebende Eltern umgehen zu lernen. Zwischen dem Fachberater des freien Trägers und den Eltern Frau B. und Herrn N. besteht über die Begleitung der Besuchskontakte hinaus eine kontinuierliche Kommunikation. Die Beratung erfolgt aufgrund der getrennt lebenden Eltern getrennt. Das Kind war also geschützt und versorgt und die Zusammenarbeit der beiden Familien gut fachlich eingebunden.

Die besondere Bedürftigkeit des Jungen, die er sowohl lautstark und aggressiv als auch durch eine Suche nach Nähe deutlich machte, schien in der Pflegefamilie gut aufgehoben zu sein – seine Auffälligkeiten im Verhalten reduzierten sich, Tim stabilisierte sich zunehmend.

Tim und seine Eltern

Sowohl während der Zeit der Bereitschaftspflege als auch im Rahmen der Dauerpflege erfolgten regelmäßige Umgänge zwischen Tim und seinen leiblichen Eltern. Die Kontakte fanden an einem neutralen Ort statt. Tim wurde von seiner Pflegemutter als engste Vertrauensperson begleitet. Ein Fachberater des freien Trägers war bei den Besuchen dabei. Seine Aufgabe war es, sich einen Eindruck zu machen von der Eltern-Kind-Beziehung, von den Ressourcen der Eltern, von der Reaktion des Kindes auf die Kontakte. Unterstützung durch die Fachberatung erhalten sowohl Eltern als auch Pflegeeltern in der Gestaltung ihrer (Arbeits-)Beziehung. Anfänglich wurden die Kontakte von den Eltern gemeinsam wahrgenommen. Nach elterlicher Trennung und auf ausdrücklichen Wunsch der Eltern wurden sie dann aber vorerst getrennt fortgesetzt.

Der fünfjährige Tim verhielt sich in den Umgangskontakten mit seinen Eltern eher zurückhaltend. Er schien das Verhalten der Beteiligten zu beobachten und einzusortieren. Auf für ihn akzeptables Verhalten reagierte er mit zunehmender Offenheit, auf irritierendes mit Rückzug. Während der gesamten Dauer der Besuche vergewisserte sich Tim der Präsenz seiner Pflegemutter; in regelmäßigen Abständen suchte er ihre körperliche Nähe. Nach jedem Umgang zeigte Tim deutliche Verhaltensauffälligkeiten: Aggressionen und Ängstlichkeit im Wechsel, Einkoten, Anhänglichkeit und Suche nach Schutz (bei der Pflegemutter), andauernde nächtliche Unruhe und Schlafstörungen. Diese Besonderheiten im Verhalten setzten jeweils mit dem Ende der Umgänge ein und hielten über mehrere Tage und Nächte hinweg an. Auffällig war, dass sie unabhängig vom Verlauf der Kontakte und davon, welcher Elternteil den Kontakt wahrnahm, auftraten. Tim zeigte nach *jedem* Kontakt ein Verhalten, dass nach längerer Beobachtung zu einer klaren fachlichen Einschätzung führte: Nicht das eigentliche Verhalten und Handeln der Eltern in den Kontakten machte dem Kind zu schaffen. Die Begegnungen mit den Eltern triggerten bei Tim jedes Mal etwas an. Etwas tauchte aus der Erinnerung wieder auf, machtvoll, nahm Besitz von seinen Gefühlen – wurde aber nicht als Erinnerung erlebt. Diese Beobachtungen deuten auf die Existenz traumatischer Erfahrungen hin und Tims Verhalten zeigt, wie schwierig Verarbeitung und Umgang mit derartigen Erfahrungen sind.

Regelungsbedarf in Sachen Umgang

Trotz des Wunsches der Eltern, die Umgänge zukünftig getrennt wahrzunehmen, sollten die Intervalle der Besuche *aus Sicht des Kindes* unverändert und maximal monatlich vereinbart bleiben. Daraus ergibt sich aufgrund der getrennten Wahrnehmung der Kontakte ein zweimonatliches Intervall für das jeweilige Elternteil. Über die Notwendigkeit die Abstände aus Kindessicht nicht zu verändern, wurde mit beiden Elternteilen ausführlich gesprochen. Beide Elternteile stimmten der Regelung nach langen Gesprächen zu.

Die Umgangsregelung wurde 2016 dennoch auf Antrag der Mutter in einer familiengerichtlichen Anhörung außer Kraft gesetzt. Das Gericht argumentierte, die Bedürfnisse und das Recht der Mutter auf eine angemessene Beziehung zu ihrem Kind werden durch die bestehende Vereinbarung nicht gewährleistet. Ein Kontakt zum Kind in einem Abstand von nur zwei Monaten sei für die Mutter nicht zumutbar. Die Umgangskontakte zu ihrem Sohn wurden reduziert, ohne dass ihr ein Fehlverhalten vorgeworfen werden könne.

Die Abstände wurden daraufhin halbiert und sollten zukünftig in einem vierwöchigen Rhythmus erfolgen. Der Richter machte deutlich, dass schon ein vierwöchiger Abstand der Umgänge deutlich von rechtlich angemessenen Standards abweichen würde. Als Vergleich zog er hierzu Erfahrungswerte aus Scheidungsverfahren heran. Für die Reaktionen, die der Junge im Anschluss an die Kontakte zeige, könne aus Sicht des Gerichtes nicht die Mutter verantwortlich gemacht werden. Die beteiligten Fachkräfte wurden aufgefordert, sich aus der Begleitung der Umgänge schrittweise zurückzuziehen und sie in die Verantwortung von Mutter und Pflegemutter zu übergeben. Die Umgänge sollten darüber hinaus zunehmend in das häusliche Umfeld der leiblichen Mutter verlagert werden. Die fachlichen Gründe für eine stärkere Begrenzung der Umgangskontakte wurden vom Gericht als nicht relevant eingeschätzt.

Was war passiert? Die leibliche Mutter des Jungen, Frau B., war über die Auswirkungen ihres Wunsches, die Kontakte zu ihrem Sohn getrennt von dem Vater wahrzunehmen, irritiert. Sie hat trotz intensiver Gespräche nicht verstehen können, weshalb sie Tim nun weniger häufig besuchen kann. Frau B. lebt in einem sozialen Netzwerk, in dem sie keine Hilfe in dem Verstehen von Tims Problematik finden konnte. Der Familien- und Freundeskreis hat sie eher darin bestärkt, um ihre Rechte als Mutter zu kämpfen. Die Erklärungen der Fachleute ließ sie nicht gelten.

Frau B. hat sich an eine Rechtsanwältin gewandt, die ihr Möglichkeiten aufzeigte, ihre Vorstellung des Elternrechts darzustellen. Ein entsprechender Antrag wurde beim Familiengericht eingereicht. Eine klärende Kontaktaufnahme mit den zuständigen Fachkräften im Jugendamt erfolgte durch die Anwältin nicht.

Das Jugendamt beschrieb in seiner mündlichen Stellungnahme die Belastungen, denen der Junge durch eine intensive Umgangsregelung ausgesetzt wäre, konnte jedoch keine *konkreten* Gefährdungen benennen.

Der Richter stellte in seiner Anhörung das Anliegen der Mutter und damit das Elternrecht in den Mittelpunkt. Er orientierte sich klar an § 1684 BGB und entsprechenden Regelungen und Standards aus Trennungs- und Scheidungsverfahren. Die Bearbeitung von möglichen Verhaltensauffälligkeiten des Jungen sei Aufgabe der Pädagogen. Die Notwendigkeit einer differenzierten Betrachtung wurde nicht gesehen – Umgang ist gleich Umgang.

Das Gericht hat also entschieden. Sollte jedoch beim Leser ein wenig Nachdenklichkeit entstanden sein, könnte es hilfreich sein, im Folgenden eine grundsätzliche Betrachtung von Eltern-Kind-Kontakten vorzunehmen.

Eine grundsätzliche Betrachtung von Umgängen

Grundsätzliches und langfristiges Ziel von Eltern-Kind-Kontakten ist die Entwicklung einer *kindgerechten* Beziehungsgestaltung – in unserem Beispiel zwischen Tim und seinen Herkunftseltern. Zum besseren Verständnis dieses Zieles möchte ich Sie auf einen kleinen Exkurs mitnehmen und einen Blick auf einige grundlegende Hinweise und Fragen des Kindeswohls und der Bedeutung der Herkunftsfamilie werfen.

Die gesunde Entwicklung eines Kindes wird entscheidend geprägt von einer wechselseitigen Beziehung zu seinen Versorgern. Diese Versorger sind in aller Regel die Eltern. Erlebt das Kind seine Eltern als fürsorglich und zuverlässig, dann kann es das Gefühl entwickeln, sicher im Leben zu stehen. Es entsteht ein Grundvertrauen und damit eine Bindung zu seinen Eltern. In dieser Bindung zu seinen Versorgern sucht und erhält das Kind Schutz und Sicherheit. Erst wenn diese Bedürfnisse erfüllt sind, kann sich das Kind auf den Weg machen, die Welt zu entdecken. Die Erfahrung von Bindung ist also die Grundlage für jeden Menschen, sich in der Welt zurechtzufinden. Nicht alle Eltern sind jedoch in der Lage, ihren Kindern diesen grundlegend notwendigen Schutz und die erforderliche Sicherheit zu geben. Das könnte bedeuten, dass bestimmte Kinder aufgrund der fehlenden Fähigkeiten ihrer Eltern bindungslos oder bindungsgestört aufwachsen müssen. An diesem Punkt hilft den Kindern eine andere ebenso wichtige Erkenntnis: Bindung ist nicht abhängig von Verwandtschaftsverhältnissen.

Sich später entwickelnde *intensive* Beziehungserfahrungen zu anderen Menschen können bei Kindern frühkindliche Erfahrungen ergänzen – unabhängig davon, ob die bisherigen positiv oder negativ waren. Bestimmte Bindungserfahrungen machen Kinder jedoch in unterschiedlichen Altersstufen, sodass spätere positive Erfahrungen die frühen negativen Erfahrungen nicht einfach ersetzen. Spätere Erfahrungen können allerdings helfen, andere Muster kennenzulernen und hilfreiche Lebensstrategien zu entwickeln. Wichtig für eine Ergänzung bzw. Gesundung trotz negativer frühkindlicher Erfahrungen sind jedoch zwei Dinge: die Gewährleistung einer Kontinuität der ergänzenden Bindungserfahrungen und die Erlaubnis der Ursprungsfamilie an das Kind, diese Erfahrungen nutzen zu dürfen. Das Kind allein ist nur schwer in der Lage, zu entscheiden, wem es vertrauen soll, wenn es unterschiedliche Botschaften erhält. Deswegen ist die Erlaubnis bzw. Entscheidung der Erwachsenen so wichtig (→ Kapitel 6).

Jeder Abbruch einer familiären/familienähnlichen Beziehung, jede Erlaubnisverweigerung bedeutet für ein Kind die Gefahr einer Kindeswohlgefährdung. Das grundlegende Ziel in der Begleitung von Kindern, die in ›fremden‹ Familien aufwachsen, ist somit immer die Aufrechterhaltung des Lebensmittelpunktes und die kindgerechte Förderung im Rahmen dieses Lebensmittelpunktes. Das Kind benötigt viel Zeit, Raum, Geduld und Erlaubnis, sich in seiner neuen (Pflege-)Familie einzuleben – und sich damit auch von seinem alten Lebensmittelpunkt zu verabschieden.

An diesem Punkt gilt es ein Auge auf einen zentralen Punkt in der Gestaltung von Pflegesystemen zu werfen: Die Kontakte des (Pflege-)Kindes zu seinen leiblichen Eltern. In dieser Frage liegen die (Fach-)Positionen nicht selten zwischen deutlichen Extremen: Eltern sollen uneingeschränkten Umgang erhalten – Elternkontakt ist grundsätzlich schädlich. Die Kunst – und aus Sicht des Kindes – die Aufgabe der Beteiligten und Entscheider liegt jedoch darin, *eine dem Kindeswohl entsprechende individuelle Lösung* zu finden und alle direkt Beteiligten zu informieren und davon zu überzeugen, wie sie ihrer Verantwortung dem Kindeswohl Genüge tun können.

Im aktuellen Kindschaftsrecht wird das Kind als Träger eigener Bedürfnisse, Interessen und Rechte hervorgehoben. Das Kind erhält bei Trennung der Eltern einen eigenen Anspruch auf Umgang mit beiden Eltern (§ 1684 BGB). Bei einer Trennung der Eltern wird dem Kind und dem getrennt lebenden Elternteil in der Regel ein großzügiges Umgangsrecht gewährt. Das Kind soll sich bei beiden Elternteilen zu Hause fühlen, auch wenn es seinen Lebensmittelpunkt nur bei einem Elternteil hat. Ziel ist es, einen Beziehungsabbruch zu einem dem Kind nahestehenden Menschen zu vermeiden und dem Kind beide Elternteile als verantwortliche Eltern zu erhalten – weil das Kind diese Eltern in der Vergangenheit als verantwortliche Versorger und Beschützer erlebt hat. Es wird somit folgerichtig versucht, in der Regel wöchentliche Umgänge zu vereinbaren und dem Kind die Möglichkeit zu geben, möglichst jedes zweite Wochenende bei dem anderen Elternteil zu verbringen. Auch eine Ferienregelung wird großzügig vereinbart: Die Eltern teilen sich die Ferien mit den Kindern.

Stichwort Traumatisierung

Bei der Inpflegenahme eines Kindes durch eine ›Profi-Familie‹ steht dagegen nicht die Trennung/Scheidung der Eltern als Ursache im Mittelpunkt. Die Fremdplatzierung eines Kindes hat eine oft unheilvolle Geschichte, in der das Kind aufgrund von gravierenden Mängeln in der Erziehungsfähigkeit der Eltern einer Gefährdung ausgesetzt war. Diese Gefährdung ist mit der Herausnahme aus der betreffenden Familie, also der Trennung des Kindes von den Eltern, vorerst real beendet. Die oft traumatischen Erfahrungen und Erlebnisse aus dem

Zusammenleben mit seinen Eltern nimmt das Kind jedoch mit in die Fremdunterbringung. Die faktisch beendete Gefährdung ist also entwicklungspsycho-
logisch gesehen keineswegs beendet. Sie hat Folgen; die Gefährdung kann sich
fortsetzen bzw. wieder auftreten: Die frühkindlichen Erlebnisse im Elternhaus
hat das Kind ›abgespeichert‹ – und sie wirken weiter. Durch die bestehende
Schutzsituation und die Vermittlung von Sicherheit in der fremdplatzierten
Familie werden Ängste, die aus früheren Erfahrungen und Erlebnissen herrühren, langsam gemindert und – hoffentlich – auch langfristig abgebaut bzw.
durch neue andersartige Erfahrungen ergänzt. Sie werden jedoch, je nach Hef-
tigkeit der Erlebnisse, bei jedem Kontakt mit der Herkunftsfamilie wieder in
Erinnerung gerufen. Diese Erinnerungen an kindeswohlgefährdende Erlebnisse
mit den Herkunftseltern bzw. an dementsprechende Handlungen durch diese
treten bei den Besuchen der Eltern unwillkürlich wieder an die Oberfläche.
Das Kind hat häufig keine Sprache dafür, es kann diese Ängste nicht benennen.
Erlebnisse, die vor dem Abschluss der Sprachentwicklung eines Kindes stattgefunden haben, also in den ersten drei Lebensjahren, können nicht in Worte
gefasst werden, sie machen sich auf der Gefühlsebene bemerkbar (→ Kapitel 7).
Dementsprechende Fragen der Erwachsenen könnte ein Kind auch nicht beantworten. Es reagiert daher auf der Gefühlsebene – und damit für die Beteiligten
auf eine oft wenig verständliche Art und Weise.

Eltern-Kind-Kontakte haben somit im Kontext fremd untergebrachter Kinder eine deutlich andere Bedeutung als in Trennungs- und Scheidungssituationen. Sie können Freude über das Wiedersehen auslösen, aber auch Trauer und
massive Ängste. Da Kinder, die ohne ausreichenden Schutz und ohne ausreichende Sicherheit bei den Eltern aufgewachsen sind, zwangsläufig sehr krea-
tive Überlebensstrategien entwickeln (müssen), wird die Auswirkung derartiger
Erinnerungen den direkten Beteiligten nicht ohne Weiteres deutlich.

Häufig richtet sich die Arbeit mit den Herkunftseltern allein darauf aus, ihr
Handeln und Auftreten während eines Kontaktes zugewandt, liebevoll und
kindzentriert zu gestalten. Die Praxis zeigt jedoch, dass bei Pflegekindern im
zeitlichen Umfeld der Elternkontakte – sowohl vor den Umgängen als auch
im Anschluss – trotzdem massive Verhaltensauffälligkeiten auftreten können.
Diese Reaktionen des Kindes können nicht immer mit dem aktuell gezeigten
 Verhalten der Eltern in Zusammenhang gebracht werden. Die Reaktionen des
Kindes hängen mit seinen früheren Erfahrungen im Elternhaus zusammen, die
in seinem Gehirn gespeichert sind und – unbewusst – immer wieder abgeru-
fen werden. Sogenannte ›Trigger‹ (Gerüche, Geräusche, Bilder, die Stimmlage
der Kindesmutter, die Lautstärke des Vaters, die alte Wohnumgebung) lassen
alte Erfahrungen wieder aufleben. Unbewusst reagiert das Kind wie damals:

Mit Panik (Fluchtversuchen, Kämpfen oder Erstarren), oft auch mit dissozialen Verhaltensweisen, wie die Beschreibung von Tim am Anfang des Kapitels zeigt.

Ein Ziel in der Herkunftsarbeit sollte der Schutz des Kindes vor Situationen und Begegnungen sein, die zu einer Retraumatisierung des Kindes führen können. Über das Erleben frühkindlicher traumatischer Erfahrungen besteht aufgrund der Geschichte von Tim kein Zweifel. Gleichzeitig sollen Kinder, die getrennt von ihren Eltern aufwachsen, Möglichkeiten erhalten, sich mit ihrer besonderen Geschichte und der Beziehung zu ihren Herkunftseltern auseinanderzusetzen. Bewährt haben sich hier Methoden der Biografiearbeit[50] (→ Kapitel 6).

Die Eltern wiederum sollen die Möglichkeit erhalten, die Entwicklung ihres Kindes in einem Pflegeverhältnis kontinuierlich zu begleiten. Aufbauend auf diesem Verständnis sollten entsprechende Umgangsregelungen entschieden werden. Die Priorität in der Hilfe für das Kind besteht allerdings darin, eine sichere Bindung zu den Pflegeeltern zu entwickeln und von den leiblichen Eltern die Zurückhaltung zu spüren, dass diese Entwicklung durch *mäßige* Besuchskontakte begleitet wird.

Am Beispiel Tim wird das Handeln der Mutter von einer großen Sorge geleitet, die Sorge, die Beziehung zu Tim zu verlieren: »Was soll ich ihm sagen, wenn er mich mal fragt, warum er nicht bei mir leben kann … und was ist, wenn er lieber zum Vater will, wenn er groß ist …«. Frau B.s Strategie ist es, der Sorge dadurch entgegenzuwirken, dass sie die Häufigkeit der Kontakte zu ihrem Sohn ausweitet. Eine Quantität der Kontakte sagt jedoch wenig über deren Qualität aus. Gleichzeitig zeigt die Mutter große Mühen, sich während der Besuche als interessierte und verantwortungsvolle Mutter zu zeigen. Ihr Verhalten wirkt hierbei oft sehr aufgesetzt und angestrengt. Die Gefahr ist sehr groß, dass Tim sich bedrängt fühlt und darauf – wie schon mehrfach erlebt – mit deutlicher Abwehr gegenüber der Mutter reagiert. Die Intensivierung der Kontakte wird die innere Stabilität des Jungen eher beeinträchtigen als stabilisieren, wenn sie nicht gleichzeitig als Bedürfnis des Kindes sichtbar wird. Der Junge wird sich gegen diese Beeinträchtigung wehren. Es besteht die große Gefahr, dass Frau B. mittelfristig genau das Gegenteil von dem erfährt, was sie sich an Beziehung zu ihrem Sohn wünscht.

50 Wiemann, I.: Biografiearbeit mit Kindern und Jugendlichen, Verfügbar unter: https://www.
    google.de/url?sa=t&rct=j&q=&esrc=s&source=web&cd=1&ved=0ahUKEwiHv_bgwq3TAh-
    VBCMAKHUnzDCoQFggiMAA&url=http%3A%2F%2Fwww.irmelawiemann.de%2Fdl%2Fdl.
    pdfa%3Fdownload%3DVortrag-Biografiearbeit-Kinder-Wiemann.pdf&usg=AFQjCN-
    HIIOsKFlhhFc9QBLt6GJE2PdgELA&cad=rja, Zugriff am 17.03.2017.

Diese Beschreibungen klingen so gar nicht nach einem nachhaltigen Kinderschutz. Das Kind, in unserem Fall der kleine Tim, lebt zwar geschützt in der
Pflegefamilie, wird durch die Umgänge mit den Eltern jedoch immer wieder
mit schlimmen Erlebnissen konfrontiert. Wenn die Situation von Tim nicht als
eine große Ausnahme zu verstehen ist, stellt sich die Frage, was heißt das für
die Umgangsgestaltung bei (traumatisierten) Pflegekindern.

Umgangsgestaltung bei (traumatisierten) Pflegekindern

Die Summe der bisherigen Betrachtungen, Sichtweisen und Hintergrunderklä-
rungen, und zusätzlich die vielen kleinen Details aus der Geschichte des kleinen Tim, führen nicht zwangsläufig zu mehr Klarheit, wenn es letztendlich um
 Entscheidungen gehen wird. Als Grundlage zur ›Einsortierung‹ von Umgängen
zwischen Eltern und Kind nach einer Fremdunterbringung können folgende
Kriterien genutzt werden:
- die Zielsetzung einer Fremdunterbringung,
- die Dauer der bisherigen Lebensmittelpunkte und
- die Qualität der Eltern-Beziehung.

In jedem gesetzlich vorgeschriebenen Hilfeverfahren ist die Zielsetzung einer
Fremdunterbringung benannt. Für die Kontaktgestaltung zwischen Eltern und
Kind ist es von Bedeutung, ob für das Kind eine Rückführung in den elterli-
chen Haushalt geplant ist oder nicht. Bei einer befristeten Trennung zwischen
Eltern und Kind ist eine besondere Intensität der Umgänge unerlässlich, um
eine Gefährdung der Eltern-Kind-Bindung zu vermeiden.

Im Fall von Tim ist eine Rückführung in einen der elterlichen Haushalte weder
geplant noch aus Gründen des Kindeswohls möglich. Da Tim direkt aus der Geburtsklinik in die Betreuung gewechselt ist, hat es einen gemeinsamen Haushalt zwischen
dem Jungen und den Eltern bzw. auch nur einem Elternteil nie gegeben. Aus Sicht
von Tim ist es somit erforderlich, ihm ein sicheres und verlässliches Zuhause zu
gewährleisten. Seinen Grundbedürfnissen nach einem verlässlichen, versorgenden
Zuhause und einen sicherem Lebensmittelpunkt wurde mit der Entscheidung zur
Dauerunterbringung Rechnung getragen.

Für ein sicheres Aufwachsen braucht ein Kind wie Tim, der auf Dauer in einer
Pflegefamilie leben wird, darüber hinaus erwachsene Bezugspersonen, die ihm
Klarheit und Einigkeit in Angelegenheiten vermitteln, die er selber noch gar

nicht entscheiden oder überblicken kann. Bezogen auf die Besuchskontakte erfordert es oft viel Geduld, Beharrlichkeit und wertschätzende Begleitung, um mit den beteiligten Erwachsenen ein für das Kind entspanntes Miteinander zu entwickeln. Nicht selten bedarf es ebenso viel Geduld und Beharrlichkeit, damit sich im Verlauf von Jahren in einem Hilfesystem durch intensive Beratung ein sich festigendes, aber konstruktiv wachsendes ›zartes Pflänzchen‹ an Akzeptanz zwischen allen Beteiligten entwickelt.

Eine zweite Kernfrage ist die Dauer der bisherigen Lebensmittelpunkte des Kindes. Wenn es richtig ist, dass Umgangsregelungen einer Eltern-Kind-Beziehung Rechnung tragen sollen, dann ist die Frage nach dem bisherigen Beziehungskontext des Kindes eine sehr entscheidende.

Tim hat seine überwiegende Lebenszeit als Pflegekind verbracht. Er hat zu keiner Zeit mit einem oder beiden leiblichen Elternteilen in einem gemeinsamen Haushalt verbracht. Ein ›Zusammenleben‹ hat allein in den ersten Monaten nach der Geburt zwischen Tim und seiner Mutter in einer Mutter-Kind-Einrichtung stattgefunden. Aus der Berichterstattung über die Form, Intensität und Qualität des Zusammenlebens in der Einrichtung wird deutlich, dass die Versorgung des Kindes überwiegend durch Fachkräfte erfolgte. Der Mutter ist es auch mit Unterstützung nicht gelungen, die alltäglichen grundlegenden Bedürfnisse ihres Sohnes zu erkennen und angemessen zu beantworten. Eine wirkliche Bindungserfahrung zwischen Mutter und Kind konnte aus der beschriebenen Entwicklung nicht entstehen. Der Vater spielte während der Dauer der Mutter-Kind-Betreuung in der Versorgung des Jungen nur eine untergeordnete Rolle, da er nur gelegentlich als Besuch in der Einrichtung anwesend war. Tim wird zwangsläufig sehr irritierende frühkindliche Beziehungserfahrungen gemacht haben: Einen Mangel an Fürsorge, Verlässlichkeit, Empathie und Schutz durch die Mutter/den Vater und parallel dazu entstandene und wechselnde Versorgungs- und Beziehungserfahrungen durch andere Menschen.

Derartige Erfahrungen, insbesondere im frühkindlichen Bereich, in dem Kinder so sehr auf Fürsorge und Schutz angewiesen sind, führen bei Kindern zu existenziellen Ängsten, die lange nachwirken.

Nicht entstandene Bindungen zwischen (Pflege-)Kindern und ihren leiblichen Eltern bedeuten jedoch keinesfalls, dass damit ein Eltern-Kind-Kontakt automatisch an Bedeutung verliert. Solange der Schutz des Kindes gewährleistet wird, kann ein Eltern-Kind-Kontakt durchaus eine gesunde Entwicklung des Kindes positiv beeinflussen – wenn er denn auf die Bedürfnisse des Kindes abgestimmt ist. Der Kontakt dient sowohl der Identitätsbildung des Kindes als auch dem Verständnis »wieso lebe ich eigentlich in einer Pflegefamilie und

nicht bei meinen Eltern«. Der Kontakt ist darüber hinaus einer realistischen
Entwicklung der Eltern-Kind- bzw. Kind-Eltern-Beziehung behilflich. Durch
wiederkehrende Begegnungen können sowohl die Eltern als auch das Kind ihre
besondere und auch geschichtsträchtige Beziehung immer wieder auf einen
Prüfstein stellen und *langfristig* über Art und Intensität dieser Beziehung auf
Augenhöhe entscheiden. Die zukünftige Qualität der Eltern-Kind-Beziehung
wird aus Sicht des Kindes entscheidend dadurch geprägt sein, welche Erfahrungen es in der Kontaktgestaltung macht: Fühlt sich das Kind, in diesem Fall
Tim, bei den Kontakten mit seinen Gefühlen, Bedürfnissen und – auch ver-
borgenen – Ängsten gut aufgehoben und verstanden, wird es irgendwann das
Engagement und vielleicht auch die Geduld der Eltern zu schätzen wissen:»Ich
konnte zwar nicht bei ihnen aufwachsen, aber sie haben mir die Zeit gelassen,
mich in der anderen Familie zu Hause zu fühlen; und sie haben mich immer
besucht, aber nicht bedrängt.«

Eine dritte Frage, die auch für die Gestaltung von Besuchskontakten relevant sein muss, ist die Qualität der Beziehung der engsten Versorger des Kindes:
Der Elternbeziehung. Die Relevanz der Elternbeziehung wird mit Blick auf die
Bedeutung einer schützenden und verlässlichen Gemeinschaft für die kindliche
Entwicklung schnell deutlich. Eine Kindeswohlgefährdung hinsichtlich körperlicher Gewalt konnte trotz einer Alkohol- und Drogenproblematik der Eltern
in der Geschichte von Tim scheinbar vermieden werden. Irritierend – selbst für
viele Fachleute – ist jedoch die Erkenntnis, dass »Alkohol- oder Drogenkon-
sum und/oder sich wiederholende Vorfälle von körperlicher Gewalt zwischen
den Erwachsenen auf Kinder ebenso bedrohlich wirken wie Gewalt gegen sie
selbst. Einige Untersuchungsergebnisse besagen sogar, dass eine Bedrohung der
engsten Bezugspersonen für Kinder traumatischer wirkt als eine Bedrohung der
eigenen Unversehrtheit« (Korittko/Pleyer 2010, S. 127 f.). Aus der vorliegenden
Berichterstattung zur Geschichte von Tim geht hervor, dass derartige Bedro-
hungsszenarien zwischen den Eltern auch in Gegenwart des Kindes in der Mutter-Kind-Einrichtung wiederholt stattgefunden haben. Diese Erlebnisse haben
bei dem Jungen massive Ängste ausgelöst. In der Folge wird Tim auch hinsichtlich dieser Erfahrungen viel Zeit, Unterstützung und vor allem Schutz benötigen.

Laut Korittko (Korittko/Pleyer 2010) sollten Umgänge bei Pflegekindern
mit traumatischen Erfahrungen und Bindungsstörungen nur dann stattfinden,
wenn »das Kind selbst einen solchen Kontakt wünscht, […] sich das Kind vor,
während und nach solchen Kontakten in körperlicher, sozialer und emotionaler Sicherheit befindet […]. Wenn ein Kind nach Kontakten erneut Alpträume,
Angst- und Panikzustände oder psychosomatische Symptome […] entwickelt,
ist davon auszugehen, dass das emotionale Fundament aufs Neue erschüttert

wurde und das Kind den Verlust seiner neu entwickelten emotionalen Basis (Verlust des ›sicheren Hafens‹) oder erneute Verletzung durch frühere Verursacher befürchtet.« (S. 134 f.)

Das Kind gibt also mit seinen Verhaltensauffälligkeiten vor, während und nach Besuchskontakten Signale, wenn es mehr Sicherheit und Klarheit benötigt. Daraus ergibt sich für alle Beteiligten die verantwortungsvolle Aufgabe, genau zu prüfen, was einem Pflegekind im konkreten Fall an Elternkontakten ›aushalten‹ kann, ohne dass es seine Sicherheiten in der Pflegestelle verliert und eine gesunde Entwicklung beeinträchtig wird. Für eine derartige Prüfung ist eine sehr komplexe Betrachtung und eine begleitende differenzierte Wahrnehmung nicht nur der direkten Besuchskontakte, sondern auch Zeiten vor und nach den Kontakten, in der Regel durch eine neutrale ausgebildete Fachkraft erforderlich. Allein die Fragen, die bezogen auf den direkten Kontakt auftauchen, können sehr umfangreich sein:

- Wie gehen die Beteiligten mit dem Geschehenen (der Vorgeschichte) um?
- Zu wem nimmt das Kind Kontakt auf? In welcher Form, Intensität und Häufigkeit?
- Wie ist das Schutzbedürfnis des Kindes zu bewerten? Ist das Schutzbedürfnis erfüllt?
- Gibt es eine Überanpassung des Kindes an ›machtvolle‹ Eltern, die das Kind nicht reizen möchte?
- Kennt das Kind die Rollen/Funktion der Beteiligten des Kontaktes? Weiß das Kind, wer was während des Besuchskontaktes zu sagen hat?
- Sind Ängste feststellbar?
- Sind Verhaltensauffälligkeiten bemerkbar? Sind sie einordbar? Deuten Sie auf eine Retraumatisierung hin?
- Wirkt das Kind angespannt während des Kontaktes? Braucht das Kind einen hohen Energieaufwand zur Bewältigung der Situation?
- Welche Strategie zeigt es zur Bewältigung der Situation?
- Ist das Kind entspannt, gelassen? etc.[51]

Eine Empfehlung, die in diesem Fall ausdrücklich an die Pädagogen unter den Lesern gerichtet ist: An der Gestaltung von Umgängen sollten unbedingt die Eltern beteiligt werden – in unserem Fall insbesondere Frau B. – denn sie sind die zentralen ›Figuren‹ auf dem Spielbrett Familie.

---

51 vgl. Hopp, H. (2015): Besuchskontakte im Zeichen des Kindeswohls, Verfügbar unter: http://www.moses-online.de/artikel/besuchskontakte-im-zeichen-kindeswohls, Zugriff am 18.03.2017.

Auf den Punkt gebracht
ODER Was würde Tim sich eigentlich wünschen?

Zum Abschluss wende ich mich erneut dem kleinen Tim zu: Wie könnte es ausschauen, wenn der Titel ›Kinderschutz im Familiengericht‹ idealerweise als eine Verknüpfung von Selbstverständlichkeiten gesehen wird. Dazu schauen wir uns ein mögliches Ergebnis der familiengerichtlichen Anhörung von Tim an.

Der Richter am Amtsgericht hat aufgrund langjähriger Erfahrungen im Familiengericht seine Verfahrens-Standards an die Besonderheiten von familiengerichtlichen Fragestellungen und Entscheidungen angepasst. Zur Prüfung einer Umgangsregelung, die sowohl das Elternrecht als auch die Bedürfnisse von Tim berücksichtigt, hat er ein psychologisches Gutachten in Auftrag gegeben. Der hat sich nach der erforderlichen Erfahrung und Qualifikation der Gutachterin erkundigt. In der eigentlichen Anhörung hat der Richter sich die Ergebnisse des Gutachtens ausführlich erläutern lassen und die Empfehlungen kritisch hinterfragt. Nach einer intensiven *mündlichen* Erörterung aller relevanten Fragen und Perspektiven mit den Beteiligten trifft der Richter folgende Entscheidung:

1. Die Umgänge zwischen Tim und seinen Eltern werden sowohl zeitlich begrenzt als auch fachlich begleitet stattfinden. Die Kontakte werden bis auf weiteres in einem Abstand von acht Wochen aus Kindessicht vereinbart. Die Entscheidung, die Umgänge gemeinsam oder getrennt wahrzunehmen, liegt bei den Eltern. Zur Gewährung einer Konstanz in der Hilfegestaltung wird eine Überprüfung der Entscheidung frühestens nach Ablauf von zwei Jahren zugelassen.

2. Die frühkindlichen Kindheitserfahrungen haben den Charakter von Traumatisierung. Bei allen Entscheidungen wird zu berücksichtigen sein, dass die Eltern allein durch ihr Erscheinen und Auftreten angstvolle Erinnerungen in dem Kind wieder aufleben lassen können – selbst dann, wenn es gar nicht ihre Absicht ist. Die Nachwirkungen auf die Besuchskontakte sind bei dem dreijährigen Tim deutlich spürbar und auch besorgniserregend: Die Auffälligkeiten im Verhalten, die Tim regelmäßig nach den Besuchskontakten zeigt, sind klare Anzeichen einer Retraumatisierung und sprechen deutlich für eine Reduzierung statt für eine Ausweitung der Eltern-Kind-Kontakte. Es gilt daher die Kontakte auf diese Grundproblematik abzustimmen. Eine solche Abstimmung wird nicht als Strafcharakter in Richtung Eltern angesehen.

3. Eine kindgerechte Gestaltung der Kontakte liegt auch im Interesse von Eltern im Sinne der Entwicklung einer guten Eltern-Kind-Beziehung. Tim sucht und benötigt vor, während und im Anschluss an die Kontakte den Schutz und die Nähe seiner engsten Vertrauensperson, der Pflegemutter. Die Kontakte werden

daher unter Beteiligung der Pflegemutter durchgeführt. Zur Vermeidung einer Verunsicherung des Kindes wird zudem ein sicherer Ort benötigt, der eine Distanz zum jetzigen Zuhause des Kindes als auch zu dem Zuhause der Eltern sicherstellt. Die Kontakte zwischen Tim und seinen Eltern werden daher auch weiterhin an neutralen Orten vereinbart werden.

4. Alle Beteiligten benötigen – zumindest bis zur Stabilisierung des Systems – eine fachliche Begleitung und Unterstützung in den Besuchskontakten. Diese Begleitung wird folgerichtig auch weiterhin als notwendig vereinbart. Sie ermöglicht distanzierte und fachliche Wahrnehmungen und Beobachtungen, die eine kontinuierliche Reflexion und Beratung der Beteiligten erst ermöglichen.

5. Der Schutz des Kindes steht bei der Gestaltung der Elternkontakte immer im Mittelpunkt. Dieses Erfordernis widerspricht nicht den unbestrittenen Elternrechten. Elternrechte implizieren vom Grundsatz her in jedem Fall die Sicherstellung des Kindeswohls. Das gesamte Hilfesystem erhält die Aufgabe, das Wohl des Kindes bei der zukünftigen Gestaltung der Kontakte im Blick zu behalten und gleichzeitig die Eltern fachlich angemessen und kontinuierlich in Entwicklungen und Planungen einzubinden. Eine Erweiterung der Eltern-Kind-Kontakte kann langfristig erfolgen, wenn o. g. Aspekte berücksichtigt bleiben. Mit zunehmendem Alter wird Tim angemessen an den Entscheidungen zu den Umgängen mit seinen leiblichen Eltern beteiligt werden.

Ach ja, Tim hat noch einen letzten Wunsch: Nicht der Richter soll entscheiden – alle Beteiligten inklusive seiner Eltern sollen sich auf das oben Beschriebene gemeinsam verständigen. Tim sagt, er findet das besser, dann gibt es hinterher keinen erneuten Streit …

10 Ein Ausblick auf lernende Systeme

Zum Abschluss eines Buches gehört auch immer eine Art Resümee und ein Ausblick. Diese Aufgabe kann natürlich, wie so vieles in diesem Buch, aus unterschiedlichen Blickwinkeln betrachtet werden. Auf das Thema ›Kinderschutz ist eine gemeinsame Aufgabe‹ bezogen, wünscht sich der Optimist in mir etwas anderes als der Pessimist. Die Fakten und Hintergründe, die realen Gegebenheiten, die Möglichkeiten und Grenzen und auch die Herausforderungen, vor die der Kinderschutz uns alle oft stellt, sind in diesem Buch ausführlich und aus den unterschiedlichen Perspektiven beleuchtet worden. Und nun sitze ich hier und mache mir Gedanken über eine Zukunftsidee – man könnte auch von einer Vision sprechen – die die Probleme des Kinderschutzes ein für alle Mal löst. Natürlich gibt es sie, diese Idee – ob sie wirklich alle Probleme löst, lässt sich wie immer erst feststellen, wenn sie die Wirklichkeitstests überstanden hat. Die Idee setzt im Grunde dort an, wo dieses Buch endet, und schon entsteht aus dem Wust von Gedanken in meinem Kopf ein zweites Buchprojekt. Aber das lassen wir mal lieber, vorerst – auch aus Rücksicht auf meine liebe Frau.

Die Idee – oder auch Vision – beschäftigt sich im Kern mit der Bedeutung und dem Zusammenspiel der Systeme. Einige Systeme haben Sie in diesem Buch kennengelernt: Die Familie, das soziale Umfeld, die Kita, die Jugendhilfe, die Schule, die Ärzte, die Juristen; ganz am Rande auch die Verwaltungen und die Politik. Die Vision besteht darin, sich vorzustellen, wie unsere Wirklichkeit ausschauen könnte, wenn alle ›miteinander‹ – also alle in irgendeiner Weise betroffenen Systeme und damit natürlich auch alle in diesen Systemen handelnden Menschen – systemübergreifend an dem gleichen Ziel arbeiten würden: Das Kindeswohl als über allem stehende selbstverständliche gemeinsame gesellschaftliche Aufgabe begreifen. Jede Entscheidung, die für dieses Ziel hilfreich ist, steht *über* einem möglichen Sachzwang, über einer strukturellen Einschränkung, über einem Beklagen formaler Voraussetzungen, einer unklaren Zuständigkeit, einer finanziellen Begrenzung, einer politischen Strategie, einer gesellschaftlichen problematischen Prioritätensetzung.

Auf unsere Kinder Marie und Paul, Jonas und Maik, Ayse und Tim bezogen, stellt sich dann nicht nur die Frage, welche Aufgaben und welche Rolle einzelne Systeme in Fragen des Kinderschutzes übernehmen können. Es stellt sich auch die Frage, wie alle Systeme *miteinander* das Kind gut begleiten können.

Die Vision bezogen auf die Kinder in diesem Buch könnte so aussehen:

Die Schule von Marie hat selbstverständlich eine ausreichende Anzahl von qualifizierten SozialarbeiterInnen, die Lehrkräfte haben neben ihrer reinen Hochschulausbildung eine fundierte pädagogische Ausbildung genossen, alle agieren sowohl in der Einzelfallarbeit als auch in übergeordneten Netzwerken von Helfern und Fachkräften miteinander. Sozialpädagogen und Lehrkräfte arbeiten selbstverständlich in Teams miteinander. Der Arbeitsalltag und Aufgabenbereich aller Helfer im Umfeld von Marie und ihrer Mutter ist transparent kommuniziert in einem System ohne Grenzen. Fachkräfte innerhalb und außerhalb der Jugendhilfe sind unabhängig von ihrer Profession in Netzwerken miteinander verknüpft. Wahrnehmungen, Haltungen und das Handeln der Fachkräfte werden auf die Ziele des Kinderschutzes und einer lösungsorientierten Hilfegestaltung abgestimmt. Eltern, ErzieherInnen und Sozialpädagogen, LehrerInnen, Ärzte und Therapeuten, Polizisten, Rechtsanwälte und Richter, Kämmerer und Politiker – sie alle werden, sofern sie betroffen sind, in einem Miteinander und auf Augenhöhe, auf dem Hintergrund und mit dem Wissen vorhandener Ressourcen ein gemeinsames Ziel verfolgen: Marie und ihrer Mutter Hilfe leisten, von Beginn an, präventiv und kontinuierlich begleitend, wertschätzend und beteiligend.

Bevor jedoch aus einem Schlenker in die Gesellschaftskritik eine neue Abhandlung wird, möchte ich Ihnen zum Abschluss eine Geschichte erzählen. Eine Geschichte, die deutlich macht, welche Kräfte entstehen können, wenn Systeme sich auf den Weg machen, Blockaden im Kopf und Begrenzungen im Handeln über Bord zu werfen. Sie handelt von den Bremer Stadtmusikanten und wurde im Rahmen eines Ausbildungsprojektes zur systemischen Beratung von Teilnehmern in einer Abschlussveranstaltung vorgeführt.

Das Märchen *Die Bremer Stadtmusikanten* ist sicherlich den meisten Lesern noch bekannt. Ein Esel, ein Hund, eine Katze und ein Hahn treffen sich auf einem Weg in eine unbekannte Zukunft. Sie haben ein gemeinsames Thema: Sie sind alt und unnütz, werden nicht mehr gebraucht und von ihren Besitzern schlecht behandelt. Sie entscheiden sich, davonzulaufen, haben aber noch keine Perspektive. Nach dem Motto »Alles ist besser als der Tod« gelingt es ihnen aus aussichtsloser Lage gemeinsam Kraft für einen Neuanfang zu finden. Die Ausbildungsgruppe entwickelte darauf folgende Spielhandlung: Die Protagonisten sind Klienten bzw. Besucher einer Selbsthilfegruppe. Dem Zuschauer soll erst im Verlauf der Handlung deutlich werden, dass diese sich auf die Bremer Stadtmusikanten beziehen.

HERR MULI (ESEL): »Mein Chef bürdet mir zu viel auf. Ich habe alles hingeschmissen, bin gegangen. Ich kann's nicht mehr tragen«

HERR KÖTER (HUND): »Ich bin kraftlos, erschöpft, soll schneller sein, ich kann nicht mehr (bin depressiv), liege nur noch herum«.

FRAU SCHNURRHAAR (KATZE): »Keiner braucht mich mehr, ich bin zu alt, mein Chef will mich loswerden«.

HERR FLATTERMANN (HAHN): »Ich habe immer meine Leistung gebracht, jetzt werde ich wegrationalisiert, in den Innendienst, in die Küche versetzt.«

Frau Thera Peut moderiert die Selbsthilfegruppe. Im Hintergrund läuft zu Beginn ein Lied mit depressivem Ausdruck. Die Klienten kommen der Reihe nach in den Beratungsraum und beklagen ihr Anliegen. Frau Thera Peut beginnt mit einem Joining (Kennenlernen) und führt eine kurze Auftragsklärung durch. Sie fragt empathisch und wenig erfolgreich nach den einzelnen Ressourcen der Klienten. Die Therapeutin unternimmt den Versuch eines Refraimings (Umdeutung) und nutzt zirkuläre Fragen. Kurz gesagt: Sie arbeitet mit einem Systemischen Ansatz. Sie hinterfragt das Lebensalter der Klienten nach etwas Positivem, ermuntert sie über mögliche Ziele nachzudenken und bringt den Begriff ›Freundschaft‹ ins Gespräch ein.

Schließlich ermuntert Frau Thera Peut ihre Besucher zu einer Aufstellung. Sie fordert die vier dazu auf, ihren gefühlten Ist-Zustand darzustellen. Die Klienten stellen sich vereinzelt auf, stehen geduckt und mit klagendem Gesichtern im Raum. Anschließend fordert die Therapeutin alle vier auf, in Beziehung zueinander zu gehen. Als diese auch hierauf eher mit jämmerlichen Versuchen reagieren, ermuntert Frau Thera Peut ihre Klienten zu einem Blick in die Zukunft. Sie stellt die Wunderfrage: »Wie würde das Bild ausschauen, wenn es Ihnen in der Zukunft gut gehen würde?«

Die Klienten stellen sich nacheinander auf wie die Bremer Stadtmusikanten und geben entsprechende Tiergeräusche von sich: Der Esel ruft freudig I-A, der Hund bellt lautstark und melodisch … alle vier miteinander stimmen ein in einen eigenartigen aber doch harmonisch anmutenden Gesang. Das Bild endet mit einem gemeinsamen Ausruf der Vier: »Alles ist besser als der Tod!«

Nachdem die Klienten das Bild aufgelöst haben, ertönt ein gemeinsames Schlusslied: »Die Internationale«.

Zur Erklärung werden nicht viele Worte benötigt: Die Tiere tun sich zusammen, um sich gegenseitig zu helfen. Sie sehen sich als gleichwertig an und hören aufeinander. Sie akzeptieren ihre Unterschiedlichkeit und nutzen sie konstruktiv. Sie entwickeln gemeinsam Ideen, Strategien und kommen so zum Ziel. Sie erleben, dass die Wirkung aller Vier sehr viel größer ist als die des Einzelnen, dass eine Gemeinschaft, ein Team mehr ist als die Summe der Einzelnen.

Aber eine letzte gedankliche Übertragung sei noch gestattet. Stellen Sie sich vor, Sie würden den Esel ersetzen durch einen Sozialarbeiter im Jugendamt, den Hund durch einen Polizisten, die Katze durch eine Lehrerin, den Hahn durch einen Kämmerer – und sie würden die Gemeinschaft der Mutigen noch erweitern durch einen Polizisten, eine Familienrichterin, einen Politiker und viele, viele andere, die es sich alle zum Ziel machen, sich gemeinsam und auf eine weniger orthodoxe Weise für das Wohl von Kindern einzusetzen.

Literatur

In diesem Verzeichnis finden Sie u. a. Praktiker, Wissenschaftler und Autoren, auf die ich mich im Verlauf des Schreibens immer wieder bezogen habe. Nicht nur, weil sie meinen Horizont gelegentlich erweitert haben, sondern mein Denken und Handeln in meiner praktischen Arbeit immer wieder auch in Frage gestellt haben. Wenn Sie an den in diesem Buch angeschnittenen Themen stärker interessiert sind, sollten Sie den folgenden Literatur- und Quellenangaben unbedingt Aufmerksamkeit schenken:

Arbeitsgemeinschaft der Jugendämter: Anlage 1 zur Dienstvereinbarung für 51 Fachbereich Jugend und Familie zur Erfüllung des Schutzauftrages bei Kindeswohlgefährdung nach § 8a SGB VIII, Verfügbar unter: http://www.agjae.de/pics/medien/1_1262084828/Anlage_1_zur_DV_51Anhaltspunkte_Kindeswohlgefaehrdung_.d-205.pdf, Zugriff am 21.03.2017.
Bergmann, G. (2006): Thesen zur Kompetenz und Metakompetenz, Siegen, Zugriff am 17.03.2017, Verfügbar unter: http://www.wiwi.uni-siegen.de/inno/pdf/meta-kompetenz_8_mal-1.pdf.
Bowlby, J. (2001): Frühe Bindung und kindliche Entwicklung. München.
Bowlby, J. (2006): Bindung und Verlust. Mutterliebe und kindliche Entwicklung. München.
Brown, L. M./Gilligan, C. (1994): Die verlorene Stimme: Wendepunkte in der Entwicklung von Mädchen und Frauen, Frankfurt a. M.
Bundesarbeitsgemeinschaft Kinder psychisch erkrankter Eltern, Verfügbar unter: http://bag-kipe.de/, Zugriff am 18.03.2017.
Bundesministerium der Justiz und für Verbraucherschutz: Bundesdatenschutzgesetz § 4 Abs. 1, § 4a, Verfügbar unter: https://www.gesetze-im-internet.de/bdsg_1990/__4a.html, Zugriff am 21.03.2017.
Bundesverband der Angehörigen psychisch erkrankter Menschen e. V.: Psychiatrienetz, Verfügbar unter: http://www.psychiatrie.de/familienselbsthilfe, Zugriff am 18.03.2017.
Bundesverfassungsgericht: Urteil vom 15.12.1983–1 BvR 209, 269, 362, 420, 440, 484/83, Verfügbar unter: https://openjur.de/u/268440.html, Zugriff am 31.03.2017.
Bundeszentrale für politische Bildung, fluter, Jugendmagazin (2011): Leben in einer Pflegefamilie, Verfügbar unter: http://www.fluter.de/leben-in-einer-pflegefamilie, Zugriff am 18.03.2017.
Bundesgerichtshof (BGH) FamRZ. 1956, S. 350, Verfügbar unter: https://www.jurion.de/urteile/bgh/1956-07-14/iv-zb-32_56/, Zugriff am 21.03.2017.
Bürgerliches Gesetzbuch, § 1631, Absatz 2, Fassung aufgrund des Gesetzes zur Ächtung der Gewalt in der Erziehung und zur Änderung des Kindesunterhaltsrechts vom 02.11.2000 (BGBl. I S. 1479), in Kraft getreten am 08.11.2000, Verfügbar unter: https://dejure.org/BGBl/2000/BGBl._I_S._1479, Zugriff am 20.03.2017.

Bürgerliches Gesetzbuch, In der Fassung der Bekanntmachung vom 02.01.2002 (BGBl. I S. 42, ber. S. 2909, 2003 S. 738), zuletzt geändert durch Gesetz vom 24.05.2016 (BGBl. I S. 1190) m. W. v. 01.06.2016, Stand: 01.10.2016 aufgrund Gesetzes vom 17.02.2016 (BGBl. I S. 233), Verfügbar unter: https://dejure.org/gesetze/BGB, Zugriff am 22.03.2017.

Eisenlohr, K./Reich W. (2004): Der Stuttgarter Kinderschutzbogen – ein Diagnoseinstrument. In: M. Heiner (Hg.): Diagnostik und Diagnosen in der Sozialen Arbeit. Deutscher Verein für öffentliche und private Fürsorge, Berlin, S. 286–300.

Gesetz zur Stärkung eines aktiven Schutzes von Kindern und Jugendlichen (Bundeskinderschutzgesetz – BKiSchG), Verfügbar unter: http://www.buzer.de/gesetz/10033/index.htm, Zugriff am 21.03.2017.

Deutsches Institut für Jugendhilfe und Familienrecht e. V. (DIJuF): Synopse zum Entwurf vom 12.04.2017 eines Gesetzes zur Stärkung von Kindern und Jugendlichen (Kinder- und Jugendstärkungsgesetz – KJSG), Verfügbar unter: http://kijup-sgbviii-reform.de/wp-content/uploads/2016/07/DIJuF-Synopse-RegE-KJSG-12.4.2017.pdf, Zugriff am 15.06.2017.

Deutsches Institut für medizinische Dokumentation und Information: ICD-10-GM Version 2017, Verfügbar unter: https://www.dimdi.de/static/de/klassi/icd-10-gm/kodesuche/onlinefassungen/htmlgm2017/, Zugriff am 17.03.2017.

Deutsches Jugendinstitut e. V. (DJI)/Deutsches Institut für Jugendhilfe und Familienrecht e. V. (DIJuF) (2006): Projektbericht Pflegekinderhilfe in Deutschland – Teilprojekt 1 Exploration, Verfügbar unter: http://www.dji.de/fileadmin/user_upload/pkh/pkh_projektbericht_exploration.pdf, Zugriff am 17.03.2017.

Gerichtsverfassungsgesetz: Verfügbar unter: http://www.juraforum.de/gesetze/gvg/13, Zugriff am 21.03.2017.

Gesetz über das Verfahren in Familiensachen, Verfügbar unter: https://dejure.org/gesetze/FamFG/158.html, Zugriff am 21.03.2017.

Hargens, J. (2003): Systemische Therapie … und gut, Ein Lehrstück mit Hägar, 3. unveränd. Auflage, Dortmund.

Hopp, H. (2015): Besuchskontakte im Zeichen des Kindeswohls, Verfügbar unter: http://www.moses-online.de/artikel/besuchskontakte-im-zeichen-kindeswohls, Zugriff am 18.03.2017.

Hüther, G. (2009): Ohne Gefühl geht gar nichts, Vortrag als Videodownload, Verfügbar unter: http://www.gerald-huether.de/Mediathek/Lernen/Ohne_Gefuehl.mp4, Zugriff am 18.03.2017.

Hüther, G. (2012): Selbstorganisierte Lernen, Vortrag als Videodownload, Verfügbar unter: http://www.gerald-huether.de/Mediathek/Lernen/Selbstorganisiertes_Lernen.mp4, Zugriff am 18.04.2017.

Hüther, G./Korittko, A./Wolfrum, G./Besser, L.: Neurobiologische Grundlagen der Herausbildung Psychotrauma bedingter Symptomatiken, Verfügbar unter: http://www.adelante-beratungsstelle.de/bilder/huether.pdf, Zugriff am 20.03.2017.

Internationaler Schulbauernhof Hardegsen. Ansprechpartner: Axel Unger, Verfügbar unter: http://www.internationaler-schulbauernhof.de/, Zugriff am 10.01.2017.

Jugendamt der Stadt Nürnberg: Kinderschutz in Nürnberg nach § 8a SGB VIII, Verfügbar unter: https://www.nuernberg.de/internet/jugendamt/kinderschutz.html, Zugriff am 17.03.2017.

Juul, J. (2016): Leitwölfe sein, Liebevolle Führung in der Familie. Weinheim.

Kasper, B. (2014a): Ein Kind mit zwei Familien. In: Zeitschrift für das Fürsorgewesen (ZfF), Ausgabe 07/2014, Fachbereich Soziales Landeshauptstadt Hannover (Hg.), S. 145–155.

Kasper, B. (2014b): Datenschutz in der Sozialen Arbeit, Pflichtprogramm oder Haltung. In: Zeitschrift für das Fürsorgewesen (ZfF), Ausgabe 12/2014, Fachbereich Soziales Landeshauptstadt Hannover (Hg.), S. 265–271.

Kasper, B. (2015): Trauma und Trigger – Vor dem Umgang steht das Verständnis, Zeitschrift für das Fürsorgewesen (ZfF), Ausgabe 11/2015, Fachbereich Soziales Landeshauptstadt Hannover (Hg.), S. 248–252.

Kasper, B. (2016): Kinderschutz im Familiengericht, Zeitschrift für das Fürsorgewesen (ZfF), Ausgabe 07/2016, Fachbereich Soziales Landeshauptstadt Hannover (Hg.), S. 245–253.

Kindler, H./Helming, E./Meysen, T./Jurczyk, K. (Hg.) (2010): Handbuch Pflegekinderhilfe, Deutsches Jugendinstitut e. V., München.

Korittko, A./Pleyer, K. H. (2010): Traumatischer Stress in der Familie. Systemtherapeutische Lösungswege, Göttingen.

Krüger, A. (2013): Powerbook. Erste Hilfe für die Seele. Trauma-Selbsthilfe für junge Menschen, 3. Auflage, Hamburg.

Landesjugendamt Rheinland-Pfalz: Rahmenkonzeption im Pflegekinderwesen, Verfügbar unter: http://www.lvr.de/app/resources/rahmenkonzeptionpflegekinder230609.pdf, Zugriff am 19.03.2017.

Lehmann, M. K.-H./Radewagen, C. (2011): Basiswissen Datenschutz – Ist gute Arbeit trotz Schweigepflicht möglich? Hannover.

Naidoo, X. (2005): Dieser Weg, Verfügbar unter: http://www.songtexte.com/songtext/xavier-naidoo-feat-cassandra-steen/dieser-weg-unplugged-probemitschnitt-43be279b.html, Zugriff am 18.03.2017.

Praxis Institut, Systemische Beratung: Aus- und Weiterbildung, Verfügbar unter: https://www.praxis-institut.de, Zugriff am 18.03.2017.

Rehner, C. (2016): Die Gerechtigkeitslücke, Verfügbar unter: http://www.zeit.de/2016/27/bildung-herkunft-erlternhaus-erfolge, Zugriff am: 23.03.2017.

Salewski, C./Stürmer, S. (2012): Qualitätsmerkmale in der Familienrechtspsychologischen Begutachtung. Untersuchungsbericht, Verfügbar unter: http://www.fernunihagen.de/psychologie/qpfg/pdf/Untersuchungsbericht1_FRPGutachten_1.pdf, Zugriff am 05.01.2017.

Schlippe A./Schweitzer J. (2016): Lehrbuch der systemischen Therapie und Beratung 1, Göttingen.

Sozialgesetzbuch, Achtes Buch, Kinder- und Jugendhilfegesetz, In der Fassung der Bekanntmachung vom 14.12.2006 (BGBl. I S. 3134), zuletzt geändert durch Gesetz vom 04.11.2016 (BGBl. I S. 2460) m.W. v. 10.11.2016. Verfügbar unter: https://dejure.org/gesetze/SGB_VIII, Zugriff am 21.03.2017.

Sozialgesetzbuch, Kinder- und Jugendhilfe, Stand: Neugefasst durch Bek. v. 11.9.2012 I 2022; zuletzt geändert durch Art. 2 Abs. 10 G v. 4.11.2016 I 2460, Verfügbar unter: http://www.sozialgesetzbuch-sgb.de/sgbviii/1.html, Zugriff am 21.03.2017.

Spangler, G. (2011): Heilsbronner Modell zur kollegialen Beratung, Religionspädagogisches Zentrum Heilsbronn, 6. überarbeitete Auflage, Verfügbar unter: http://www.rpz-heilsbronn.de/fileadmin/user_upload/daten/arbeitsbereiche/seelsorge-beratung/kollegiale_beratung/HeilsbronnerModell2011_10Schritte.pdf, Zugriff am 18.03.2017.

Strauß, B./Buchheim, A./Kächele, H. (2002): Klinische Bindungsforschung, Stuttgart.

Weber, A. (2011): Mehr Matsch! – Kinder brauchen Natur, Berlin.

Wiemann, I. (2014): Adoptiv- und Pflegekindern ein Zuhause geben, Informationen und Hilfen für Familien, 4. Auflage, Bonn.

Wiemann, I. (2011): Biografiearbeit mit Kindern und Jugendlichen, Verfügbar unter: https://www.google.de/url?sa=t&rct=j&q=&esrc=s&source=web&cd=1&ved=0ahUKEwiHv_bgwq3TAhVBCMAKHUnzDCoQFggiMAA&url=http%3A%2F%2Fwww.irmelawiemann.de%2Fdl%2Fdl.pdfa%3Fdownload%3DVortrag-Biografiearbeit-Kinder-Wiemann.pdf&usg=AFQjCN-HIIOsKFlhhFc9QBLt6GJE2PdgELA&cad=rja, Zugriff am 17.03.2017.

Dank

Dieses Buch ist gefüllt mit Erfahrungen und Erkenntnissen aus meinem beruflichen Leben, insbesondere der letzten Jahre. Diese Jahre waren geprägt von einem lebendigen Miteinander mit KollegInnen, die mich konstruktiv unterstützt, mir auch kritisch auf die Finger geklopft und mich immer wieder zu Erkenntnissen geführt haben, die sie in diesem Buch wiederfinden. Dafür bin ich ihnen außerordentlich dankbar.

Das Buch lebt aber auch von dem Austausch mit Menschen – Kindern und Erwachsenen – die mir viel Einblick in ihre Gedanken-, Erfahrungs- und Erlebniswelt erlaubt haben. Einen herzlichen Dank somit auch an die vielen, vielen Klienten und Ratsuchenden, die sich mir anvertraut – und es hoffentlich nicht bereut haben.

Dankbar bin ich auch für die Arbeit mit Studierenden. Die vielen Diskussionen und neugierig-hartnäckigen Nachfragen von SeminarteilnehmerInnen an der Hochschule waren mir sehr behilflich, diesem Buch eine Form zu geben, die hoffentlich auch anderen jungen Menschen hilft, sich mit einem nicht ganz einfachen Thema auseinanderzusetzen.

Die Themen des Buches leben natürlich auch von einem regen Austausch in meinem privaten Umfeld, das sich zufälligerweise aus einer Vielzahl von Lehrern, Sozialpädagogen und Ärzten zusammensetzt. Auch ihre Gedanken und Sichtweisen haben auf die eine oder andere Art Platz in diesem Buch gefunden.

Und nicht zuletzt – sie selber wird es hoffentlich nicht überraschen – haben unzählige Gespräche mit meiner Frau und meinen beiden erwachsenen Kindern mich immer wieder zum Nachdenken und Reflektieren gebracht und mir zu manchem Blitzlicht verholfen, das sich selbstverständlich an geeigneter Stelle in diesem Buch wiederfindet – Dankeschön Heidi, Dankeschön Julia, Dankeschön Mirja.